高等职业教育旅游大类
新形态一体化教材

民宿服务与管理

主　编　叶秀霜　章　艺
副主编　阳淑瑗

高等教育出版社·北京

内容提要

本书立足于民宿产业发展前沿，按照民宿运营的实际需要与情境编写，力求满足中国民宿人才的培养需求。

全书共分七个模块：认知民宿、对客服务与管理、清洁保养服务与管理、餐饮服务与管理、设施设备服务与管理、安全服务与管理、民宿的运营与管理。

本书配套有一体化的教学资源，包括微视频、资料等，可通过扫描二维码学习，在提升学习兴趣的同时，也为学习者提供更多自主学习的空间；同时，还配有教学课件。

本书可作为高等职业院校和职业本科院校中开设民宿管理与运营、酒店管理与数字化运营、旅游管理、休闲服务与管理等相关专业的教学用书，也可作为民宿从业人员、乡村旅游基层管理者的业务参考用书。

图书在版编目（CIP）数据

民宿服务与管理 / 叶秀霜，章艺主编. -- 北京：高等教育出版社，2021.10（2025.5重印）

ISBN 978-7-04-056939-1

Ⅰ. ①民… Ⅱ. ①叶… ②章… Ⅲ. ①旅馆-服务业-经营管理-高等职业教育-教材 Ⅳ. ①F719.2

中国版本图书馆 CIP 数据核字（2021）第 176026 号

Minsu Fuwu Yu Guanli

策划编辑 张 卫　责任编辑 张 卫　封面设计 姜 磊　版式设计 徐艳妮
插图绘制 李沛蓉　责任校对 刘丽娴　责任印制 耿 轩

出版发行 高等教育出版社
社 址 北京市西城区德外大街4号
邮政编码 100120
印 刷 北京市联华印刷厂
开 本 787mm × 1092mm 1/16
印 张 15.75
字 数 390 千字
购书热线 010-58581118
咨询电话 400-810-0598
网 址 http://www.hep.edu.cn
http://www.hep.com.cn
网上订购 http://www.hepmall.com.cn
http://www.hepmall.com
http://www.hepmall.cn
版 次 2021 年 10 月第 1 版
印 次 2025 年 5 月第 4 次印刷
定 价 39.80 元

物 料 号 56939-00

前言

随着我国经济发展水平和生态环境质量的持续提升，乡村旅游不断走热，全国民宿产业出现“千宿万宿梨花开”的势头，国家和地方政府纷纷出台政策支持民宿产业的发展。然而，民宿是一种旅游新业态，对从业者综合素养和管理水平要求较高，而民宿产业人才储备不足已经成为行业发展的瓶颈，民宿专业人才的培养已经成为行业的迫切需求，而人才培养的最基本载体就是教材。

本教材的编写以党的二十大精神为指引，贯彻落实立德树人的根本任务，积极践行社会主义核心价值观。通过对教材内容的学习，培养学生热爱本职工作的职业情怀，竖立远大的职业理想。

本书按照民宿运营的实际需要与情境，以民宿岗位任务为导向，坚持“为用而学”“能力为本”“够用适用”的原则，将全书内容分为认知民宿、对客服务与管理、清洁保养服务与管理、餐饮服务与管理、设施设备服务与管理、安全服务与管理、民宿的运营与管理七大模块。各模块由“学习目标”“思维导图”开篇，中间穿插“引导案例”“知识拓展”“实训项目”“任务思考题”等栏目，每个模块的最后设有“模块小结”“课业”“真题演练”栏目，力求理论联系实际，具有较强的可操作性，体现出“工学结合”“教—学—做”的特色，在重点介绍服务标准、服务规程、操作技巧的基础上，适当地介绍了民宿运营管理的基本思路与方法。同时在任务思考题、课业部分鼓励学生开展学习创新，引导学生与行业进行“无缝对接”。本书的知识点与技能点要求与岗位需求相结合，真正做到了“岗—课”一体化的设计。本书内容新、体系新、形式新，案例、视频资料丰富。

本书由叶秀霜、章艺担任主编，阳淑瑗担任副主编，编写人员及具体分工如下：浙江旅游职业学院章艺编写模块一，太原旅游职业学院许萍编写模块二的任务一、二、四、五，浙江旅游职业学院叶秀霜编写模块二任务三、模块三，浙江旅游职业学院张雪丽、青岛酒店管理职业技术学院杨轶哲共同编写模块四的任务一、二、六，杭州市旅游职业学校孙文欢编写模块四的任务三、四、五，浙江旅游职业学院阳淑媛编写模块五、模块六，浙江旅游职业学院仝洁洁编写模块七。全书最后由叶秀霜统稿定稿。

在本书的编写过程中，我们参阅了国内外专家的有关著作、文献资料和网络资料，并得到了许多业内人士的支持和帮助，在此一并表示感谢。由于水平有限，疏漏之处在所难免，敬请读者批评指正。

编　者

2024 年 1 月

目录

二维码资源目录

模块一　认知民宿

【学习目标】

【知识目标】

1. 了解国内外民宿的发展历程和特点。
2. 掌握民宿的定义和特征。
3. 了解我国民宿行业发展存在的主要问题。
4. 掌握民宿与相关业态的区别。

【能力目标】

通过溯源查找、对比分析，培养学生的唯物主义世界观和思辨能力。

【重难点】

1. 掌握民宿的定义。
2. 掌握民宿的特征。
3. 掌握民宿与农家乐、酒店的区别。

【思维导图】

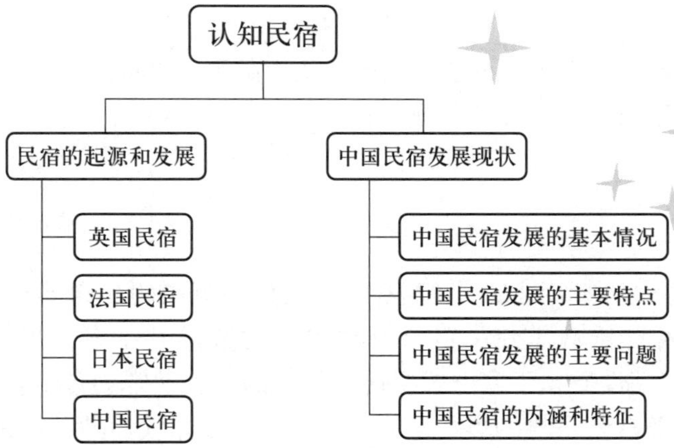

任务一　民宿的起源和发展

【引导案例】

随着我国经济发展水平和生态环境质量的持续提升，乡村旅游不断走热，民宿行业发展迅猛，市场关注度渐高。有关部门统计显示：截至2019年6月，全国共有民宿75 000余家，取得特种行业许可证14 100余家。根据途家数据来看，截至2020年10月，全国民宿房源总量已突破230万间。从2017年下半年开始，浙江卫视、湖南卫视、江苏卫视、东方卫视等电视台分别上线了《漂亮的房子》《亲爱的客栈》《向往的生活》等民宿主题的综艺真人秀节目，其中，湖南卫视《亲爱的客栈》曾蝉联同时段收视十二连冠，在芒果TV播放量达15亿次，微博话题“亲爱的客栈”阅读量高达39.9亿，讨论量383.5万，民宿似乎已成为美好生活方式的承载地。

（资料来源：根据网络资料整理）

【问题】

1. 你印象中的民宿是怎样的？
2. 通过爱彼迎官网，了解世界各地的民宿。

关于现代民宿的起源有很多种说法，大体可认为起源于以英国为代表的欧洲国家，并在以日本和中国为代表的亚洲国家中得以发展。

一、英国民宿

经历了第二次世界大战，到20世纪60年代初期，英国的西南部与中部人口较稀疏，一些农家为了增加收入，开始开办民宿，当时的民宿数量并不多，采用的是B&B（bed and breakfast）经营方式，其性质属于家庭式招待，热心的主人通常会带游客去享受采收农产品和喂食牛羊的乐趣，以及探索乡村的奥秘。到了20世纪70年代后期，民宿经营的范围扩大了，出现了露营地、度假平房（flat），运用了集体营销的方式，联合当地的农家组成自治会，共同推动民宿的发展。

在1983年，英国民间设立了“农场假日协会”（Farm Holiday Bureau），并获得农业主管团体与政府观光局的支持。农场假日协会规定民宿应具备的基本条件并进行分级，其会员必须是在农渔粮食部登记在案的农场经营者或在经营农家住宿设施的协会登记且具有一定服务质量的经营者。另外，英国还有属于民间或从业者所经营的Farm House或Holiday Homes营利组织，它们一般是利用农舍或民间的房舍来提供游客住宿，并附带提供环境解说与导览等多项贴心的服务，因此在收费上高于普通民宿。总之，B&B必须申请并经过相关主管机构的认证才可挂牌营业，且依规定缴纳营业税。

英国民宿规范管理措施主要包括：

（一）实行等级制

比照旅馆分级认证方式，英国观光局将农家民宿设施分为四级，依次为：登录（listed）、1 冠（1-crown）、2 冠（2-crown）及 3 冠（3-crown），每年会以不预先告知的方式进行查核。这种分级制度实施之初，着力于对“硬件”进行评分认定，近几年则着力于对“软件”进行评分认定，其中包括地毯和窗帘材质、房间色调、起居室空间、服务等，此外，还对从业者的民宿经营情况予以指导。

（二）规范民宿经营

英国主管部门制定消防设施及室内改装许可、食品卫生查核、税额等标准，民宿经营者设定的容客量如果超过 6 人，其卫生条件则会受到较为严格的限制，此外，营业税也较重，因此大多数的经营者都将容客量定于 6 人以下。

（三）提供民宿经营咨询及训练课程

为使民宿经营者适应农业发展的变局，政府主动提供民宿经营咨询及训练全套课程，包括农场住宿设施、顾客吸引、环境保护、附设运动及游憩设施等，并设立专务团体，参与的主体包括农政、观光、农业推广组织、大学、义工团体及民间组织等。

二、法国民宿

第二次世界大战之后的法国百废待兴，农村人口急速迁入城市，空留的许多农舍见证了当时的农村危机。在 1963 年，法国制定了每年 15 天的法定休假日，在漫长的战乱之后，城市工作者虽然很想抓住这一享受休闲的机会，但沉重的经济压力让他们无法承受昂贵的旅馆费用。农舍接待城市度假游客的经营模式应运而生，这些来自城市的游客不仅可以享受宁静的田野度假生活，还不必支付昂贵的旅馆费用，此外，危机中的农村也由此增加了额外收入。1951 年，法国第一个农村民宿开张。1952 年，农业部发放补助给投入民宿经营的农民，同时，农业信贷银行和旅馆信贷银行也提供优惠贷款。1955 年，法国民宿联合会成立，印发的第一本民宿指南共收录 146 家民宿。如今的法国民宿联合会已成为世界最大的民宿组织，雇用了 600 名职员，为 56 000 家民宿从业者提供辅导与咨询服务，并负责监督、严格检查旅舍质量，同时还向 200 万绿色旅游爱好者推销这些民宿。

法国民宿的形式从简单的小农庄到设在文艺复兴城堡的可爱客房，应有尽有。政府规定民宿房间数最高为 6 间（2000 年以前），申请设立必须符合消防、建筑及食品卫生等安全规范，同时必须为游客办理保险。近年来，许多都市人离开城市到乡下定居，他们只要保证经营民宿业不少于 10 年，就能享有地方政府发的乡村建筑整修补贴。法国每年投入近 1.8 亿欧元用于房屋翻新，平均每家民宿投入约 5 万欧元。法国民宿规范管理措施主要包括：

（一）等级制度

法国民宿联合会依据标准对会员住宿环境与服务、舒适程度、设备多寡及卫生设施等项目核分决定等级，并以法国乡村常见的麦穗枝数进行标识，从 1 枝到 5 枝，数目越多表示该民宿的住宿条件及环境越好，舒适度也越高。

（二）规范民宿经营

法国民宿沿袭欧洲传统，采用 B&B 方式经营。在 2000 年以后，法国政府重新修订民宿法，限定民宿房间不得多于 5 间，超过者视为“旅馆”。住宿以“天”计价者，通常称为

Chamber；若以“周”计价者，则通称为 Gite。“法国民宿”的品牌要求民宿从业者满足面积、设备、清洁卫生、环境等条件，每 5 年进行一次评鉴。

三、日本民宿

日本民宿是一个由租借民居歇脚或暂住而刺激兴起的行业，最初的入住者是一些登山、滑雪、游泳等爱好者，因而这些民宿多位于山水奇险之地。后来，这些奇险之地慢慢发展为旅游观光胜地，于是，民宿的入住者也发生了改变，不再局限于运动爱好者，随之，这些民宿由最初的分割自家房子租借转变成为家庭式旅馆经营。

日本民宿的发展是商业经济的产物。日本经济的飞速发展，充足的物质条件可以支撑普通民众加入游山玩水的行列时，北起北海道的宗谷湾，南至冲绳的久米岛，民宿如雨后春笋般地发展起来。据昭文社 1997 年 4 月出版的《全国民宿》记载，在 1970 年前后，日本民宿达到 2 万余家。据《全国民宿》介绍，在 1997 年，足够有特色并登上该书做广告的民宿有近千家，不过，这只是日本民宿行业的冰山一角。除此之外，还有 700 余个民宿村。民宿村就是游览胜地中有特色的民宿聚集而成的村落。

目前，日本民宿主要分为洋式民宿（pension）和农家民宿（stay home on farm）两类。二者的区别体现在经营者的身份和客房的价位上。洋式民宿均为民间具有一技之长的白领阶层转业投资，并采取全年性专业经营，价位较高；农家民宿则有公营、农民经营、农协（农会）经营、准公营及第三部门（公、民营单位合资）经营 5 种形式，有主业专业经营，也有副业兼职经营，主要卖点是地方特色及体验项目，如农业体验、林业体验、牧业体验、渔业体验、加工体验、工艺体验、自然体验、民俗体验、运动体验等，价位相对较低。

日本民宿主要采取许可制的方式管理，取得执照后方可营业，禁止非法经营。

四、中国民宿

20 世纪 80 年代，随着中国经济的发展，城市富裕人群有了初步的下乡观光旅游的需求。1986 年，以四川成都友爱镇农科村“徐家大院”为代表的最早一批农家乐就在这样的背景下产生了，当地农民利用自家的农房，为外来的游客提供简单的住宿和餐食服务。到了 90 年代中后期，伴随着国内经济发展的突飞猛进，农家乐迅速发展，餐食的种类更加丰富，更具有当地特色，且价格相对低，这是我国民宿的早期产品，时至今日，依然是城市人群休闲度假的首选。2012 年以后，中国旅游度假需求增长迅速，大众出行主体由商务出行转向个人旅游，游客对于民宿等个性化、多元化旅游产品的需求增加。一些小而美、小而特的民宿在云南、福建、浙江、安徽等地出现，引起了社会的广泛关注，随后在全国各地迅速发展起来。中国民宿发展现状详见本模块任务二的相关内容。

为引导民宿业规范经营，中国民宿需要相关主管部门审批，取得营业执照、特种行业许可证、卫生许可证、食品经营许可证等证照后合法合规经营。国家文化和旅游部发布实施了《旅游民宿基本要求与评价》国家行业推荐性标准，把民宿从高到低区分为甲、乙、丙 3 个等级。

【知识拓展】

中国台湾《民宿管理办法》

20世纪末，民宿成为中国台湾一个新兴的乡村旅游经济产业。2001年12月，台湾颁发了《民宿管理办法》，就民宿设置地点、规模、建筑、消防、经营设施基准、申请登记要件等进行了规范。《民宿管理办法》规定：民宿是指利用自用住宅空闲房间，结合当地人文景观、自然景观、生态环境资源及农林渔牧生产活动，以家庭副业方式经营，提供旅客乡野生活之住宿处所。民宿之经营规模，以客房数5间以下，且客房总楼地板面积150平方米以下为原则。但位于中国台湾少数民族聚居的地方，经农业主管机关核发经营许可登记证之休闲农场，经农业主管机关划定之休闲农业区、观光地区、偏远地区及离岛地区之特色民宿，得以客房数15间以下，且客房总楼地板面积200平方米以下之规模经营之。前项偏远地区及特色项目，由当地主管机关认定，报请政府主管机关备查后实施。并视实际需要予以调整。

【任务思考题】

1. 英国民宿起源的社会背景是什么？
2. 中国民宿行业发展的背景是什么？

任务二　中国民宿发展现状

【引导案例】

我在民宿当管家

一年的酒店实习生涯结束后，我回到了学校，历经行业的洗礼后，站在择业和就业的十字路口，很迷茫。

旅游院校的熏陶，成就了我一颗自由的心，我是热爱自然和美的，网上看到日式花道、中国茶道，就会移不开眼球。在后续的学习中，我了解了民宿，并进行了深入学习。在酒店和民宿之间，我一直在做思考和斟酌，为此，我还特地到几家民宿观察和了解，当我走进那座山村间发着暖黄色光的房子的时候，其中自然和设计的融合，不断冲破我对于美的认知。

在学校的招聘会上，我加入了一个设计师的团队，成为一名民宿管家。我跟着设计师和运营团队去了杭州市桐庐县的青龙坞。当时该民宿还在筹建，两个月后才能完工。我们每天负责监督和查看工程进度，养花种草，购买家具和设备，搜罗周边的农副产品，开荒，一点点的变化中，增加了我对这个地方的了解，也倾注了我的热血和感情。在这里，我完成一个从酒店管理专业的学生到民宿管家的蜕变，我学会了煮粥、煎蛋、烤面包、泡茶、插花、摄影、煮咖啡、包粽子、做蛋糕。我爱上了分享，分享这里的美好，把山间最新鲜的食物、最好吃的特产、最美丽的风景分享给来到这里的人，同时我也接受着分享。之后我又去了上海一家艺术民宿做管家，城市民宿和乡村民宿不同，自然条件很弱，需要用人性的温暖去填补，我把每一位来这里的游客当作朋友来对待。

回顾自己一路走来的管家之路，我清晰地看见了自己的成长，越来越热爱生活，也找到了生命的价值和意义。

【案例分析】

“我”毕业于旅游院校，又在精品酒店实习了一年，掌握了酒店前台、客房、餐饮等部门的基础知识和技能。在自然和美的召唤下，就业时选择进入民宿行业，从筹建、开荒到经营管理，完成了一个从酒店管理专业学生到民宿管家的蜕变。

【问题】

1. 民宿和酒店有什么不同?

2. 民宿管家和酒店服务员的工作有什么不同?

一、中国民宿发展的基本情况

中国民宿点多、面广，规模大，主要分布在长江经济带、闽桂粤琼民宿带、环渤海地区和台湾省，西北地区和东北地区数量偏少，与全国旅游业的整体发展水平相吻合。

（一）长江经济带民宿

长江经济带气候温暖、支流湖泊众多、山水文化资源丰富，成为民宿热门区域。长江经济带横跨我国东、中、西三大区域，包括上游云贵川渝、中游湘赣鄂和下游长三角。

1. 云贵川渝地区

云南有独特的自然景观、多彩的少数民族文化，是民宿发展最早的区域之一，民宿主要集中在丽江、大理、泸沽湖、香格里拉、腾冲等地的古城、古镇、古村落；四川有着较大规模的乡村民宿和城镇民宿，涌现了郫都区青杠树村、农科村、阿坝州桃坪羌寨等乡村民宿集聚村。成都以丰富的美食、街巷、历史、风景促进了城镇特色民宿的多元化发展，主要集聚在宽窄巷、春熙路、锦里、三圣乡等地；重庆，近年凭借“最复杂立交桥”“波浪形公路”“屋顶公路”等城市营销树立了“魔幻 8D”城市标签，“穿楼轻轨”“洪崖洞夜景”等视频先后在抖音上走红，民宿数量激增。

2. 湘赣鄂地区

湖南、江西、湖北民宿主要依托景区和有特点的乡村。湖南民宿主要集中在张家界、长沙。江西民宿主要集中在婺源，利用历史民居发展婺源特色古宅民宿，已具有一定的市场影响力。湖北民宿集中在恩施，主要是农民利用自有房屋自营，客源多来自武汉、重庆、成都。

3. 长三角地区

上海、江苏、浙江、安徽等长三角地区是中高端民宿的集聚地。上海以城市民宿为主，外滩和迪士尼是其最热门的短租民宿圈，此外，上海还发展以金山为代表的渔村民宿；浙江是民宿发展较为成熟的区域，其产品个性化、多元化、品牌化，莫干山是高端民宿样板地，西湖民宿是城市民宿的代表，西塘是古镇民宿的代表，临安是乡村山水民宿的代表，长兴是民宿村的典范；江苏民宿主要集中在苏州、南京、无锡、常州，有一批以苏派建筑为代表的城镇民宿，常州溧阳市政府着力打造了一批茶文化特色乡村民宿；安徽依托大量保存完整的古建筑、古村落与秀丽的风景，发展了一批古村落民宿，主要分布在黄山市周边，黟县碧山村、呈坎等。

（二）闽桂粤琼民宿带

福建省山海相连、旅游资源丰富，既有山地乡村民宿，也有滨海民宿，滨海民宿集中在厦门，山地乡村民宿主要分布在漳州东山、南平武夷山等地；广西有丰富的山水资源，风景秀丽、独特，主要有桂林阳朔、北海涠洲岛、贺州黄姚古镇、崇左大新四大旅游民宿集聚区；广东民宿起步相对较晚，但发展势头强劲，主要集中在广州、深圳和北部边远地区，深圳民宿主要集中在大鹏较场尾；海南民宿多集中在三亚、海口和东部黄金旅游线路上，中部和西部相对较少。

（三）环渤海地区民宿

环渤海地区以北京民宿数量为最多，主要分布在怀柔、密云、延庆等地，聚集了一批精品民宿品牌。

（四）台湾省民宿

台湾省民宿始于 20 世纪 80 年代。当时很多旅游景区的住宿设施不足，当地居民便自发将闲置的房屋出租给游客使用。到了 20 世纪 90 年代，台湾农业由传统的耕作型向休闲农业转型。随着休闲观念在都市的流行，这种由农民提供给游客吃、住、游、玩的“民宿”开始流行起来，并开始由政府扶助在农业区和原住民区域开展。依据台湾省的民宿管理办法，合法民宿的房间数最少 5 间，最多 15 间。大多数民宿规模都在 5 ~ 10 间。虽然房间的数量限制了民宿接待团体游客的能力，却促进了主人与游客间的亲密接触，也便于主人发挥创意去布置房间，更增加了其吸引独特消费习惯客源的魅力。

二、中国民宿发展的主要特点

借力美丽乡村建设和大众旅游休闲时代趋势，民宿经营者将地方资源特色转化为旅游特色、经济特色，为乡村经济、社会发展赋能，总体来看，主要有以下三个特点。

（一）政策环境优良

作为促进文旅融合、乡村振兴、精准扶贫的载体，民宿受到各级政府的高度重视，2015 年以来，国务院办公厅、国家发展和改革委员会、住房和城乡建设部、财政部、文化和旅游部等中央政府部门和机构相继出台《关于加快发展生活性服务业 促进消费结构升级的指导意见》（国办发〔2015〕85 号）、《关于印发农家乐（民宿）建筑防火导则（试行）的通知》（建村〔2017〕50 号）、《关于进一步激发文化和旅游消费潜力的意见》（国办发〔2019〕41 号）等有利于民宿发展的政策文件。截至 2019 年 6 月，全国已出台 300 多个各级各类关于民宿的规范、办法、标准等文件，力促民宿行业发展。为以返璞还淳、品味乡愁为核心体验，以乡村文化和乡村生态为核心吸引力的乡村民宿，提供了良好的成长环境。

（二）业态发展迅速

2012 年前后，全国民宿开始快速发展，大多是乡村民宿，也有海岛民宿、古镇民宿等。投资经营主体模式多种多样，有村民自主经营、外来人员租赁经营、公司租赁经营、村集体 + 公司合作经营等多种模式。各地民宿建筑特色、服务内容、消费价格等类型不一。

（三）带动效应显现

乡村民宿发展与百姓增收致富相互促进，是“绿水青山就是金山银山”理念的具体例证。乡村民宿把城市游客留下来，把资金、乡贤、年轻人引进来，把美丽乡村建设成果转化为“美丽经济”，让“青山绿水、田园野趣”这些农村的“沉睡资源”转化为发展资本，以民宿为支点撬动乡村经济、社会、文化、生态的综合发展。

三、中国民宿发展存在的主要问题

随着全国民宿数量的不断增加，行业积累的问题逐步呈现，不容忽视。

（一）难以取得合法身份

部分民宿无法取得特种行业许可证。民宿主要是利用民居开展经营活动，受到原有格局限制，往往不能达到正规经营旅馆建筑的消防管理标准，难以取得特种行业许可证，例如，媒体关于泉州“民宿再遇停业尴尬 有照无证还是不能合法经营”“厦门民宿客栈主陈情书——厦门‘非法’民宿的末路”的报道都是有关民宿身份的问题。2017 年，住房城乡建设部、公安部、原国家旅游局联合发文《关于印发农家乐（民宿）建筑防火导则（试行）的通知》（建村〔2017〕50 号），对“经营用客房数量不超过 14 个标准间（或单间）、最高 4 层且建筑面积不超过 800 平方米的农家乐（民宿）”，根据民宿建筑的实际情况，提出了有别于旅馆的消防管理要求，但目前对该文件执行尚不到位。

（二）业态概念认识不统一

民宿作为一种新兴的旅游产品，目前，业内外对民宿的认识不统一，短租、农庄、农家乐、乡村酒店、客栈都被称为民宿。虽然行业标准给出了旅游民宿的定义，但缺乏一个法定的概念，业态界定不清、各地认识不一。从全国文旅部门统计的数据来看，全国有 10 万家左右的民宿，但在携程、美团、飞猪、爱彼迎、途家、小猪、榛果、云掌柜等网络平台上注册、冠以“民宿”的已达 20 万家，房源已达 100 万间，大量缺少专业管理服务的短租房源充斥其中。《北京市旅游条例》的定义为：民宿是指城乡居民利用自己拥有所有权或者使用权的住宅，结合当地人文环境、自然景观、生态资源以及生产、生活方式，为旅游者提供住宿服务的经营场所。《珠海经济特区旅游条例》的定义为：民宿是指经营者利用自己拥有所有权或使用权的住宅或者其他民用建筑开办的，为旅游者提供体验当地自然景观、特色文化与生产生活方式的小型住宿设施。2018 年，中国饭店协会发布了团体标准《民宿客栈经营服务规范》，其中对民宿的定义为：客栈民宿指以通过合法方式取得的自有或租赁的居所为基础，依托各地民俗与建筑，以自然景观、人文资源、生态资源为特色，提供主人化服务的、多元化体验的住宿设施。许多地方条例和标准对民宿都没有明确的限制条件。

（三）农民主体地位不突出

为鼓励大众创业、万众创新，以利于农业、农村、农民优先发展，国家行业标准《旅游民宿基本要求与评价》提出民宿规模为“民宿经营用客房不超过 4 层、建筑面积不超过 800 平方米”。但目前各地对民宿的理解不同，对民宿经营房间数量、楼层、面积等方面要求不同。各地政府出台相关民宿扶持政策，一些产业资本、酒店集团、房地产等从商业地产的角度出发，通过旅游房产、养老房产与民宿业态进行结合，规模化综合开发，数量多达上百间，商业资本凭借其资金、技术、管理、信息等方面的优势，在与农民的竞争中占据着绝对主导地位，如果不加以引导和规范，将有可能在一定区域内替代农民的主体地位，从而对农村稳定、农民增收带来新的威胁。

（四）行业规范性和专业性不足

民宿作为一种新经济形态，管理涉及工商、治安、卫生、旅游、农办等多个部门，多头监管、交叉管理容易导致监管效率不高。有的地方民宿建设违规用地，例如，“重庆部分民宿频踩生态红线，掏空山体甚至砍伐树木”，有的没有通过房屋安全监测，还有目前大量存在的乡村民宿是农民自营的农家乐，普遍存在不卫生、环境污染、服务水准低下、同质化竞争等问题，需要主管部门的规范引导，提质转型。有的地方政府出台一些民宿规定做政策指导，目前，民宿开发、监管主要还是靠地方政府自己理解和政策自治。

四、中国民宿的内涵和特征

（一）民宿的定义

台湾是中国最早发展民宿的地区，2001 年，台湾省颁布了《民宿管理办法》，规定“民宿为利用自用住宅空闲房间，结合当地人文、自然景观、生态、环境资源及农林渔牧生产活动，以家庭副业方式经营，提供旅客乡野生活住宿之所”。要求“客房数 5 间以下，且客房总楼地板面积 150 平方米以下”，规定区域内的休闲农场、休闲农业区、观光地区、偏远地区及离岛地区特色民宿“客房数 15 间以下，且客房总楼地板面积 200 平方米以下”。

2017 年，原国家旅游局发布了《旅游民宿基本要求与评价》，对民宿的定义为：利用当地闲置资源，民宿主人参与接待，为游客提供体验当地自然、文化与生产、生活方式的小型住宿设施。2019 年，文化和旅游部对《旅游民宿基本要求与评价》行业标准进行修订，提出民宿为：利用当地民居等相关闲置资源，经营用客房不超过 4 层、建筑面积不超过 800 平方米，主人参与接待，为游客提供体验当地自然、文化与生产、生活方式的小型住宿设施。

（二）民宿的特征

在旅游资源丰富的地区，往往已有较大规模的农家乐，近年来，乡村酒店和度假村也开始进入乡村旅游市场，竞争日趋激烈。

1. 民宿与乡村酒店的区别

民宿与乡村酒店在规模、专业程度与服务项目等方面有所差别，乡村酒店的设施密度与服务项目高于民宿，民宿与环境资源及社区的关联度较为明显。乡村酒店是商业体，资金较为充足，重视硬件设施与服务标准化，游客尽可能在酒店内消费，利用外界资源相对较少。民宿一般是非专业经营，经济实力较弱，需借助周边环境，导入邻近的自然和人文资源，为游客提供当地的生活体验，与附近社区形成共赢共生的关系。具体内容可见表 1–1。

表 1–1　民宿与乡村酒店的区别

项　目	民　宿	乡村酒店
经营者	主人经营	职业经理人
物业	住宅等闲置资源	无特定规定
规模	小规模	规模较大
地方资源	强调结合自然环境，体验当地风土民情或农村生活，周边环境资源利用性高	通常不主动提供酒店以外的服务，较少利用周边的环境资源
社区（群）关系	与当地居民、团体互动性高	通常与当地居民、团体互动性低
配套设施	较简单	较丰富
服务	主人家提供服务，强调浓厚的人情味与家的温馨感	由员工提供服务，强调标准化、规范化

2. 民宿与农家乐的区别

根据农业农村部发布的国家行业标准，农家乐主要指以农户为单元，以农家院、农家饭、农产品等为吸引物，提供农家生活体验服务的经营形态。民宿是利用当地民居等相关闲置资源，经营用客房不超过 4 层、建筑面积不超过 800 平方米，主人参与接待，为游客提供体验当地自然、文化与生产、生活方式的小型住宿设施。农家乐与民宿的定义不同，核心产品也不同，具体见表 1–2。

表 1–2　民宿与农家乐的区别

项　　目	民　　宿	农　家　乐
经营者	村民或其他	村民
物业	住宅等闲置资源	自有住宅
规模	小规模	无规定
核心产品	住宿	餐饮等
客房	舒适度较高	相对较弱
主人服务	主人与游客有良好沟通，服务得到游客的认可	未关注、不充分

农家乐经过 30 余年的发展，全国的数量已达百万家以上，产品同质化现象较为严重，而全国乡村酒店数量庞大、行业竞争激烈。民宿作为旅游住宿新业态，厘清与乡村酒店、农家乐的区别至关重要，只有围绕产品核心，突出产品特色，才能成功打造真正的民宿。

资料：旅游民宿基本要求与评价

【知识拓展】

《旅游民宿基本要求与评价》行业标准（LB/T 065—2019）

2017 年，原国家旅游局发布了《旅游民宿基本要求与评价》（LB/T 065—2017），经过 2 年的推广实施，为了进一步促进文旅融合，规范和引导旅游民宿高质量发展，推动全面工作，文化和旅游部及时开展标准的修订工作，于 2019 年 7 月 3 日正式颁布和实施《旅游民宿基本要求与评价》（LB/T 065—2019）国家行业标准。

主要变化如下：

1. 强调文旅融合

新标准强调旅游民宿经营过程中融合地方文化，在整合利用周边人文资源、引导游客体验地方文化活动、参与地方优秀文化传承保护活动、利用地方资源开发旅游商品等方面提出具体要求。

2. 健全退出机制

新标准加强对卫生、安全、消防等方面的要求，强化退出机制，提出旅游民宿经营过程中出现以下情况将取消星级。

（1）发生相关违法、违规事件。

（2）出现卫生、消防、安全等责任事故。

（3）发生重大有效投诉。

（4）发生造成社会恶劣影响的其他事件。

（5）日常运营管理达不到或不符合相应星级标准要求。

以此强化标准对旅游民宿的管理和约束，实施有进有出的动态管理。

3. 明确星级划分等级

将原标准的两个等级修订为丙级、乙级、甲级三个等级，丙级为普通入门型，涵盖大多数民宿，乙级为品质提升型，甲级为引领标杆型。等级设置保证各地看得见、做得到、有特色。

新标准内容主要包括旅游民宿的术语和定义、等级和标志、基本要求、等级划分条件、等级划分方法等方面。

【任务思考题】

1. 什么是民宿？

2. 民宿作为旅游住宿新业态，其核心要素有哪些？

模块小结

本模块介绍了民宿的基础知识，国内外民宿的起源和发展，不同国家民宿的主要管理措施，中国民宿发展的基本情况、基本特点和存在的问题，民宿的内涵和特征等。通过本模块的学习能正确认识国内外民宿发展的时代背景，了解中国民宿发展的基本情况，掌握民宿产品的特征，理解民宿与相关业态的区别。

课　业

中国民宿和农家乐、乡村酒店有哪些区别？

真题演练

一、单项选择题

1. 旅游行业标准《旅游民宿基本要求与评价》（LB/T 065—2019）已经由文化和旅游部批准，于2019年（　　）发布并开始实施。

A. 7月1日　　B. 7月3日　　C. 8月1日　　D. 10月1日

2.《旅游民宿基本要求与评价》（LB/T 065—2019）中定义的民宿要求经营用房不超过（　　）层。

A. 3　　B. 4　　C. 5　　D. 6

3.《旅游民宿基本要求与评价》（LB/T 065—2019）中定义的民宿要求（　　）。

A. 主人参与接待　　B. 员工参与接待

C. 职业经理人参与接待　　D. 当地村镇干部参与接待

二、判断题

1. 民宿最早起源于印度。（　　）

2.《关于印发农家乐（民宿）建筑防火导则（试行）的通知》（建村〔2017〕50号）由原住房城乡建设部、公安部、原国家旅游局联合发文。（　　）

3. 英国将农家民宿设施分为三级，依序为：1 冠（1-crown）、2 冠（2-crown）及 3 冠（3-crown），每年会以不预先告知的方式进行查核。（　　）

三、问答题

1. 中国民宿主要分布在哪些区域?

2. 中国民宿发展存在的主要问题有哪些?

模块二　对客服务与管理

【学习目标】

【知识目标】

1. 了解民宿服务的特性，树立正确的民宿服务管理理念。
2. 明确民宿对客服务的标准与要求。
3. 熟悉民宿对客服务的流程及操作标准。

【能力目标】

1. 能根据民宿的特点做好常规对客服务工作。
2. 能根据民宿的特点做好个性化、定制化服务。
3. 能根据民宿的特点做好服务与管理的创新。

【重难点】

1. 对民宿服务的特性认识到位。
2. 具备民宿服务与管理的创新思维、路径与方法。

【思维导图】

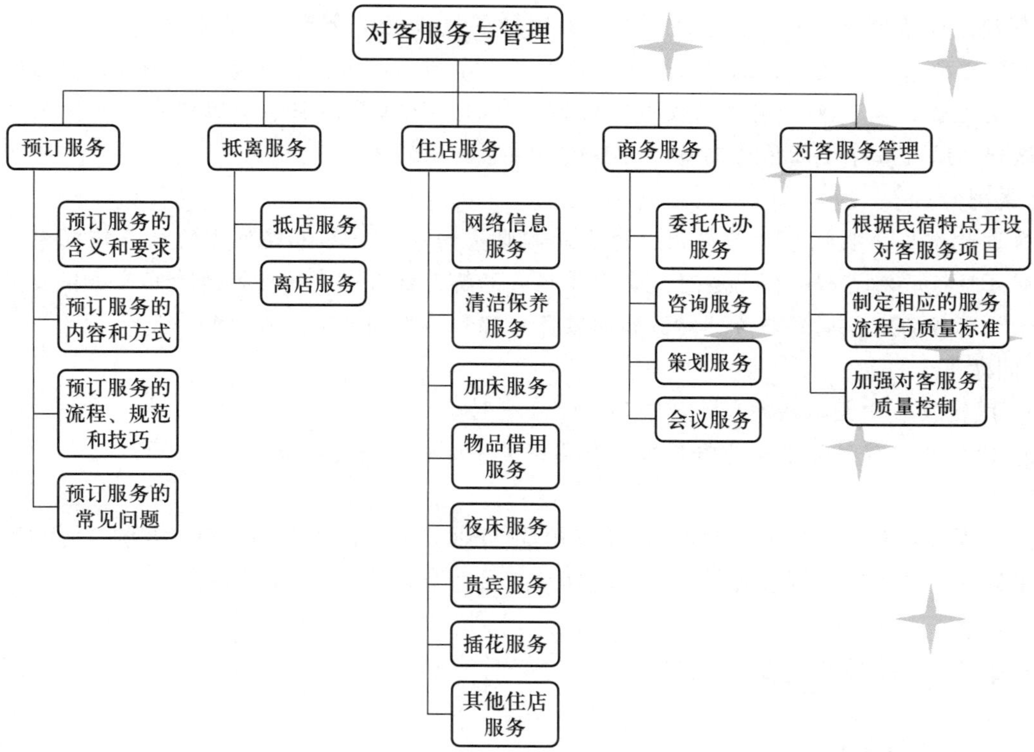

对客服务是民宿服务中的重要组成部分，对客服务是指民宿为满足顾客的需要而付出的智力和体力劳动，在服务过程中能够满足顾客现有的和潜在的需求的总和，即满足顾客提出的各类合情合理的要求。其主要服务内容既有规范化服务，也有个性化服务、定制服务及创新服务，与时俱进甚至超前引领顾客隐含的消费需求，提高顾客的满意度和民宿的美誉度。

民宿对客服务主要包括预订服务、抵离服务、住店服务及委托代办服务等。

任务一 预 订 服 务

【引导案例】

规范服务＋主动服务

李小姐在某OTA平台上预订了某民宿2间房，计划周末携家人一同前往。预订成功后，第一时间收到了民宿管家打来的电话，李小姐心中倍感亲切。原来，民宿前台人员收到OTA平台信息后，把李小姐的入住信息登记下来，然后根据李小姐提供的电话信息，第一时间打电话进行了确认和问询服务。

民宿工作人员首先欢迎李小姐及家人预订该民宿，并告诉她已经预订成功了，还及时发送了一条预订成功的短信息，然后询问李小姐同行成员的组成情况，是否有孩子或者老人随行，有没有特殊要求等。最后，工作人员主动添加了李小姐的微信，把民宿的地图及交通路线通过微信发送过去，同时又查阅了入住当日前后三天的天气状况，在李小姐到达之前择机跟踪提醒。这样的服务让李小姐倍感贴心，后来成为该家民宿的常客。

【案例分析】

通过此案例，我们可以看得出，持有周到服务的理念，可将规范化的服务转化为主动服务和周到服务。对宾客的情况尽可能全面掌握和了解，就可以有针对性地为宾客提供安排和服务。预订环节的服务周到与否，对民宿的服务口碑和品牌塑造有着重要的作用。

【问题】

1. 民宿服务中主动服务和被动服务有什么差别？
2. 你怎样理解预订服务是宾客对整个民宿服务认知的关键环节？

预订服务是对客服务的首要环节，成功的预订服务可以开拓市场，稳定客源，同时提高客房的出租率，还可以掌握客源的动态，起到预测民宿未来发展方向的作用。

一、预订服务的含义和要求

（一）预订服务的含义

民宿预订服务是指宾客在抵达前对民宿客房进行的预先订约。预订服务是民宿的一项重要服务项目，是开启民宿服务的首个环节，主要为宾客提供民宿及可供预订客房的信息，解答宾客在预订时的各种疑问，方便宾客选择住房类型、了解民宿位置、熟悉民宿整体风格以及民宿周边环境等，保障宾客在入住前对民宿有比较客观、清楚的认识，并顺利完成客房预订工作。

（二）预订服务的要求

1. 服务热情

预订服务是民宿和宾客之间的第一次接触和交流。服务员或管家态度热情，服务贴心，会给宾客留下非常好的第一印象；相反，如果第一印象不好，很可能直接影响预订的结果。这就要求民宿服务人员在服务过程中，无论是否能够达成宾客的需求，都应该做到态度热情、服务耐心，尤其是在出现不能满足宾客需求的时候，更要注意服务态度，委婉说明情况，并提出合理建议供宾客参考。

2. 工作严谨

预订工作相对烦琐，任何一个环节出错，都可能造成预订无法完成的后果，对民宿产生不良影响甚至经济损失。因此，预订工作必须认真，预订信息必须准确无误，登记必须严谨且尽可能详尽，如宾客姓名、联系方式、抵离时间、住房类型、房价、付款方式及有无特殊要求等。信息必须及时、准确地进行登记，切不可凭个人经验记忆宾客的相关信息。

3. 恪守信誉

在民宿运营过程中，尽管房间销售预订等工作已经尽量做到严谨，但还是会出现棘手及突发情况。比如，有宾客想要延期，或有重要的宾客突然到店等。遇到类似的情况，民宿方应该恪守信誉，应在保证预订宾客客房需求的情况下，对临时出现的需求进行妥善处理，万不可因其他原因影响已预订宾客的利益，对民宿信誉造成恶劣影响。

二、预订服务的内容和方式

（一）预订服务的内容

预订服务的内容主要有散客、团队、会议等线下及线上的预订服务。在预订过程中，也会存在预订的变更与取消等问题，不论涉及如何复杂的问题，都应该能够礼貌、专业、规范地处理。

（二）预订服务的方式

预订方式多种多样，有直接到店预订、电话预订、微信预订、网络平台预订等，可以统一分为线下预订和线上预订两大类，预订方式不同对应的预订服务流程也会有差异。

1. 线下预订

线下预订包括到店预订、电话预订。线下预订的过程中，服务人员应礼貌、热情地询问宾客想要预订的房间类型、抵离时间及数量要求等信息，同时迅速查看预订登记单，如有能满足宾客需求的空房，便可接受预订并做好登记工作；如无法满足宾客需求，应委婉地向宾客说明情况，并提出建议供其参考。

2. 线上预订

服务人员在接到订单后，应在确认过房态的情况下做出是否接受订单的决策。如果接受订单，应及时将订单信息录入民宿客房管理系统，更新房态。如没有符合宾客要求的房间，应及时拒绝订单，并留言对宾客表示诚挚的歉意。

三、预订服务的流程、规范和技巧

（一）预订流程

预订流程如图 2–1 所示。

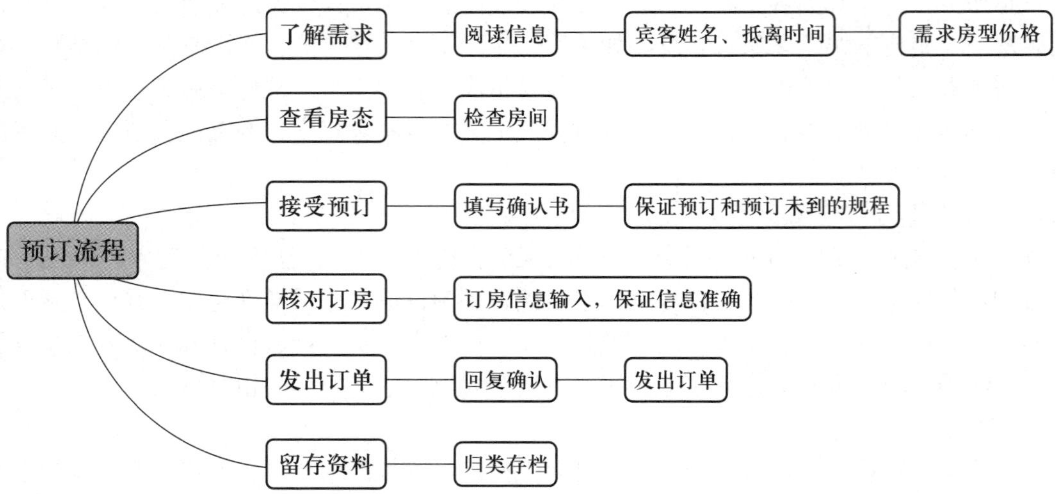

图 2–1　预订流程

（二）预订服务的操作规范

1. 了解需求

了解宾客需求是成功完成预订工作的前提，其基本内容包括：认真阅读宾客信息，尽可能详细了解客情，如人数、国籍、身份、生活特点、接待标准、健康状况等；了解宾客到（离）店时间，了解车、船、航班时间，及所需求的房态，以便正确完成预订录入和确认工作。

2. 查看房态

预订服务很大程度上依赖于有效的房态控制，因此，建立适当的房态显示系统和保持准确的房态信息，是做好民宿服务和提高预订服务质量的关键。

接到预订需求后，应尽快查看房态系统，了解住客房、走客房、空房、待修房、保留房等各类房型的基本情况，保证宾客的需求能得到快速回应。

3. 接受预订

民宿在接受宾客预订以及根据宾客要求核对过相应的住房状态后，确认预订的，应当以口头、书面确认函或者微信的方式进行确认。不论用哪种方式，对宾客而言，可以了解民宿是否收到预订信息；对民宿而言，不仅可以做确认资料留存，还可以进一步证实宾客的个人情况，也可以询问宾客有无特殊要求，尤其是微信确认形式可以向宾客发送导航定位等，使宾客对民宿有良好的第一印象。

4. 核对订房

在接受预订后，要再次核对订房信息，这是预订服务的关键环节，同时可以详细了解宾客的其他出行信息，比如，是旅游、商务活动还是度假；是独自出行，还是情侣、朋友、夫妻结伴出行，是否有孩子或者老人等。这些信息可以为后期的个性化服务做好铺垫，如添加宾客微信，为其发送民宿地图或其他信息。核对订房的内容包括：住宿的时间、房型、价格、预付金支付的相关规定以及取消预订的条件和要求等，在民宿和宾客之间达成协议。

5. 发出订单

确认预订的工作非常重要，在接受宾客预订后，可以发邮件、确认函或微信进行确认，这些确认方式及内容均需留存书面确认资料。如果都确认无误，即可发出订单，并将宾客信息登记在预订单中，有特殊要求的做好备注，第一时间在其他预订平台做关房处理。预订被确认后，民宿有义务以预先确认的价格和房型为宾客预留相应的客房。

6. 留存资料

将预订过往信息及确认材料根据民宿管理分类归档，完成预订工作。

（三）预订服务的技巧

1. 尊重宾客是核心

宾客至上是服务行业最基本的行为规范，也是正确对待和处理民宿与宾客之间关系的一条行为准则，还是检验工作人员服务态度和服务效果的一项标准。宾客至上就是要把宾客的需求放在首位，一切为宾客着想，努力满足宾客合理、正当的要求，把使宾客满意作为衡量自己工作情况的唯一标准。这也是尊重宾客的根本体现，要让宾客满意、让宾客惊喜、让宾客感动。

2. 有效沟通是中心

沟通能力是员工素质和水平的重要体现，沟通情况将直接影响到宾客的心情和预订服务，因此在预订过程中一定要注意语言的规范性，做到礼貌称呼、口齿清晰、用词文雅，特别是线上或电话预订时，应用普通话与宾客交流沟通，语调柔和、语言谦恭，同时应做到有声和轻声服务，注意语音语调，声音不能太大也不能太小，在对客服务中做到说话轻、走路轻、操作轻。

3. 服务技能是重心

服务技能是指员工在所从事的工作岗位上，应具有的专业知识、技术和能力，以及创新意识和创新能力等。服务人员只有具备良好的服务技能，才能确保民宿的服务品质，才能在程序化、标准化、规范化的基础上进一步实现民宿服务的个性化、定制化及创新化。因此，服务技能是民宿服务的重心。

四、预订服务的常见问题

（一）拒绝预订

如核实房态后无法接受宾客的预订，应婉言拒绝，并致以真挚的歉意。同时民宿服务人员或管家可以向宾客提供参考建议，如调整日期、调整房型或介绍周边的其他民宿等，还可以请示宾客是否可列为候补，然后将信息做好登记，以便有空房的时候随时通知宾客。

（二）取消预订

预订过程中也会经常出现预订取消的情况。民宿服务人员或管家在接到预订取消时，应表示理解，态度友好，不能有不愉快或烦躁的表现。并且根据预订取消的相应条件处理预订金。在核实取消预订之后，做好相应的记录并且做好房态更改以便空置房间的再次销售。

（三）变更预订

如遇宾客变更预订的情况，服务人员或管家应迅速核实宾客变更后需要的日期和房型。如能满足其需求则确认变更并作出书面变更确认，之后更改预订登记信息。如不能满足宾客的需求，则向宾客解释并协商解决。

【知识拓展】

民宿客房的类型

民宿的个性化发展使得民宿风格与客房的类型也丰富多彩。但不论是哪种风格的民宿，作为住宿设施的客房是不可或缺的。客房类型可从以下几方面进行分类。

一、按房间数量划分

按房间数量一般可分为单间客房和套间客房（套房）。单间客房由一个房间加卫生间组成，套间客房由两个或两个以上的房间加卫生间组成。

二、按房间床位划分

在单间客房内，床的规格和数量不同又形成不同的类型，如设置两张单人床的就是双床间或标准间（见图 2–2），设置一张双人床的就是大床房（见图 2–3），设置三张单人床的就是三人间（见图 2–4），设置一张单人床加一张双人床的就是家庭房（或称亲子房，见图 2–5），等等。

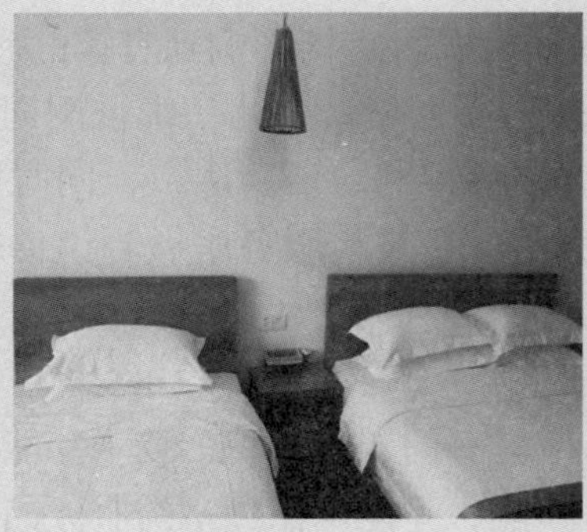
(a)

(b)

图 2–2 双床（标准）间

(a)

(b)

图 2–3 大床房

图 2-4　三人间

图 2-5　家庭房

三、按房间位置划分

按客房所处位置划分，可分为海景房、湖景房、江景房、山景房、园景房、街景房等。

当然还可以按建造装修风格、主题文化特色等进行分类。另外，基于民宿的特点，也有以院落为单元的房型，如单院落、多院落等。

【知识拓展】

电话沟通礼仪

一、拨打电话礼仪

1. 时间恰当

给宾客拨打电话以尽量不影响对方的工作和休息为原则，在通话过程中自觉控制通话时长，有的放矢、把握重点，做到长话短说，一般情况下时间最好不要超过 3 分钟。若打错电话，应向对方致歉，不可一言不发直接挂断电话。

2. 准备充分

为提高电话效率，首先在拨打电话之前应做好准备，如核对通话人姓名、单位、职务、电话号码及通话内容等。

3. 沟通有效

从最重要的信息开始沟通，内容应简明扼要，不可东拉西扯、词不达意；同时应注意通话地点的选择，尽可能做到安静且不受打扰；拨打电话要有耐心，回铃音至少超过 6 声，等待 15~20 秒，避免未到 3 声就挂断或反复拨打的情况发生。

二、接听电话礼仪

1. 接听及时

接听电话应遵循“铃响不过三”的原则，如铃响多次才接听应在通话之初向对方表示歉意。接起电话后先做自我介绍，并向对方问好，如：“您好！ ×× 民宿。不好意思让您久等了，很高兴为您服务。”

2. 态度友好

因为电话只靠声音进行交流，所以在接听电话应特别注意音量、语气及语调等，以便给宾客留下美好的印象。

3. 沟通有效

接听通电话时，应注意有效沟通，语气应温和、亲切、自然，发音清晰、语速平缓、音量适中，不可吃东西、不可抽烟等。可提前准备好纸、笔，及时进行记录，通话结束前应复述相关内容以便与宾客进行确认。

4. 结束有礼

在与宾客结束通话前要向对方表示感谢再道别，如“谢谢您的来电，再见”。并应让宾客先挂电话。

【实训项目】

一、电话预订服务

1. 布置实训任务

（1）将学生分成若干小组，分别进行角色分配，扮演民宿前台接待人员、宾客等角色，模拟电话预订场景。

（2）各角色小组根据自己的角色进入指定位置。

（3）检查所需物品。

2. 教师示范

（1）教师讲解实训内容、要求及实训目的。

（2）教师讲解相关操作程序及要点。

（3）由教师与任意组学生配合全程模拟一次电话预订服务工作过程。

3. 实训考核要点

（1）操作程序是否规范。

（2）沟通内容是否准确。

（3）举止行为是否得体。

（4）处理问题是否恰当。

4. 学生训练、教师督导

（1）每组逐一进行实训模拟，其他学生观摩，并注意发现不足之处，模拟结束后进行点评。

（2）小组互评，教师点评。

（3）调整各小组模拟的角色，进行下一轮次的模拟训练。

5. 实训总结

实训结束后进行总结。

二、线上预订服务

1. 布置实训任务

（1）将学生分成若干小组，分别进行角色分配，扮演民宿前台接待人员、宾客等角色，模拟线上预订场景。

（2）各角色小组根据自己的角色进入指定位置。

（3）检查所需物品。

2. 教师示范

（1）教师讲解实训内容、要求及实训目的。

（2）教师讲解相关操作程序及要点。

（3）由教师与任意组学生配合全程模拟一次线上预订服务工作过程。

3. 实训考核要点

（1）操作程序是否规范。

（2）沟通内容是否准确。

（3）举止行为是否得体。

（4）处理问题是否恰当。

4. 学生训练、教师督导

（1）每组逐一进行实训模拟，其他学生观摩，并注意发现不足之处，模拟结束后进行点评。

（2）小组互评，教师点评。

（3）调整各小组模拟的角色，进行下一轮次的模拟训练。

5. 实训总结

实训结束后进行总结。

【任务思考题】

1. 预订服务工作的细节有哪些？

2. 预订服务工作中如遇特殊要求应如何处理？

任务二　抵 离 服 务

【引导案例】

记住宾客的姓名

张先生被民宿管家引至前台办理入住手续，还没等他开口，服务人员就微笑地把钥匙递上，并轻声称呼他的名字，张先生很吃惊，顿时有了一种如回家一般的亲切感。

原来，张先生在预订住宿时，提供了自己的个人信息及行程安排，民宿工作人员通过预订信息事先对张先生的情况做了了解和备注，当张先生入住时，便有了这样的场景。

马斯洛需求层次理论认为，人的最高需求是得到社会尊重的需求。自己的名字为他人所知晓就是对这种需求的满足。

在服务行业中，主动、热情地称呼宾客的名字是一种服务的艺术，也是一种艺术的服务。服务人员尽力记住客人的房号、姓名和特征，借助敏锐的观察力和良好的记忆力，提供细心周到的服务，给宾客留下深刻的印象。

【案例分析】

很多著名品牌酒店都有一些规定：前台员工要熟记 VIP 的名字，尽可能多地了解他们的信息，争取在他们来店自报家门之前就能够称呼其名字，当再次见到他们时也能直称其名，这是一名合格的服务员最基本的素质，同时，使用计算机为所有下榻的宾客登记历史档案。这种努力为宾客提供超水准、高档次服务的方法，值得借鉴。

【问题】

1. 你如何理解服务过程中的这种“惊喜服务”？

2. 在服务过程中应如何做到“宾至如归”？

在经营中，民宿服务的风格形成了自身的特色，这些特色在一定程度影响着宾客对民宿的选择。因此，服务在整个民宿运营中是最重要的内容，而抵离服务是给宾客留下第一印象和最后印象的两项关键内容。

抵离服务是民宿直接为宾客提供服务的重要环节，虽然只是一接一送，时间不长，但其影响却很大，往往会给宾客留下深刻的印象，因此，民宿应该提供热情周到的抵离服务。

一、抵店服务

抵店服务是宾客到达民宿后服务人员或管家对其进行的包括接站、门口迎接、运送行李、办理入住登记到送宾客到达客房的一系列服务过程。抵店服务会给宾客留下非常深刻的第一印象，即首因效应。首因效应是指最初接触到的信息所形成的印象对人们以后行为活动和评价的影响。通常人与人第一次交往中留下的印象，在头脑中形成并占据着主导地位，由此可见，抵店服务是整个服务过程的基石。

（一）抵店服务流程

抵店服务的流程如图 2–6 所示。

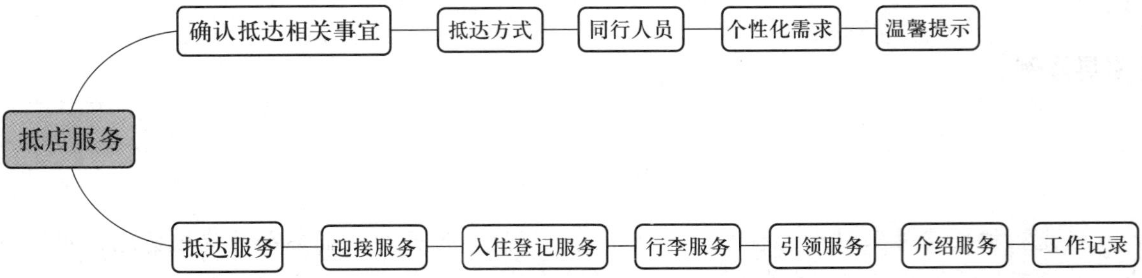

图 2–6　抵店服务流程

（二）抵店服务规范

1. 抵店服务准备

（1）抵达方式。根据预订信息，提前和宾客确认抵店的交通方式。如自驾，则向宾客发送定位并提前留好停车位；如宾客是乘飞机、火车、汽车抵达，则向宾客确认抵站时间、是否需要接站，如民宿可以提供接站服务，应和宾客确定好到站时间，以便顺利接站，如民宿不提供接站服务，可以询问宾客是否需要帮忙推荐；如果宾客自行安排抵达，一定告知清楚宾客详细而且容易辨认的路标指示，以便其顺利抵店。

（2）同行人员。提前和宾客确认同行人员情况，如有老人的，可提前在房间多备一些老年人日用品，如毛毯、防滑垫等；如有孩子的，可以提前准备一些儿童玩具或用品；如果是度蜜月的宾客，可以提前在房间进行一些温馨喜庆的布置。总之，应根据已知宾客信息，尽量做好周到妥善的安排。

（3）个性化需求。提前和宾客确认有无特殊需求，比如，饮食方面是否有禁忌等，以便提前做好准备。

（4）温馨提示。提前查看当地天气情况，告知宾客，并根据具体情况给出建议及必要的温馨提示；同时提醒宾客民宿当地的交通路况，以及周边景区的实际情况，为其提供携带服装、物品等方面的建议，比如，山路多的区域可提醒宾客带舒适的便于行走的鞋子等。

2. 抵店服务

（1）迎接服务。对于需要接站的宾客，如果是由民宿服务人员或管家亲自接待的，抵店后按照服务规范引领宾客进入店内；如果是安排车辆接站的，服务人员或管家应同接站司机时刻保持联系，并提前在门口等候；宾客自行到店的，服务人员或管家应礼貌欢迎，并视情况为宾客提供开门、护顶、撑伞等服务。开车门时应注意服务的顺序、动作等，一般先为女士、年长者开门，开门应用左手、同时右手护顶。护顶时应注意宾客的宗教信仰，一般佛教信徒不可为其护顶。

（2）入住登记服务。首先，应主动问候宾客，询问是否有预订。如果有预订，先查找预订资料，将预订信息与宾客进行再次确认；如果没有预订，则应先询问宾客的住宿需求、费用标准等，介绍民宿的客房及其他服务。如果宾客之前曾入住过，但本次尚未预订，则可以根据宾客的喜好推荐相应的客房。其次，请宾客出示有效证件，验证并进行扫描，然后询问付费方式，收取押金并填写押金单。再次，根据宾客的要求确认好房费和房型，安排好客房并帮宾客快速办理入住手续，告知宾客早餐用餐时间和地点，询问宾客有无其他服务需求，将房卡、钥匙、押金单、身份证等一并交给宾客，并祝宾客入住愉快。入住登记服务的流程如图 2–7 所示。

视频：入住服务

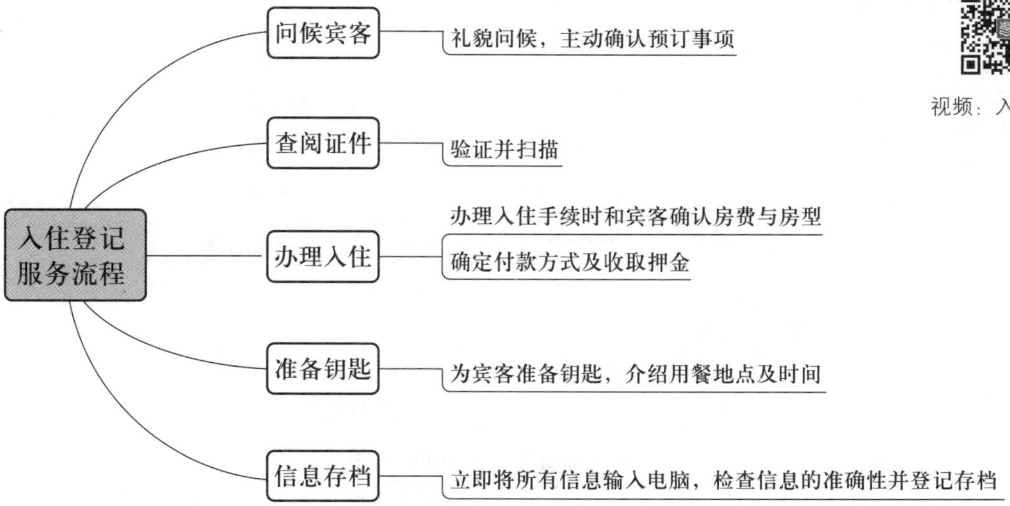

图 2–7　入住登记服务流程

（3）行李服务。宾客到店后，服务人员或管家帮助宾客搬运行李。如宾客有寄存行李的要求，应礼貌地请宾客填好行李牌并提醒其收好，领取时出示。

（4）引领服务。办理好入住手续后，服务人员或管家亲自送宾客去房间，特别是第一次入住的宾客。在引领时服务人员应走在宾客的斜前方，与宾客保持 1 米左右的距离，行走速度以宾客的速度为准，转弯时应停住，面向宾客伸手示意。期间可以和宾客进行简单交谈，如询问连住期间需不需要打扫房间、有哪些出行计划等。可以根据了解到的信息为宾客进行精准的后续服务。

（5）介绍服务。待宾客到达所住房间时，按规程为宾客开门，插卡取电，请宾客先进房间。待宾客进入房间之后，可视情况送上茶水、香巾或饮料；服务人员或管家应向宾客介绍民宿的服务内容，如无线网络密码、公共区域服务项目及功能等；同时应向宾客认真讲明相关的注意事项，如进入房间后应检查房间设施的完好及配置的完备情况，发现问题及时提出；提醒宾客客房内需要付费的物品；提醒宾客出入房间时要及时锁好房门，注意保管个人贵重物品，不要让陌生人进入自己的房间，告知应急手电、防毒面具的摆放位置与使用方法等。介绍时应注意时间的控制，一般不宜超过 3 分钟；如宾客面带倦容或属回头客则可不作介绍。

（6）工作记录。服务人员或管家离开客房后，对服务过程、宾客情况及需求做好相应的工作记录。

二、离店服务

离店服务是指宾客退房时，从办理退房手续、运送行李、门口送别到送站等一系列对客服务。

离店服务是整个服务过程中的最后环节，在整个住宿过程中存在的小瑕疵或疏忽还可以在离店服务中做最后的弥补。离店服务在某种程度上决定着服务的最后环节是否到位，是否给宾客留下完美的最后印象，而最后印象往往在脑海中停留的时间最长。所以离店服务在整个对客服务中也起着关键性的作用，意义重大。

（一）离店服务流程

离店服务的流程如图 2–8 所示。

视频：离店服务

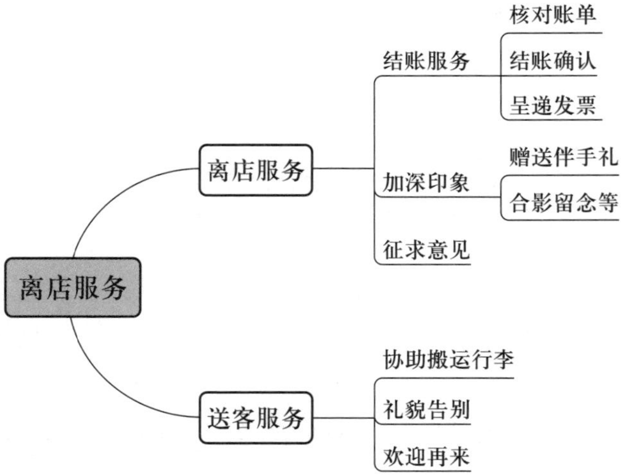

图 2–8　离店服务流程

（二）离店服务规范

1. 离店服务

离店是宾客对民宿的最后印象，所以应特别重视并做好结账、送客等服务工作，给宾客留下良好的印象。

（1）征求意见。询问宾客住宿期间的体验感受，有无意见或建议，也可以邀请宾客在意见簿上留下感受，并请其在线上预订平台上做评价。

（2）加深印象。赠送民宿明信片或伴手礼等留作纪念，可以和宾客合影留念，并将照片留在民宿照片墙上，增加宾客对民宿的印象。

（3）结账服务。应提前将宾客的消费记录进行汇总，并打印好消费清单，在办理退房手续，请宾客过目且签字后结算付费，按规范为宾客提供相应的票据，并提醒宾客检查自己的行李物品。

（4）查房服务。宾客退房后，服务人员或管家应及时对客房进行检查。检查是否有宾客遗留的物品，是否有设备损坏，物品是否有丢失。如有发现要根据规定进行及时而妥善地处理。最后做好宾客离房记录，更新房态。

2. 送客服务

办理退房手续后，民宿服务人员或管家应帮助宾客提拿行李，将其送至大门外，并将行李放到车上，礼貌地与宾客告别。必要时可送至停车场。如宾客需要送站服务的，应提前了解车、船、机票的准确时间，以便安排好车辆。

3. 其他服务

宾客离店后，如有其他委托代办事项，服务人员应不折不扣地完成。如因客观原因无法办理的事项应及时与宾客沟通，待时机成熟时可再为宾客提供服务。

【知识拓展】

迎送礼仪

“良好的开端是成功的一半”，第一印象是交往的基石，因此，民宿服务中的迎送礼是服务人员必须掌握的基本礼仪，也是宾客对民宿服务的第一认知环节。常见的迎送礼仪主要有握手礼和鞠躬礼两种。

握手礼：握手是大多数国家见面和离别时相互致意的礼仪。握手既是人们见面相互问候的主要礼仪，还可表达欢迎、祝贺、感谢、安慰或相互鼓励等情绪。礼节意义上的握手姿势是：伸出右手，双目注视对方，面带微笑，上身略微前倾，头微低。

鞠躬礼：使用鞠躬礼表达致意是常见的礼节仪式。鞠躬礼源于中国，在先秦时代，两人相见，便以身体向前弯曲来表达一个人的谦逊恭谨的态度。现代社会，鞠躬礼已经成为人们在生活和工作中对别人表示恭敬的一种礼节，既适用于庄严肃穆、喜庆欢乐的仪式，也适用于一般的社交和服务场合。鞠躬礼分为鞠躬15°、30°和45°等形式，鞠躬度数越高则向对方表达的敬意越深，其使用的基本原则是：在特定的群体中，应向身份最高、规格最高的长者行45°鞠躬礼；身份次之行30°鞠躬礼；身份对等行15°鞠躬礼。

【实训项目】

一、抵店服务

1. 布置实训任务

（1）将学生分成若干小组，分别进行角色分配，扮演民宿管家、宾客等角色，模拟宾客抵达民宿的场景。

（2）各角色小组根据自己的角色进入指定位置。

（3）检查所需物品。

2. 教师示范

（1）教师讲解实训内容、要求及实训目的。

（2）教师讲解相关操作程序及要点。

（3）由教师与任意组学生配合全程模拟示范。

3. 实训考核要点

（1）操作程序是否规范。

（2）沟通内容是否准确。

（3）举止行为是否得体。

（4）处理问题是否恰当。

4. 学生训练、教师督导

（1）每组逐一进行实训模拟，其他学生观摩，并注意发现不足，模拟结束后进行点评。

（2）小组互评，教师点评。

（3）调整各小组模拟的角色，进行下一轮次的模拟训练。

5. 实训总结

实训结束后进行总结。

二、离店服务

1. 布置实训任务

（1）将学生分成若干小组，分别进行角色分配，扮演民宿管家、宾客等角色，模拟宾客结账离店场景。

（2）各角色小组根据自己的角色进入指定位置。

（3）检查所需物品。

2. 教师示范

（1）教师讲解实训内容、要求及实训目的。

（2）教师讲解相关操作程序及要点。

（3）由教师与任意组学生配合全程模拟示范。

3. 实训考核要点

（1）操作程序是否规范。

（2）沟通内容是否准确。

（3）举止行为是否得体。

（4）处理问题是否恰当。

4. 学生训练、教师督导

（1）每组逐一进行实训模拟，其他学生观摩，并注意发现不足，模拟结束后进行点评。

（2）小组互评，教师点评。

（3）调整各小组模拟的角色，进行下一轮次的模拟训练。

5. 实训总结

实训结束后进行总结。

【任务思考题】

1. 抵离服务是宾客入住民宿一个完整的服务流程，你认为应该如何做好民宿的抵离服务？

2. 民宿抵离服务是否需要提供特色化或个性化服务？

任务三　住 店 服 务

【引导案例】

小住客也是“VIP”

王先生的女儿6岁了，在预订房间时，特意为女儿预订了套房中的一间单人房，想着通过一次外出，既培养了女儿独立自主的生活能力，又能够给女儿留下一段特殊的回忆。为了实现王先生的愿望，民宿管家着手为其制造了一个惊喜。民宿管家为孩子设计了一间漂亮的儿童房，首先在房间门口设置了卡通的门牌标志，将房间设施有拐角的地方都加了软包，在浴室提供了儿童专用洗漱用品，把不安全的、易碎的东西都收起来，插座都用专门的保护插头插入，彻底清除了潜在的危险，同时为房间增加了许多温暖的色彩和可爱的卡通玩具，当王先生带孩子入住时，连连称赞。

【案例分析】

儿童也是民宿常见的客人，很多家长也有意识培养孩子的独立性，因此，作为民宿的经营者和管理者，应该有意识针对儿童提供个性化服务，使住宿的价值最大化，因为针对性服务和灵活性服务是民宿增强市场吸引力的重要路径。

【问题】

1. 你认为住店服务中，对儿童宾客的服务还应该考虑哪些因素？

2. 如果遇到儿童嬉闹影响其他宾客休息，你会如何处理？

住店服务是民宿服务的重要组成部分，住店服务既能够体现民宿的服务水准，又能反映出民宿的管理水平。在这个阶段，宾客的兴趣爱好、性格特征都会凸显，更容易增强服务的针对性。在住店服务中既要满足宾客的大众化需求，又要尽可能满足其个性化需求。

一、网络信息服务

在大数据时代，人们的日常生活已经离不开互联网，民宿必须能为宾客提供免费 Wi-Fi 服务，并且应注意网络的运行速度。通过网络可以让宾客非常快捷、方便地了解到民宿交通区位、经营特色、当地特产、周边景区、当地文化资源等信息，并能进行有效的在线咨询等。

二、清洁保养服务

住店期间，民宿应提供清洁保养服务。此项工作一般由日常清洁保养与周期性清洁保养相结合。民宿服务人员不仅要按规程定时进房整理，还应根据宾客的要求，随时进房提供清扫整理服务，做到定时与随时相结合。至于哪些内容安排为日常清扫项目，哪些内容安排为周期性清洁保养项目，是采取白天、晚间各清扫一次的二进房服务规程，还是只提供白天一次清扫的一进房服务规程，各民宿可根据实际情况而定。详细的服务规程与清扫技能可参考模块三的相关内容。

三、加床服务

（一）接受要求

宾客入住前或入住后都有可能提出加床的要求。如入住前有要求，应在宾客到店前完成加床工作。入住后宾客提出加床的要求时，服务人员应礼貌地告知宾客收费标准并请其办理有关手续，如宾客要求较急也可先提供服务再办手续。

（二）加床服务

加床前应先将加床擦拭干净并检查是否牢固稳当；按规程进房、放好加床，准备好床上用品及其他客用品。

（三）撤床服务

宾客退房后，服务人员在清扫客房前应先将加床撤离房间，床上用品先收好放回原位；如宾客临时取消加床，应及时做好记录并调整相关服务。

四、物品借用服务

为方便宾客的生活起居，民宿可准备电熨斗、婴儿床、充电器、剪刀、水果刀等物品，供宾客临时借用，并在服务指南中明示宾客。

（一）确认

服务人员接到宾客要求借用物品的信息后，应礼貌地确认宾客需借用物品的名称、借用时间等，如宾客借用剪刀、刀具等特殊器具应问清用途和归还时间。

（二）记录

对于宾客借用的物品，宜作服务记录，可设计专门的《物品借用登记单》，也可用笔记本详细记录所借物品的名称、借出时间、借用者房号、经手人及归还时间等。

（三）送交物品

取出物品先检查其状态，确保完好、有效后将物品及时送交给宾客。当宾客接受物品后，应请其检查试用，确认无误后在登记单或笔记本上签名（价值较高的物品）。

（四）归还物品

宾客将物品归还时，服务人员应检查完好程度，并在登记单或笔记本上记录归还时间、经手人等信息；有些物品如剪刀、指甲钳等应及时清洁消毒；如宾客退房时还未将物品归还，应提醒他们并进行有效处理。

五、夜床服务

夜床服务也称“做夜床”或“晚间服务”，主要是利用宾客晚上就餐或外出活动的时间对客房进行的清扫整理服务。一般工作时间在17：00～21：00或18：00～22：00，包括开夜床、整理房间、整理卫生间三项内容。夜床服务的主要作用是随时保持客房的整洁、方便宾客休息、表示对宾客的欢迎。是否需要提供夜床服务、服务对象如何界定，以及如何提供夜床服务应视民宿的实际情况而定。

夜床服务是观察和记录宾客生活习惯、个人喜好的有利机会。当然，要使夜床服务成为民宿服务的亮点之一，还需要民宿店长或管家具有创新意识，不断丰富和完善夜床服务的内容，以便为给宾客提供更加个性化的、体贴舒适的服务，取得令宾客惊喜的效果。详细的服务规程与技能可参考模块三的相关内容。

六、贵宾服务

贵宾（Very Important Person，VIP）即“重要人物”“要员”“非常重要的人”，其他称呼还有“贵客”“重要人士”“高级用户”“高级会员”等，是指有特殊身份或对民宿有较大影响、较大帮助的宾客。在接待贵宾时，民宿应提供较高的服务礼遇，一般在客房布置、服务设计、礼品提供等方面都要高出普通宾客，使其感受到民宿对自己的特别关照。

（一）服务准备

1. 确认宾客身份

根据民宿的经营策略和特色，对即将入住的宾客进行身份认定，确定宾客是否符合民宿规定的贵宾接待规格。

2. 服务准备

民宿服务人员将房间按贵宾接待规格进行清扫、布置，同时准备好其他物品，如水果、插花、伴手礼等；民宿店长或管家至少应在贵宾抵达前1小时对客房状态进行认真的检查，如设施设备是否完好、用品是否齐全、摆放是否整齐到位、温度是否合适等，并在贵宾抵达前一定时间准备好茶水、方巾等。

（二）迎接服务

1. 欢迎

民宿店长或管家应在民宿门口或民宿停车场等处等候贵宾的到来。见到宾客时应主动问候，主动表示欢迎，最好能提供叫名服务，使贵宾感到亲切。如有需要也可在机场、车站、码头提供接机（站）服务。接机（站）时应注意服务人员的形象、接机（站）牌的品质、对贵宾情况的掌握和其他物品如矿泉水、水果、点心、资料的准备等环节。

2. 快速办理入住手续

当贵宾进入民宿后即按流程为其办理入住手续，办好手续后马上引领贵宾到客房，同时提供行李服务；到房门口按规程敲门、开门后，民宿店长或管家应站在门旁请贵宾先进房。等贵宾进房后，立即奉上香巾和欢迎茶，视情况介绍民宿的特点、房间设施和周边资源等情况。也可根据实际情况，将贵宾直接引领至房间休息，同时办理入住手续。

（三）住店服务

1. 清扫服务

在贵宾住店期间，民宿一般应优先安排对其房间的清扫服务。为了不对贵宾造成干扰，清扫服务一般趁其外出时进行。每天应按贵宾的标准仔细清扫房间，仔细检查房间设施设备的运行、用品的补充、清洁卫生等情况，并仔细留意贵宾的习惯、喜好、要求等。

2. 建立客史档案

将贵宾的习惯、喜好等进行记录、保存，以形成一定的客史档案，方便以后的接待服务。

3. 其他服务

根据民宿的经营原则，尽可能为贵宾提供人性化、个性化、超值的服务，做到让贵宾满意和惊喜。

（四）离店服务

1. 征求意见

贵宾离店前，民宿店长或管家应主动征询贵宾的意见，询问是否需要其他方面的服务和帮助等。如有需求，应及时、妥善地处理好并告知贵宾服务的结果。

2. 离店服务

（1）礼貌送别。贵宾离店时，民宿店长或管家一般应送至民宿门口或停车场，如有必要可送至机场、车站、码头等处。

（2）查房及后续服务。贵宾离房后，民宿服务人员应立即进房检查：设备设施是否有被损坏，客用品是否有被带走，如有，应根据实际情况灵活处理；房间是否遗留有贵宾的物品，如有，应及时报告店长或管家，及时联系贵宾并归还；如贵宾已走远，可按其要求保管或处理；如贵宾有其他委托代办事项，应认真完成各项服务，并及时与贵宾沟通汇报。

是否需要将宾客列为贵宾，是否需要为其提供有别于其他宾客的服务，应根据民宿规模、经营原则、目标客源等因素来决定，不能人云亦云。在服务过程中，应特别注意与贵宾及员工之间信息沟通的及时与准确，应特别注意细节，做到精益求精，根据贵宾的习惯和喜好提供个性化服务，或根据贵宾身份提供必要的定制化甚至是超值服务，但要注意不可过分关心、过度服务，给贵宾带来太多的打扰和不便。

七、插花服务

插花是指通过构思和剪裁、整形与加工等技术手法，将植物的花、枝、叶和果实等素材排列组合或者搭配，并插入盛水的容器中来表现其自然美和装饰美的一种造型艺术，也常称为花艺（花卉艺术的简称）。插花可使花材变得更加赏心悦目，形成花的独特语言，让观赏者去解读与感悟。民宿可以通过插花艺术进行环境的布置与装点及服务品质的提升。

（一）插花工具与器皿

1. 插花工具

插花的工具有很多，如修剪工具、固定工具及其他辅助工具。

（1）修剪工具。主要有剪刀、刀和锯。剪刀是必备工具，可以根据需要准备几种型号，如枝剪和普通剪等。刀用来切削花枝，以及雕刻和去皮。锯主要用于较粗的木本植物的截断和修整。

（2）固定工具。插花所用的固定工具有花插座、花留、瓶口插架、花泥。

① 花插座。花插座又称剑山，是水盆等浅口容器的主要固定花枝工具。花插座以铅块为底、密布铜钉向上。其形有圆形、长方形、月牙形和组合形等。

② 花留。花留与花插座的作用相同，常见的有用金属制成的古钱状花留和用玻璃制成的蜂巢状花留。

③ 瓶口插架。瓶口插架用于花瓶固花，它将花瓶口分割成若干个小空间，缩小花枝在瓶口内移动的范围。若没有瓶口插架，可找树枝横卡在瓶口来充当瓶口插架。

④ 花泥。花泥也叫花泉或甩水海绵，是用酚醛塑料发泡而成的一种化学制品。花泥是一种新兴的固花材料，可以任由花枝从四方插入，大小任意切割，且能保持水分，适合各种花器配置。花泥的缺点是只能使用一次。

（3）辅助工具。辅助工具有金属丝、贴布、喷水壶、透明胶、订书机、注水器、花插座校正器等。金属丝，较多使用 18 号至 22 号铅丝，最好用绿绵纸或绿漆作表面处理。贴布，用来包贴花枝和固定花泥，有绿、白、粉红等颜色。插花过程中，有时还会用到垫座和一些配件。

2. 插花器皿

在民宿室内空间装饰中，花艺具有实用性和装饰性的双重效果，插花器材的材质与花艺的协调搭配很重要。插花花器可依据材质及形状加以分类。

（1）玻璃花器。玻璃花器常见有拉花、刻花和模压等工艺，由于玻璃器皿的颜色鲜艳、晶莹透亮，已成为现代家庭的必备装饰品。

（2）塑料花器。塑料花器是比较经济的道具，其价格便宜、轻便、色彩丰富、造型多样、用途广泛。塑料器皿用于插花有独到之处，可与陶瓷器皿相媲美。

（3）陶瓷花器。陶瓷花器具有精良的工艺和丰富的色彩，美观实用，品种繁多，是中国的传统插花容器，颇受人们的喜爱。装饰方法上，有划花、浮雕、开光、点彩、青花等几十种之多。有的苍翠欲滴、明澈温润；有的纹彩艳丽、层次分明。

（4）藤、竹、木、草编花器。用藤、竹、木、草编等制成的花器，具有朴实无华的乡土气息，而且易于加工。其形式多种多样，且因为采用自然的植物素材，可以体现出原野风情。

（5）金属花器。金属花器由铜、铁、银、锡等金属材质制成，给人以庄重肃穆、敦厚豪华的感觉，又能反映出不同历史时代的艺术发展。在东、西方的插花艺术中，金属花器都是必不可少的道具。

（二）插花常用花材

花材是插花创作的重要素材，是插花艺术的物质基础和重要的组成部分。

1. 按外部形态特征分

按外部形态特征，花材可分为线状花材、团块状花材、散状花材和异形花材。

（1）线状花材。外形呈长条状和线状的花材叫线状花材。它们有的枝干呈长条状，如银芽柳、竹、迎春、连翘；有的花序呈长条状，如唐菖蒲、蛇鞭菊、金鱼草、千屈菜等；还有的枝叶或花朵虽簇生在一起，但它们布满枝上，形成整体的条状或线状轮廓，如天门冬、虎尾天门冬等，给人以修长的感觉。

线状花材可分为直线、曲线、粗线、细线、刚线、柔线等多种形态。线状花材有龙柳、唐昌蒲、金鱼草、蛇鞭菊、红心藜（情人泪）、石斛兰、香蒲、山归来、苏铁、富贵竹、巢蕨、桔梗、巴西铁等。

（2）团块状花材。外形呈较整齐的圆团状、块状的花材叫团块状花材。有的单朵花呈圆团状，如月季、香石竹、非洲菊、菊花等，有的花序呈圆团状或块状，如鸡冠花、八仙花、木绣球、百子莲等。它们常是构图中的主要花材，可以插在骨架轴线的范围内，以完成花型，也可单独当焦点花使用。

团块状花材有洋桔梗、现代月季、康乃馨、菊花、星点木、非洲菊、向日葵、麝香百合（铁炮百合）、一叶兰、钉头果（唐棉）、高山羊齿、印度橡胶榕、小天使（提琴叶）、五彩凤梨等。

（3）散状花材，又称为雾状花材。散状花材是指由许多简单的小花朵构成星点状蓬松轻盈的大花序状的花材，如补血草类、霞草类及珍珠梅等，都是著名的散状花材。由于它们形如云雾或轻纱，常常散插在主要花材之表面或空隙中，起烘托、陪衬和填充作用，增加层次感，犹如蒙在美丽少女头上的面纱。在礼仪插花中，尤其是婚礼用花，它是不可缺少的填充花材。

散状花材有米仔兰（米兰）、蓬莱松、满天星、情人草、水晶花、黄莺（亦可属于线状花材）等。

（4）异形花材。花形不规整、结构奇特别致的花材，叫异形（奇形）花材，也叫定形花材。如鹤望兰，整个花序形如仙鹤，神采奕奕，色彩艳丽，极富个性之美；还有兰科的卡科兰、天南星科的红鹤芋（又称红掌，因极其娇贵所以选用保鲜架来进行保鲜）等，都是花大、色艳、形奇而美观的高档花材，在构图中常作焦点花用，成为观赏的主要部分。为突出和保持其独特的形状，它在它们之间或周围留出空隙。

异形花材有马蹄莲、鹤望兰（天堂鸟）、红掌等。

2. 按构图作用分

按构图作用，花材可分为骨架花材、主体花材、焦点花材和填充花材。

（1）骨架花材。骨架花材是用于构成插花造型基本骨架的花材，常用这类花材构成插花造型的基本轮廓，起骨架构形作用。一般使用线状花材和团块状花材等。

（2）主体花材。主体花在骨架花构成的范围内，丰满和完成构图的主要部分。一般使用团块状花材等。

（3）焦点花材。焦点花材放在插花构图视觉中心，其形状奇特、美丽大方，一两朵足以引起人们的注意。一般使用异形花材等。

（4）填充花材。填充花材在插花构图中起补充和完整造型、衬托和增加层次的作用。一般使用散状花材和叶子等。

3. 按植物的器官分

按植物的器官，花材可分为观花类，如牡丹、月季、非洲菊、梅花等；观叶类，如巴西木、一叶兰、文竹等；观果类，如乳茄、佛手、观赏辣椒等；观茎类，如红瑞木、竹等；观芽类，如银芽柳等。

（三）艺术插花造型

1. 插花造型的比例

（1）主干和花器的比例。主干和花器的比例主要依据黄金分割的美学原理，即一线段中取分割点，使其较长部分线段与较短部线段之比等于整个线段与较长线段之比，其比例约为1.618∶1，近似为8∶5，乃至3∶2的近似值。这种比例用以确定线状花材（第一枝）与花器之间的长短、伸缩比例，花材间的长短比例，并进一步确定构图的焦点、重心区域。① 盆插主干高度为盆宽和盆高之和的1.5～2倍。② 瓶插主干高度为瓶高和瓶宽的1.5～2倍，这个比例可根据情况的变化而调整。一是可根据花器的体量大小做相应的变化，体量大的其比例则相应增加；二是根据花材的姿态不同做相应的调整，瘦长的花材（如刚草、唐菖蒲、银柳），比例要增加，粗壮的花材（如松柏），比例可适当缩小；三是根据作品陈设的环境特点做适当的调整，陈设空间是横向、低矮的，则比例要适当缩小。总之，主干和花器的比例以均衡为原则。

（2）主枝之间的比例。主枝之间的比例应根据作品的造型、观赏部位、主干所在的位置而各不相同。以东方式的不等边三角形构图为例，决定构图框架的三枝（组）骨架枝的长短首先取决于第一枝（最长、最高）的长度，而第一枝的长度取决于插花的花器或环境，即第一枝为花器高加花器宽（或直径）之和的1.5～2倍，这样使第一枝长与花器之比约为3∶2，符合黄金分割比例，其余两枝分别为第一枝长的2/3和1/3。使三支主枝也成黄金分割比例，而焦点花则处于纵横两黄金分割线的焦点附近，即视觉中心或兴趣中心附近，达到重心平衡的效果。

（3）作品的高度和宽度的比例。水平构图作品在完成后，高度和宽度的比例一般为5∶8；竖向构图作品在完成后，高度和宽度的比例一般为8∶5。

2. 插花造型的程序

（1）框架的插制。根据插花的立意、花材、器皿以及花艺所处的环境等因素决定插花的造型框架。一般可将造型框架分成两类，即对称构图法和不对称构图法。

欧美花艺中较多地采用对称构图法。它的特点是倾向于统一，条理性强，但须防止单调和呆板；不对称构图法通常是以不等边三角形的构图方法来确定造型，充分发挥线条的变化。确定作品的具体框架主要以第一主枝的形态（包括直立式、倾斜式、平卧式或下垂式）和作品的整体外形（包括不等边三角形、L形、S形、圆形、放射形、塔形等）为准。确定了基本形式中的某一种或常见造型中的某一形状，就可以按照要求插作框架。花材一般以线状为宜，如唐菖蒲、银柳、蛇鞭菊、葵心、香蒲、肾蕨等。线状花材在构图中起到线条的作用，拉出框架，承接点面，使作品更加秀美、灵动。在插花中，灵活运用各种线条，能使作品飘逸，增强空间感，更具诗情画意。

（2）焦点。焦点花是作品重心位置所在的花，作品的重心位置一般位于作品主干的1/3处起花器沿口处。花材可选择块状花，如非洲菊、百合、郁金香、大花萱草、荷花、向日葵、香石竹或各种果实等。

（3）补充。在完成框架和焦点花的插入后，需要在框架花和焦点花之间插入小花补充空间，位置一般在主干的1/2以下，花材可选择多头香石竹、补血草、丝石竹、孔雀草、文心兰、一支黄化、千日红、各色小菊花等。花形小而细致，分散或集束应用，星星点点，如梦如幻，它既是框架的线形花材与焦点的块状花材的过渡，又可营造一种含蓄朦胧的意境，越显温柔和细腻，并由于有了星点的沟通，作品也产生了活泼的动感和前后的层次感。

（4）修饰。为了使作品更显自然、富有生气，更好地起烘托线状、焦点花材的作用。可在作品的基部插入面积大的叶片，如八角金盘、龟背竹、绿萝等，使作品重心平稳并具有自然美感；或在花和花的间隔处插入该花的叶材，模拟其自然生长状态，既做到花材的充分利用，又增加了作品的层次感；还可在作品的后部或焦点花位置插入自然弯曲的线状叶材，如麦冬、熊草等，可增加作品的立体感和动感。作品最后完成之前，必须要遮盖花泥和人工痕迹，做到虽由人做，宛自天开。

（四）艺术插花的基本形式

1. 直立式

直立式插花（见图 2–9）具有以下特点：第一主枝基本呈直立状，作品充满了高耸挺拔、蓬勃向上的生机，焦点花具有秀丽端庄、娴雅大方的柔美，整个作品由于端庄、稳重，呈现了静态美，比较适合平视。直立式插花的制作要点可参见表 2–1。

图 2–9　直立式插花

表 2–1　直立式插花的制作要点

制 作 内 容	操 作 要 领
选配花材	选择直立、挺拔、舒展的线状花材作第一主枝。如晚香玉、唐菖蒲、香蒲、蛇鞭菊、马蹄莲、鸢尾、飞燕草、紫罗兰、一支黄花、荷花、葵心、菖蒲、富贵竹、刚草、竹等，配以相应的块状花作为焦点、点状花和叶材作为陪衬
选择花器	以开口向上、简洁、清雅的多种形式和质地的花器为上
主干框架	将花泥浸足水后放在已经盛水的花器中备用。确定各种花材的功能，仔细观察每一种、每一枝花的独特表现，初步确定各花材的作用、定位。先在花泥上按黄金分割原理对线状花材进行平面定位，使 3 枝主枝根据不对称均衡原理确定插制定点。根据“花与瓶称”、黄金分割定律，先确定各主枝的长（高）度，根据在花泥上的定位将第一主枝在相应的点位（如左后交点）垂直插入花泥中约 3 厘米；根据在花泥上的定位将第二、三主枝进行相应的定位，使 3 枝主枝在空间上构成一个不等边三角形

续表

制 作 内 容	操 作 要 领
协调均衡	将从主干的 1/3 处到花器沿口处的区域作为焦点区城。可选择块状花、面状花或果实等定位。此时一面考虑整体的均衡，一面将陪衬花材在焦点花上下、前后、左右有层次穿插分割处理，丰满造型，并与作品方向取得统一。有些花器沿口，需做自然处理，即把花材左或右前端下延，使容器沿口既被巧妙遮盖，又富于生机变化，最后用剩余花材巧妙地遮盖花泥

2. 倾斜式

倾斜式插花（见图 2–10）具有以下特点：主干向左或向右倾斜，作品疏枝横斜，飘逸潇洒，富有动感，整个作品由于灵动飘逸，呈现了动态美，比较适合平视。倾斜式插花的制作要点可参见表 2–2。

图 2–10　倾斜式插花

表 2–2　倾斜式插花的制作要点

制 作 内 容	操 作 要 领
选配花材	马蹄莲、银柳、连翘、迎春、带自然弯姿的唐菖蒲、安祖花、蜡梅、略有斜姿的南天竹、白玉兰、石榴、枇杷、红叶李等
选择花器	选用广口的容器较为适宜
主干倾斜	倾斜式是以第一主枝倾斜于花器一侧为标志的。倾斜式的作品显示出一定的抗争性，虽经风吹雨打但仍不屈不挠；又有临水之花木那种“疏影横斜”的自然韵味。倾斜式的第一主枝变化范围最大，可以在左右两个 90° 范围内确定花体位置。但在确定第一主枝的位置时，应尽可能地避开与花器口水平线相交的位置，更忌讳 3 枝主枝插在同一水平层次上
协调均衡	第二、第三主枝都是围绕第一主枝进行排列变化，以与第一主枝形成最佳呼应势态为原则，保持统一的趋势和稳定的中心。是自由生长的花木，具有趋光生长的特性

3. 悬崖式

悬崖式插花（见图 2–11）具有以下特点：第一主枝下垂，作品灵动飞扬、活泼大胆，整个作品具有强烈的动态，显示出动态美，较适合仰视，但插在高身花器中，也适合平视。悬崖式插花的制作要点可参见表 2–3。

图 2–11　悬崖式插花

表 2–3　悬崖式插花的制作要点

制作内容	操作要领
选配花材	选用自然虬曲垂挂的线状花材最具自然风韵，形如高山流水、瀑布倾泻，又似悬崖上的葛藤垂挂。花枝要求柔枝蔓条，清疏流畅，线条简练而又夸张，这样才能使作品显得格调高逸。如麦冬、常春藤、蔓长春、紫藤、文心兰、石斛兰、迎春等
选择花器	悬崖式较多地运用于高身花器、壁挂、吊挂式花器和置放在高处的花器中，对使用花材的长度没有明确的限制，可长、可短，主要根据花器情况和摆设位置来决定，一般不碰到桌面
主干下垂	悬崖式以第一主枝在花器上悬挂下垂作为主要造型特征。第一主枝插入花器的位置，是由上向下弯曲在平行线以下 30° 外的 120° 范围里。使作品充满曲线变化的美感。如果使用的是花枝，花头的朝向应与视角相对应：视角高的，花头向下；视角低的，花头朝上。花的观赏面要对着人的视觉点，以保持最佳观赏角度
协调均衡	第二、第三主枝的插入，主要起到稳定重心和完善作品的作用。插入的位置可以有所变化，但同样需要保持趋势的一致性，再以焦点花来平衡重心，最后以一些小花做层次穿插，进一步形成色彩的对比，突出青春活力

4. 平卧式

平卧式插花（见图 2–12）具有如下特点：主干横卧，基本呈水平状态，作品平稳伸展，呈现了静态美，也能做出潇洒飘逸的流水状态，适合俯视，但在适当的花器中创作，也可平视。平卧式插花的制作要点可参见表 2–4。

图 2–12　平卧式插花

表 2-4　平卧式插花的制作要点

制作内容	操作要领
选配花材	选用黄鸟蕉、蛇鞭菊、晚香玉、文心兰、香石竹、香蒲、石斛兰、唐菖蒲等花材
选择花器	选用广口、平式花器较为适合
主干横卧	3 枝主枝可在平面附近，每一枝花的插入有长有短，有远有近，也能形成动势。一般是将第一系列主枝插在花器（或花盆）的一侧（一般为左侧），第二系列主枝插在另一侧（一般为右侧），第三主枝根据作品重心平衡情况插入。当然造型绝非仅此一种，可以有许多变化。如当花器摆放在一侧靠壁的地方时，第一、第二主枝可以在同一侧出现，平衡关系由第三主枝解决
协调均衡	在插花中，很少会出现平角度的造型，即没有绝对水平造型的插花，平卧只是相对的。一般情况下，花枝在水平线上下各 15° 范围内进行变化。注意稳中求“破”的自然韵律，侧面的姿态也很重要，但要有前后层次

（五）室内插花作品的陈设

室内插花对居室装饰起着画龙点睛的作用。对民宿的客房及公共区域，可依居室的不同功能和风格，采用不同形式的插花布置在不同的位置是插花陈设的首要原则。

客房的插花陈设，需视不同情况而定。白色或淡色的插花较适合中老年客人，可使他们心情愉快，赏心悦目的插花可达到超凡脱俗的效果。色彩艳丽的插花适合年轻人或新婚夫妇，但以一种颜色为主最好，花色杂乱不能给人宁静的感觉。单色的一簇花可象征心无杂念、纯洁永恒的爱情。

1. 不同功能的空间采用不同形式的插花

民宿公区适合陈列色彩浓重、大方的插花。摆放位置以对称式为主，可表现民宿主人的持重与好客，使人有宾至如归的感觉。在夏季也可陈列清雅素淡的插花，给人增添凉意。

室内插花点到为止最好，不可到处乱用。应该从总体环境气氛考虑，才能称得上点睛之笔。插花也不必拘泥于以往的框框，不一定只有桌上、台上才能摆花，运用得当，墙面、天花板、屋角等处都可利用。

2. 插花应与陈设环境空间的大小相适应

插花的大小要与所置放环境的尺度相称。小房间不应放置大型花艺作品，而在大厅里主要作品若用小品花做点缀，显然也是不合适的。再如，置放花艺作品的茶几、桌面等，均应与作品保持一定的大小比例。如果房间狭小，还可用壁挂式插花进行装饰。花材的大小、粗细与置放的环境应相称。花艺作品的数量也依陈设环境的条件而定，并不以多为美，陈设过多反有画蛇添足之弊。

3. 插花的风格应与家具的风格相协调

现代式家具宜配置东方现代插花、西方式插花或自由式插花；古典式家具宜配置东方式传统插花。

4. 花放置的位置应与插花的构图形式相适应

一般直立式、倾斜式花艺宜平视，应放在书桌、立柜等中等高度的家具上。而悬崖式作品宜仰视，应放置于橱柜、书架、花架等较高的家具上。有些宜俯视的作品应放在较低的茶几上。适于四面观赏的作品可放在大厅或餐厅的桌面上。适于一面观赏的作品多置于墙角或角隅。

5. 插花作品的色彩应与陈设环境的色调相调和

一般来说，背景以清洁宁静、浅淡无华为好。背景不宜过多地渲染，更不宜在艳丽的台布上放置插花。只有这样才能更好地烘托和显示花艺的美。协调并不意味着非要用类似色配置，深色的地面、墙面和家具，若配以深绿色花材和暗色花器会产生沉闷感，缺乏光影与生气，反令人不快，在此情况下，可配置浅亮色花材和花器。

八、其他住店服务

（一）开门服务

如果宾客不小心把房间钥匙落在房内时，就需要民宿服务人员为其提供开门服务。开门服务既要关注服务效率，又要关注服务效果，确保客房的安全。

1. 确认宾客身份

（1）宾客要求服务人员为其开门时，首先应确认宾客的身份。

（2）服务人员如能十分肯定该宾客就是该客房的入住者，即可为其开门；如果不能肯定该宾客就是该客房的入住者，应请宾客出示身份证或其他有效证件，先与入住接待的信息进行核对，确认无误后方可为其开门。即使是长住宾客和常客要求开门，也应准确判断后方可开门。

2. 开门服务

为住店宾客开门时应注意操作规程，房门打开后应请宾客先进入客房，征求宾客意见后可将房门关上。

3. 做好记录

为宾客开门后，应将相关信息进行记录，如宾客的姓名、房间号码、开门时间等。

4. 注意事项

（1）如公安人员因办案要求服务人员开门时，应由民宿店长或管家陪同下开门。若无人陪同又因时间紧迫必须立即开门的，服务人员应验明来者的有效证件后方可开门。同时应立即向店主、管家或当地民宿管理机构报告。

（2）服务人员应灵活处理开门事宜，要特别注意沟通技巧和礼节礼貌。

（二）擦鞋服务

当宾客长途跋涉，尤其是在雨雪天抵达民宿时，民宿服务人员可主动为其提供擦鞋服务。虽然擦鞋服务比较简单，但却会让宾客感到如同回家一样的温暖。

1. 皮鞋的收取

擦鞋服务一般不可在客房内进行，可拿到工作间或其他后台区域进行。拿取皮鞋时应检查皮鞋的外观有无破损，若有破损，应向宾客说明并做好记录。

2. 皮鞋的擦拭

民宿平时可准备好不同颜色的鞋油及擦鞋工具，以便随时为宾客提供服务。擦鞋前应在地上铺好旧报纸或旧床单以防尘土或鞋油将地面弄脏；按除尘→上油→擦亮的程序擦鞋；注意鞋带、鞋底和鞋口边沿要擦干净，不能留有鞋油。擦鞋时应注意鞋油颜色的选择，翻皮皮鞋不可使用鞋油处理，不知如何处理的鞋面切勿硬擦。

3. 皮鞋的送还

将擦好的皮鞋放回房间，如客房挂有“请勿打扰”指示牌，可写好纸条从门底下塞入客房通知宾客。如果宾客不急着穿用皮鞋，可在次日宾客起床后送还。

（三）托婴服务

民宿可根据自身实际情况决定是否需要为宾客提供托婴服务。托婴服务是为宾客提供照料孩童的服务。如需提供托婴服务则应注意以下事项。

1. 注意照料人的选择

民宿一般无专职人员负责此项服务，一般可由其他服务人员兼顾。照料人员须有爱心、耐心，须具备照看孩童的专业知识和经验。

2. 对委托人的要求

宾客如提出托婴服务的要求，民宿应要求其出具书面的委托申请，写明孩童年龄、性别、照看时间和要求等，并请宾客签好姓名和时间。如需收费也应在上面书写清楚。

3. 注意服务技巧

（1）根据宾客的要求及孩童特点安排人员提供看护服务。

（2）应要求宾客留下联系电话，以备紧急情况时联系。

（3）服务人员要在规定区域内照看孩童，严格遵照宾客的看护要求，不随便给孩童食物吃，不将尖利物品及其他危险物品当玩具，不将孩童转托其他人看管。

（4）在照看期间，若孩童突发急病，应立即进行救治并及时与委托人联系。

（四）其他服务

民宿可根据自身的特长及周边资源，为宾客提供音乐、茶艺、摄影、阅读等个性化或特色化服务。

综上所述，对客服务通常分为规范化和个性化服务。规范化服务就是指从业人员按照服务规程的要求及质量标准，完成每一项工作任务。这种规范化服务具有标准化、程序化的特点，是每一位从业人员都应该掌握并学会操作的“规定动作”。这种技能由于约定的规范性和评价的标准性，掌握的难度较小，关键在对于工作程序和工作要求的了解和把握。民宿是根据自然和人文环境设计出的具有当地特色的住宿场所，能够反映出地方的风土人情及历史文化特色，能够满足宾客休闲游憩体验的需要。民宿在为宾客提供住宿服务的同时，也成为乡村旅游中一道靓丽的风景。

个性化服务是指除了满足宾客的共性需求外，针对宾客的特点和特殊需求，主动、积极地为其提供的有针对性服务。所以，个性化服务其实是基于常规服务基础之上进行的一种灵活性服务，个性化服务是民宿的一个重要市场卖点。

民宿应把规范化服务和个性化服务有机地结合起来，才能在满足宾客基本需求的基础上增加体验感，感受地方的风土人情，体会家的温暖，才能使宾客满意和惊喜。

总之，在民宿服务过程中，必须牢固树立优质服务意识，并使之外化为优质服务行为。将规范化服务与个性化服务紧密结合，提供使宾客发自内心满意和赞赏的服务，才是高效率、高附加值的服务。因此，民宿服务不仅在服务中要尽心、尽力、尽职、尽责，更要对工作精益求精，要勤于学习、善于学习，不断创新服务理念，提升服务水平和服务技能。

【知识拓展】

插花的流派

一、西方式插花

西方插花有悠久的历史，早在公元前2500年，古埃及就已将植物材料用于装饰。中世纪的宗教仪式中，以百合花为主要材料的插花成了宗教信仰的象征；文艺复兴后，插花得到迅速发展，形成了传统的几何形、图案型风格，初步形成了西方大堆头式插花风格。

进入20世纪，随着东西方插花艺术的交流，西方插花也吸收了东方插花的一些特点，开始注重用枝、叶表现线条美，构图上也开始追求下垂、弧形、不对称的倾斜等流畅线条，出现了大堆头——线条混合式结构，更进一步完善和丰富了西方艺术插花的风格。

西方插花艺术的特点归纳起来主要如下：

第一，插花作品讲究装饰效果以及插制过程的怡情悦性，不过分强调思想内涵。

第二，讲究几何图案造型，追求群体的表现力，与西方建筑艺术有相似之处。

第三，构图上多采用对称均衡的手法，表达稳定、规整，体现人为力量的美，使花材表现强烈的装饰效果。

第四，追求丰富艳丽的色彩，着意渲染浓郁的气氛。

第五，表现手法上注重花材与花器的协调，插花作品同环境场合的协调，常使用多种花材进行色块的组合。

二、东方式插花

东方式插花起源于中国，早在西汉时，已有把花枝均匀地插在盆中的简单插花形式。到东汉末年，插花成为佛事活动的供养物之一，此后很长一段时间插花都带有浓郁的宗教色彩。隋唐时，插花从佛前供花扩展到宫廷和民间，出现了插花文化，插花艺术日趋成熟，并于这个时期随着文化、宗教等的交流开始传入日本。

日本花道在中国的影响下得到发展，大约于500年前形成了日本独特的风格和花道精神：流派颇多，有以草月流、小原流、古流派为代表的300多个流派。对东西方插花艺术的交流与融合起到巨大的作用。

东方插花艺术的特点归纳起来主要如下：

第一，注重意境和内涵思想的表达，体现东方绘画“意存笔先，画尽意在”的构思特点，使得插花作品不仅仅具有装饰的效果，而且达到了“形神兼备”的艺术境界。

第二，以线条造型为主，追求线条美，充分利用植物材料的自然形态，因材取势，抒发情感，表达意境。

第三，在构图上崇尚自然，采用不对称式构图法则，讲究画意，布局上要求主次分明，虚实相间，俯仰相应，顾盼相呼。

第四，注重作品的人格化意义，赋予作品以深刻的思想内涵，采用自然的花材表达作者的精神境界，所以非常注重花的文化因素。

第五，色彩以清淡、素雅、单纯为主，提倡轻描淡写。也有重彩华丽的，但主要用于宫廷插花。

第六，手法上多以3个主枝为骨架，高低俯仰构成各种形式，如直立、倾斜、下垂等。

三、现代自由式插花

现代自由式插花是一种抽象、写意、个性化的插花形式。随着东、西方文化的不断交流，插花艺术的交流也日趋增多，现代自由式插花是在东、西方插花的基础上发展起来的，兼容了东西方插花的特点。在花器、花材的选择，构思造型的确定，花叶色彩的处理等方面更趋自由、随意。常用非植物材料，如金属、玻璃、塑料、棉织品等进行陪衬和点缀，作品完全融入了个人的性格、爱好和气质，给人以耳目一新之感。

【知识拓展】

插花六大法则

插花艺术是一门造型艺术，与绘画一样，在构图中要注意花材的安排得体，给人以稳定、和谐、自然的感觉。因此，在插花中枝叶和花朵的配置要掌握以下六大法则。

一、参差错落

插花的位置安排很重要，一般花朵的位置要高低、前后错开，在同一直线上，以使构图生动、自然，不呆板。

二、疏密有致

插花作品中的花叶安排应当有疏有密，既可展现个体花材的姿态美，也可使整个作品浑然一体，符合构图的一般原则。一般焦点部位和下部位置可较密集，上部和外围宜稀疏，以增加作品的稳定感。

三、虚实结合

在插花创作中，花为实、叶为虚；花枝构成的画面显露于观赏者面前的为实境，深藏在花枝背后的为虚设的插花的意境。一件完美的插花作品，虚实配合得好就有层次、有生气，能给人以发挥想象的空间。

四、仰俯呼应

每件作品都有一个核心，即焦点花。插花时，上下左右的花枝应围绕中心顾盼呼应，以保证作品的整体性。

五、上轻下重

在插花创作中，作品的稳定性非常重要。因此，插花时应把重量感小的花材放在作品的外围和上部；把重量感大的花材放于作品基部。即大花在下，小花在上；浅色花在上，深色花在下，以符合自然规律，给人以均衡的感觉。

六、上散下聚

上散下聚即作品外围和上部的花材分布较松散，作品中间和基部的花材较密集，以保证作品的自然和生动。

【知识拓展】

鲜花的保养方法和花材的保鲜技术

一、常见的鲜花保养方法

常见的鲜花保养方法如表 2–5 所示。

表 2–5　常见的鲜花保养方法

鲜花名称	保养方法
玫瑰花	1. 为预防花头弯曲的折头现象产生，可将茎基斜切，以报纸包妥花叶，整把浸入水中吸水 2. 若已发生折头现象，可在温水中削去基部，插入保鲜液（3.5 ≤ PH ≤ 4.5）中即可恢复 3. 整理时可将外层松散的花瓣去除，插入水中的刺、叶去除，为防细菌感染伤口，应使用漂白水或保鲜剂，鲜花寿命更长 4. 玫瑰花对乙烯敏感，应远离过熟的水果（如香蕉、苹果）、香火等，以免提前凋谢
百合花	1. 将花枝散开，使其透气，并将基部的 3 ~ 5 厘米处剪除，然后将基部插入水中，水平面以下的叶子去除 2. 花朵开放时即将花蕊摘除，以免不小心沾到衣服不易清洗 3. 添加漂白水或保鲜剂可延长花期 4. 欲提早开花可插入温水中 5. 百合花对乙烯敏感，应远离过熟的水果（如香蕉、苹果）、香火等，以免提前凋谢
康乃馨	1. 去除欲插入水中深度的叶片，斜切基部后插入水中，花枝间保持通气良好 2. 花朵不可喷水，以免溃烂 3. 康乃馨对乙烯敏感，应远离过熟的水果（如香蕉、苹果）、香火等，以免提前凋谢，水中加入抗乙烯的保鲜剂更佳 4. 欲提早开放，可重剪花茎后插入 20 ~ 24℃的温水保鲜液中
非洲菊	1. 以刀片斜切基部，插入水中，添加保鲜剂效果更佳 2. 一般以铁丝缠绕花茎，以矫正花型，但该操作易使花茎受伤，非必要不缠为佳 3. 勿直接喷水在花面上，以免长霉 4. 投入式插花，避免直接碰到瓶底，以利吸水并避免细菌感染
唐昌蒲（剑兰）	1. 存放时须直立勿平放，否则花茎易弯曲 2. 重剪花茎并即插入水中吸水，但需注意水中勿含氯（漂白水），水中含氯易导致叶片枯萎 3. 将花序上端的小花苞摘除，可减少尖端弯曲，并可促进其他花苞开放 4. 冷藏过的唐昌蒲（剑兰）使用时最好插入含保鲜剂的水中，开放效果较佳且持久

二、花材保鲜技术方法

花材保鲜技术方法如表 2–6 所示。

表 2–6　花材保鲜技术方法

技术名称	保鲜方法
水中剪截法	将花材茎部剪去 3～6 厘米再放入水中，这样就剪去被空气占领的那部分导管，同时也剪去了被细菌污染的部分，可避免空气再次进入导管
烧焦法和浸烫法	用火将花材基部烧灼或烫死（水温 80℃），以排除导管内空气，起到杀菌、防止汁液外流的作用，此外，还可促进开花，如将满天星放于火上，用小火烤其底部，约 1 分钟后花朵便会陆续开放
药剂法	用防腐剂、杀菌剂、糖类、维生素类制作切花保鲜剂，也可有效延长花期
淋水法和浸泡法	经常喷水、淋水，以便及时补充蒸发的水分，若失水严重，要将整个花材浸入水中
冷藏法	花材的呼吸和新陈代谢与温度有关，温度越低，其新陈代谢越弱。所以，适当降低温度（一般在 15℃～25℃），对延长花期有良好的效果

【实训项目】

一、加床服务和物品租借服务

1. 布置实训任务

（1）将学生分成若干小组，根据模拟的场景分别进行角色分配。

（2）各角色小组根据自己的角色进入指定位置。

（3）检查所需物品。

2. 教师示范

（1）教师讲解实训内容、要求及实训目的。

（2）教师讲解相关操作程序及要点。

（3）由教师与任意组学生配合全程模拟示范。

3. 实训考核要点

（1）内容选择是否有代表性。

（2）操作程序是否规范。

（3）沟通内容是否准确。

（4）举止行为是否得体。

（5）处理问题是否恰当。

4. 学生训练、教师督导

（1）每组逐一进行实训模拟，其他学生观摩，并注意发现不足之处，模拟结束后进行点评。

（2）小组互评，教师点评。

（3）调整各小组模拟的角色，进行下一轮次的模拟训练。

5. 实训总结

实训结束后进行总结。

二、夜床服务

1. 布置实训任务

（1）将学生分成若干小组，根据模拟的场景分别进行角色分配。

（2）各角色小组根据自己的角色进入指定位置。

（3）检查所需物品。

2. 教师示范

（1）教师讲解实训内容、要求及实训目的。

（2）教师讲解相关操作程序及要点。

（3）由教师与任意组学生配合全程模拟示范。

3. 实训考核要点

（1）内容选择是否有代表性。

（2）操作程序是否规范。

（3）沟通内容是否准确。

（4）举止行为是否得体。

（5）处理问题是否恰当。

4. 学生训练、教师督导

（1）每组逐一进行实训模拟，其他学生观摩，并注意发现不足之处，模拟结束后进行点评。

（2）小组互评，教师点评。

（3）调整各小组模拟的角色，进行下一轮次的模拟训练。

5. 实训总结

实训结束后进行总结。

三、完成一款直立式插花作品

（1）教师课前准备好花器、花材、花泥、剪刀等工具。

（2）讲解直立式插花的操作要领。

（3）教师现场示范操作直立式插花作品。

（4）学生分组练习直立式插花。

（5）教师现场指导、纠正。

（6）教师总结点评。

【任务思考题】

1. 处理宾客住店的特殊要求，应遵循怎样的原则？
2. 初学插花者应如何选择花器与配件？
3. 个性化服务与规范化服务应如何有机结合？

任务四　商 务 服 务

【引导案例】

鹿 鸣 山 居

鹿鸣山居（见图 2–13）坐落在环境优美、景色秀丽的密云区冯家峪镇西白莲峪村。这里位于密云水库上游，距北京市区 120 多千米，植被覆盖率高达 82.34%，是全区植被覆盖率最高的地区，也是生态环境保护的重中之重。

图 2–13　鹿鸣山居

鹿鸣山居依山而建，与此间的山水相融。这里远离城市的喧嚣，随处可见各种枝繁叶茂的绿树，正因为这种良好的自然环境，鹿鸣山居空气清新，负氧离子含量很高，使人在一呼一吸之间仿佛抛开一切疲累，融入了大自然之中。鹿鸣山居不向宾客提供烟、酒，让人们体会这种真正的纯净，这种与自然和谐相处的感觉。

鹿鸣山居是历时 8 年打造的中西结合的园林风格休闲养生山庄，于 2011 年 5 月正式营业。鹿鸣山居拥有不同的客房类型，可满足宾客不同的需求。同时，鹿鸣山居也拥有自己的篮球场、羽毛球场、乒乓球场，可以让宾客在纯净的空气中挥洒汗水。鹿鸣山居拥有近 5 000 亩（1 亩 ≈ 666.67 平方米）的山地，可向宾客提供户外拓展、登山、露营等户外项目场所。

鹿鸣山居也推出了很多国际化的接待项目。这里的美式风格建筑吸引了很多国际友人来此度假休闲，很多国际友人在度假结束后都会将鹿鸣山居推荐给自己的朋友，鹿鸣山居所推出的“欧美风情节日”项目广受国际友人的好评，被很多国际友人评价为“有着家的感觉”。鹿鸣山居设立了农业采购部门，可以提供时令蔬菜、自养禽类。同时，鹿鸣山居对餐饮原材料进货渠道进行了严格的控制，保证了菜品的质量。

鹿鸣山居和国医堂进行了密切的合作，设立的养生部会定期举行由国医堂的中医养生专家主讲的养生保健讲座，并长期有经验丰富的中医专家和专业心理医生为宾客提供心理及养生方面的咨询服务。

（资料来源：根据网络资料整理）

【案例分析】

早在2019年，国家林业和草原局、民政部、国家卫生健康委员会、国家中医药管理局就联合发布了《关于促进森林康养产业发展的意见》。康养，并非单指养老，全年龄段都需康养，包括幼儿养育、少年养智、青年养情、中年养生、老年养老。基于市场需求，鹿鸣山居依托自身的优质资源，精心设计康养内容，使宾客实现了从物质、心灵到精神等各个层面的健康养护，来到这里，既能够养身，又能够养性、养身，真正使每一位宾客实现生命丰富度的内向扩展。

【问题】

1. 你是否认可民宿服务理念和服务产品的创新？为什么？

2. 民宿项目的策划必须依托资源禀赋，这种认知对吗？

民宿的服务宗旨是“宾客至上”，宾客的需求也是各种各样，民宿应尽可能为宾客提供相关服务。

一、委托代办服务

委托代办服务是民宿对客服务中，由宾客委托、民宿服务人员或管家代办的服务。

（一）接送站（机）服务

有些民宿由于地理位置较偏僻、交通不便，在宾客乘坐公共交通工具时，应宾客要求或主动为其提供接送站（机）服务。

1. 接送站（机）准备

民宿服务人员或管家应与宾客提前进行有效沟通，确认好车次（航班）出发或到达时间，所需接送者的详细资料，如姓名、性别、年龄、体貌特征、人数等，明确会合地点；安排好车辆、人员，做好接站（机）牌、矿泉水、水果、点心等各项准备工作；出发前再次与宾客确认到达时间，如车次（航班）变更、取消、延迟等，应及时调整相关的工作；如接送站（机）服务涉及交通费用应提前告知宾客并约定好支付方式。

2. 接送站（机）服务

民宿服务人员或管家应提前达到会合地点，等车辆（飞机）抵达后及时与宾客联系，告知宾客自己所在的确切位置，拿好接站（机）牌留意离站的乘客，发现接站（机）宾客时，应立即上前问候欢迎、介绍自己，并主动帮助宾客提拿行李，引领宾客前往停车场。为宾客开车门、护顶，请宾客入座并提醒其系好安全带，与宾客确认行李后将行李放上车，车子启动后就应与民宿主人或店长联系，路上可相机介绍民宿或当地的情况。送站（机）时应提前约定出发时间及地点，积极配合宾客办理离站手续，待交通工具离站后方可离开，以备宾客进站后还有事情需要帮忙。

（二）旅游服务

民宿可配置周边旅游资源的相关资料，可与周边旅游景点、旅行社等建立联系，掌握宾客的基本情况和旅游方面的需求，根据其要求和心理期望因地制宜地为其提供旅游方面的咨询服务，可帮宾客联系信誉良好的旅行社或其他代理机构，可向宾客推荐或帮其策划合理的旅游线路。当宾客基本确定旅行方案后，可向旅游公司或旅行社预订，做好宾客与旅游公司之间的沟通工作，并提醒宾客相关的旅游注意事项等。如果旅游过程中出现了问题，应及时、认真地做好相应的工作。

（三）订餐服务

首先应了解宾客的订餐要求，如菜式的种类、餐厅的要求、用餐标准、用餐人数、用餐时间等。在了解宾客的要求时应尽量与其面谈，并要询问详细；然后再向其推荐餐厅，获得宾客认可后再向有关餐厅预订并告知订餐要求；预订好以后记录对方餐厅的名称、地址、订餐电话，并转告宾客。

（四）快递服务

为宾客提供快递服务时，先应询问清楚物品的种类、重量，目的地，有无指定的快递公司等，向宾客说明有关违禁品的邮寄限制，如国际快递，还应向宾客说明海关、空运等方面的限制。必要时可以提供打包和托运一条龙服务，联系快递公司上门收货。快递公司收货后，应记录托运单号码，将托运单交给宾客，并收取相应的费用；如是贵重或易碎品则应请专业公司进行托运，经手的单据应留存复印件。

（五）摄影服务

民宿可根据自身的资源状况设计布置出适合拍摄的场景，或发掘周边适合拍摄的景点、环境等，可为宾客推荐适合拍摄的场地或资源。服务人员或管家应掌握一些基本的拍摄技术，如手机拍摄技巧、常用照相机的使用方法等。服务时应充分了解宾客的需求，如果是日常拍摄，服务人员为其服务即可，如是专业性的拍摄，民宿服务人员应尽可能配合宾客的需求，也可与优秀的摄影单位或摄影师建立合作关系，必要时可向宾客进行推荐。服务过程中应注意礼节礼貌，及时与宾客进行有效的沟通。

二、咨询服务

宾客咨询涉及的内容可能包罗万象，如本地相关的风土人情、旅游信息、土特产、文化信息、历史典故、交通状况、天气情况等。当宾客电话咨询时，应尽快接听电话，如果铃声超过三声应道歉："对不起，让你久等了"。接听电话后应主动问好、自报家门，如"您好！这里是 ×× 民宿，请问我能帮到您什么吗？"或"您有什么事情需要我帮忙吗？"如果是当面咨询，应注意眼神的关注并微笑问好、及时服务。在咨询过程中注意认真倾听，注意自己的表情、眼神、肢体语言及语气、语调、语音等。根据自己掌握的信息及时回答宾客的咨询，如果是自己不知道的内容，不可以简单推脱，应说"不好意思，这个我也不太清楚，不过我可以帮您查一查。"咨询结束后要注意礼节礼貌并表示感谢。

三、策划服务

民宿服务是个性化的服务，是有温度的服务，是有情怀的服务，是有社交的服务，是有文化的服务。在民宿运营中可以根据位置、周围环境、文化主题、主人故事、特色服务等，通过创新策划一些活动、开发设计一些民宿体验项目，真正实现特色化及个性化服务，使宾客充分体验当地的风土人情、感受民宿主人的情怀、体验有别于以往的生活。

（一）主题创新

在民宿文化活动设计上要突破常规，民宿服务不仅仅是让宾客住一晚特色建筑、吃一顿农家饭的事情，而是要让宾客真正体会当地风情，感受不一样的生活方式，可以设计一些独具地方特色的能够让宾客亲自参与的活动。比如，以音乐元素为主题的民宿可以定期举行小型音乐会，增强民宿氛围；以动物元素为主题的民宿可以举行动画、素描或水彩活动，增强民宿设计理念，加强和宾客的互动；以禅文化为主题的民宿，可以定期举行禅文化交流、国学交流等活动，对民宿的主题进行宣传，体味静谧清远的禅意。总之，围绕主题可以考虑使活动系列化，用不同的项目元素吸引宾客。

（二）体验创新

民宿可以在端午节、中秋节、春节等节日期间举办当地习俗的体验活动，让宾客了解当地人文习俗，诸如农业体验、林业体验、牧业体验、渔业体验、加工体验、工艺体验等均可成为吸引宾客的项目。比如，阿凌民宿客栈是陕西十大精品民宿，是单体乡村民宿客栈的代表之作。其独到的设计、多元文化的乡创会客厅、乡村气息浓厚的特色客房、生态木屋和具有中医养生功能的云溪·茶书房，尤其是火烧店的原生态镇域自然环境和功能配套，让人们充分感受与大自然融为一体的田园生态旅居生活，让宾客流连忘返。

（三）宣传创新

民宿可以通过举行沙龙活动、游记或以民宿文化为主题的文案比赛活动、当地非遗活动等的开展，增强宾客的参与性，加深宾客的印象，同时又能很好地进行宣传。基于自身民宿的定位，保留一定的历史元素、地域符号与现代化科技进行跨界，通过一些文化互动，让民宿上升为一种“互动”的体验项目，也不失为一种大胆的创新与突破。

（四）服务创新

除了硬件设施外，软性的服务经营方式，对提高宾客入住体验、做好民宿品牌、平衡酒店与民宿的市场分配、提升民宿行业优势都有重要影响。围绕这一核心，无论是带动宾客参与到产品和服务中去，还是把产品和服务做到极致，或者是将情怀和故事发挥得淋漓尽致，都是殊途同归的，这些都是提升服务水准、提高宾客体验的好方法。

（五）消费创新

从创新策划的角度来说，以情感消费的角度做民宿服务的创新，多数人会选择“情感认同”或是“走心”方面，从情感消费出发，满足当下年轻消费者的心理。民宿是乡愁与新风情相结合的产物，被称为“有温度、有灵魂”的产物，正迎合当下“走心”的情感消费需求。

无论是产品还是服务，只要能够给宾客带来体验感和舒适度的都可以是创新，民宿必须不断创新服务内容和服务方式，才能够立于不败之地。

四、会议服务

设有小型会议室的民宿，可以满足宾客小型会议、洽谈、培训等方面的需求。会议服务主要包括会前、会中和会后三个环节。

（一）会前准备

1. 了解情况

根据宾客要求了解会议的有关情况，如主办者、会议名称、与会人数、会议时间、会场布置要求（如座位、茶水、水果、主席台、台签、横幅）等。一般小型会议室主要提供商务洽谈、会谈、小组讨论、小型研讨会等，根据会场的大小、会议要求和与会人数，可将会议室布置为圆形、椭圆形、U 形、长方形、T 形等。

2. 场地准备

首先，应按要求做好会议室、公共洗手间的清洁卫生工作；其次，按要求布置好主席台，挂好横幅（或显示屏、背景板），排好会议桌、椅子或沙发；再次，会前半小时可打开空调，调节好室温，播放轻音乐等。

3. 设备、用品准备

根据会议要求准备好所需的设备和用品，如话筒、电脑、投影仪、台签、热水瓶、茶杯、水杯、茶叶、矿泉水、方巾、席子卡、花插等，并按要求摆放到位；其他物品如主办者有要求也应提前准备好，如会议材料、水果、饮料等。会前 30 分钟在会场内完成准备工作，确保会场整洁、设备良好、用品齐全，保证会议按时进行。

（二）会中服务

1. 迎宾

服务人员可站在民宿门口，迎接与会宾客并为其指路；对已入座的客人，及时递上茶水、湿巾。

2. 服务

会议开始后，根据主办者的要求决定是否提供续水、换方巾等服务；也可在会议中场休息时补充茶水或更换各种用品，但不可翻动会议资料。茶水服务时应注意：宾主入座后，按“先宾后主”的顺序依次上茶或饮料，要注意杯子把手要一律朝向宾客右手侧；应根据茶叶的类别注意泡茶水的温度、一般加水到茶杯的七八分满即可；应站在宾客的对面或右后方为宾客续水，续水时水温不可过高，也不可加得过快、过满，以免茶水溢出；一般间隔 30 分钟左右续水一次，服务人员不可频繁进出以免干扰会议。

（三）会后服务

会议结束时可在会议室门口或民宿大门口送别宾客；等宾客离场后检查会场，如发现宾客遗留的物品，应及时交还；撤出电脑、茶饮用具等，清扫会议室，及时恢复为正常状态，以便再次使用。同时做好保密工作，不询问、议论、外传会议内容。

【知识拓展】

民宿行业发展趋势

到 2020 年年底我国共享房源超过 600 万套，共享住宿市场交易规模有望达到 500 亿元，市场空间大。民宿作为旅游发展的重要内容和新热点，是推进全域旅游发展的重要抓手，是助力实施乡村振兴战略的重要渠道，也是促进文化和旅游消费的重要途径。以下对民宿行业发展趋势进行分析。

民宿的主力消费价格在 150～250 元，占比超过 35%；其次为 250～450 元，占比为 30%；450～800 元的占比为 20% 左右。随着年轻消费群体未来收入的增加，预计民宿的主力消费区间将会上移。民宿行业分析指出，与民宿装修层次相当的中端酒店的价格通常稍低，但是民宿大多是多人入住，比如家庭客或者朋友出行，而酒店更多的是单人入住。因此，民宿的人均消费更低，对消费者的吸引力更强。

近几年的春节假期，越来越多的人愿意走出去，带上家人奔赴他乡旅游过年，体验不同城市的年味。在住宿方面，相较于酒店相对单一的房型，民宿的多居室可以满足不同家庭游群体的住宿需求，且住宿环境和体验比酒店表现亮眼，所以春节假期成为民宿预订的高峰。现从未来三大发展方向来分析民宿行业的发展趋势。

（一）民宿产品与其他旅游产品整合深度将加深

随着居民旅游深度和频次的增加，居民对于个性化主题住宿产品需求将迅速扩大，民宿供应量将保持加速增长。以去哪儿网为例，目前民宿产品占酒店住宿产品总体供应量的 8%～10%，峰值可达到 15% 左右。

（二）民宿预订产品供应将保持加速增长

民宿产品具备个性化经营的特色，通常依托周边旅游资源提供具备当地特色的经营项目，本身就是旅游资源中的重要环节，与其他旅游产品具备较强的协同性和融合能力。在线旅游预订平台上，民宿产品与景点门票、交通等其他旅游产品的打包销售将成为趋势。

（三）预订平台将向民宿推广标准化管理平台，提高信息化程度

目前，民宿经营普遍存在财务管理不规范、订单管理不智能、房源管理依赖人工等信息化程度低下的问题，多家在线旅游企业已推出面向民宿经营者的管理系统，以提高民宿信息化程度。未来，更多民宿预订平台将跟进这一举措，通过免费推广民宿管理系统降低民宿预订产品和运营成本，提高用户服务体验。

民宿商业化，激励民宿服务不断规范化、专业化，加速整个民宿行业的发展进程。市场上依然有部分民宿店主是出于情怀加入民宿创业大军，他们希望分享自己的经历和故事，通过民宿交到更多的朋友，带给用户特别的住宿体验。当然，这部分民宿店主是民宿行业的一股清流，更是保持民宿分享初心和本质的源泉。

（资料来源：根据网络资料整理）

【实训项目】

一、为宾客策划小型活动

1. 布置实训任务

（1）将学生分成若干小组，自选项目并分别进行角色分配。

（2）各角色小组根据自己的角色进入指定位置。

（3）检查所需物品。

2. 教师示范

（1）教师讲解实训内容、要求及实训目的。

（2）教师讲解相关操作程序及要点。

（3）由教师与任意组学生配合全程模拟示范。

3. 实训考核要点

（1）创意是否新颖。

（2）操作程序是否规范。

（3）沟通内容是否准确。

（4）举止行为是否得体。
（5）处理问题是否恰当。
4. 学生训练、教师督导
（1）每组逐一进行实训模拟，其他学生观摩，并注意发现不足之处，模拟结束后进行点评。
（2）小组互评，教师点评。
（3）调整各小组模拟的角色，进行下一轮次的模拟训练。
5. 实训总结
实训结束后进行总结。
二、接站服务
1. 布置实训任务
（1）将学生分成若干小组并进行角色分配。
（2）各角色小组根据自己的角色进入指定位置。
（3）检查所需物品。
2. 教师示范
（1）教师讲解实训内容、要求及实训目的。
（2）教师讲解相关操作程序及要点。
（3）由教师与任意组学生配合全程模拟示范。
3. 实训考核要点
（1）创意是否新颖。
（2）操作程序是否规范。
（3）沟通内容是否准确。
（4）举止行为是否得体。
（5）处理问题是否恰当。
4. 学生训练、教师督导
（1）每组逐一进行实训模拟，其他学生观摩，并注意发现不足之处，模拟结束后进行点评。
（2）小组互评，教师点评。
（3）调整各小组模拟的角色，进行下一轮次的模拟训练。
5. 实训总结
实训结束后进行总结。

【任务思考题】

1. 为什么说活动策划也是一种服务？
2. 除了本任务提到的相关服务，你认为民宿还能为宾客提供哪些服务？

任务五　对客服务管理

【引导案例】

被忽视的生活习惯

章澜是一家外企的项目经理，由于工作繁忙，经常工作到凌晨才能入睡，因此养成了中午起床的习惯。但是他的这一起居习惯并未得到民宿服务人员的注意，每天上午服务人员都来清扫房间，提醒过很多次后依然如此。这使得章澜非常恼火，一气之下，写了投诉信，并离开了该民宿。

后来经过了解，才知道服务人员近期家中有事，工作时心不在焉，以至于没有意识到宾客的起居习惯，也没有及时在交接班时跟同事沟通，导致了被投诉的结果。

【案例分析】

在民宿服务中，宾客一般会有三种服务体验：服务体验差或者没感受到服务，很容易给差评；服务体验一般，不好不坏；服务体验好，会成为好评中的重要内容。所以要给宾客提供一个好的服务体验，既要使员工具备服务意识，又要遵循严格的服务标准，还要进行完善的服务管理，只有这样，才能做好民宿对客服服务。

【问题】

1. 一个好的服务体系应该包括哪些方面？
2. 民宿管理中应如何加强对客服务质量的控制？

对民宿而言，宾客的体验感很重要。宾客良好的体验感来自民宿的硬件设施和优质的服务。因此，做好民宿服务工作的管理，为宾客提供具有“主人情怀”和较强体验感的服务就显得尤为重要。

一、根据民宿特点开设对客服务项目

（一）设立对客服务项目的原则

客房服务项目的设立，既要考虑宾客的需求，还要考虑民宿的实际情况，遵循“适合”与“适度”的基本原则。

1. 适合

适合原则就是要求民宿在设立对客服务项目时，必须适合宾客求整洁卫生、宁静舒适、安全方便、尊重等方面的需求。

2. 适度

适度原则就是要求在设立对客服务项目时应考虑到民宿运营的要求，突出民宿的风格和特色，体现“物有所值”的经营观念。

（二）开设服务项目应考虑的因素

民宿在开设对客服务项目时，一般应考虑服务品质要求、宾客特点、民宿自身条件、运营策略与成本控制等因素。

（三）对客服务项目

民宿一般会为宾客提供常规性的服务，如预订服务、接待服务、迎送服务、清扫服务、餐饮服务，同时根据宾客的需求和民宿服务品质的要求提供个性化、定制化的服务，如洗衣服务、擦鞋服务、托婴服务、贵宾服务、旅游服务等。

二、制订相应的服务流程与质量标准

服务流程是指服务活动的先后步骤，质量标准就是服务活动应达到的结果或状态。民宿所设对客服务项目都应有相应的流程与质量标准。对客服务质量标准一般应包含以下内容。

（一）服务态度标准

服务态度标准是指民宿服务人员在对客服务时应表现出的态度和举止等结果或状态的要求。例如，服务人员站立服务时不得前倾后靠、双手叉腰、搔头挖耳；接待宾客时，一般应面带自然的微笑；当着宾客的面，不得高声喧哗、吐痰、嚼口香糖等。

（二）服务语言标准

服务语言标准是指民宿服务人员在对客服务时必须使用的标准化语言，即民宿在欢迎、欢送、问候、致谢、道歉、服务等各种场合下要求员工所使用的标准语言。例如，在服务场合必须使用敬语，不可使用服务忌语等。

（三）服务技能标准

服务技能标准是指民宿服务人员在对客服务时应达到的服务技术能力，例如，服务人员应掌握的服务知识、应具备的服务经验和能够熟练运用的操作技能等。

（四）服务设备用品标准

服务设备用品标准是指民宿对宾客直接使用的各种设备和用品的质量与数量所作出的严格规定。设备和用品是民宿产品的硬件部分，其标准的高低，直接影响民宿产品的质量和水平。例如，客房中使用的床垫、热水供应等，在很大程度上决定了宾客的满意度。

（五）服务状态标准

服务状态标准是指民宿针对宾客所创造的环境状态、设施使用保养水平所提出的标准。例如，民宿设备设施应保持完好无损，所有电器安全、有效，可以正常使用，冷、热水供应有保障等。

（六）服务工作标准

服务工作标准主要是指为保证服务质量水平而对服务工作所提出的具体要求。例如，普通客房床上布草应每客更换、长住房应定时更换、大厅地面必须每天清洁等。

（七）服务程序标准

服务程序标准是指对服务环节根据时间顺序进行有序排列，既要求做到服务工作的有序性，又要求保证服务内容的完整性。例如，对客服务应有宾客到店前准备、宾客到店时迎接、入住服务、住店期间服务、离店服务等，其中每个环节又进一步细分出很多具体的步骤和要求。

（八）服务效率标准

服务效率标准是指在对客服务中建立的服务时效标准，以保证宾客得到快捷、有效的服务。例如，民宿管家在接到宾客要求借用物品的电话后，应在一定时间（如 3 分钟）内为其提供服务等。

（九）服务规格标准

服务规格标准是指民宿对宾客提供服务所应达到的礼遇标准。如必须尊称宾客姓名，提供叫名服务；规定对入住若干次以上的常客，可以提供客房升级或贵宾服务，对入住豪华套房的宾客，提供专用客用品、伴手礼等。

（十）服务质量检查和事故处理标准

服务质量检查和事故处理标准是对前述服务标准的贯彻执行所制定的标准，也是民宿服务质量的必要构成部分。如果发生服务质量事故，民宿既要有对员工的处罚标准，更要有事故处理的程序和对客补偿、挽回影响的具体措施。

三、加强对客服务质量控制

（一）有效开展培训

民宿员工是提供服务的主体，进行服务质量管理就有必要通过培训来提高其服务技能与工作积极性。对员工（包括民宿店主）不仅要进行对客服务流程、操作规范、质量标准的培训，还要进行服务意识、质量意识、应变能力、观察能力的培养，使他们具有为宾客服务的欲望与意识，做到心里有宾客，能时时、处处想宾客所想，时时、处处服务宾客，能及时、有效地处理各种问题，会察言观色，既能为宾客提供常规性的服务，又能为其提供个性化、定制化服务，让宾客满意和惊喜，不断提升服务品质。

当然，培训并不能解决所有的问题，如工作态度、工作的主动性和创造性等，还需要结合其他的管理措施才能全面提升员工的服务质量。

（二）加强对客服务质量控制

1. 对客服务质量控制的环节

（1）准备过程的质量控制。服务准备过程的质量控制也叫事前控制，即以“预防为主”为原则，做好充分准备，确保在宾客到来之前有备无患。

民宿服务人员既要做好心理准备，又要做好物质准备。心理准备是指服务人员在工作前必须调整好心理状态，保持良好的精神面貌，关注自己的职业形象，提前做好角色转换，第一时间进入服务状态；物质准备是指服务人员应按质量标准的要求，在宾客抵达民宿之前，对民宿的环境、场地、设备设施、用品等进行全面而认真的准备、检查，同时应事先了解宾客的身份、生活习惯、爱好、接待规格等。

（2）服务过程的质量控制。服务过程的质量控制也叫事中控制。民宿产品生产和消费的同步性决定了服务过程中的任何环节都要确保零差错，民宿店主或管家必须按服务规范和质量标准，严格检查各环节的服务质量，对一些薄弱环节实行重点控制，以便及时发现问题并采取补救措施。同时民宿店主或管家还应重视宾客的意见反馈，以便了解宾客的需求和对服务的满意程度。

（3）结束工作的质量控制。服务结束工作的质量控制也叫事后控制，除了要做好服务结尾工作外，还应定期进行服务质量分析，找出不足之处，并采取针对性措施进行有效的改进。

2. 对客服务质量控制的方法

（1）表单管理。表单管理通过对表单的设计和处理来控制服务质量，民宿表单管理要遵循实用性、准确性、经济性和时效性原则，数量和种类应简单明了，切合民宿的实际情况，易于填报分析。民宿店长或管家应学会设计合适的表单，通过使用、阅读、分析相关表单，了解、控制民宿的各项业务活动，监督民宿的运营情况，确保民宿的运营品质。

（2）制度管理。制度管理是通过组织、实施民宿的规章制度来控制其经营活动，科学、合理的制度是民宿日常工作的行动指南，也是考核评价的依据。实施制度管理，首先要根据民宿的特色和客房部门管理的需要，制定出符合行业通行规则和民宿实际的具有较高科学性的制度；其次要严肃制度，维护制度的权威性，在执行制度时，对所有的员工要一视同仁，奖罚要以制度为依据，并在具体处理时讲究艺术性，把执行、遵守制度同细致的思想工作结合起来，把执行制度同解决员工实际问题结合起来。

（3）现场管理。现场管理就是民宿店长或管家亲自参与各项服务或深入到各服务现场，进行服务、检查、督导，及时处理服务中发生的问题。现场管理能及时发现和处理服务中的各种问题，便于服务状态的有效控制和服务品质的把控。

【知识拓展】

民宿服务人员的素养要求

一、职业形象要求

服务是个综合的概念，是“形象产品”“记忆产品”“回忆产品”。所以民宿要特别注意自己的专业形象。

仪容是指一个人的容貌，是按照社会的审美观念进行修饰后的容貌。民宿服务人员应对自身面容、发型以及人体未被服饰遮掩的肌肤进行修饰，这些修饰根据民宿服务的性质和岗位性质不同而不同，基本的仪容修饰要求为干净、整齐、健康。

仪表主要指服饰的搭配，仪表规范根据民宿的特色进行设计。工作制服是代表民宿的特色和品质，是对外宣传的形象，一般应根据民宿的性质设计相应的制服或工作服装，因为统一、优质的制服不仅提升员工的职业形象，也可以塑造民宿的整体形象。

仪态是一个人的行为和风度，是一个人内在修养的展现。民宿服务人员的仪态要求文明、优雅、礼貌。仪态修饰主要包括挺拔的站姿、优雅的坐姿、优美的步态、得体的蹲姿和适当的手势等。

二、知识素养要求

民宿服务人员对民宿所在地的人文、历史、传说等应当有一定的了解，以便给宾客做出引导和推荐。同时也要了解全国乃至世界各地的风土人情以及风俗习惯，因为民宿接待的宾客来自全国乃至世界各地，只有掌握了各个地方的风土人情，才可以和每一位宾客拉近距离，有针对性地进行人性化的服务。

服务人员必须熟悉本民宿的经营理念、市场定位、特色及周边资源，民宿从装修到开业的整个过程、民宿最吸引人的地方和发生在民宿的各种故事。这样就可以让宾客对民宿有更深入的了解。

三、能力素养要求

民宿服务人员应具备较强的应变能力。在民宿接待工作中会碰到各种各样的宾客，也会遇到一些突发事件，服务人员应具备良好的个人素养以及应变能力，才能应对并解决所遇到的各种问题；服务人员要有良好的沟通能力，在接待过程中才能明确宾客需求，从而为宾客提供更优质的服务；服务人员还要有较强的记忆力，民宿工作相对烦琐，宾客较多，需求信息量大，只有具备较强的记忆力，才能为宾客提供准确的信息，以确保提供高标准的服务。

【实训项目】

服务规程实训

1. 布置实训任务

（1）将学生分成若干小组，分别进行角色分配。

（2）各小组任选对客服务项目，根据自己的角色进入指定位置。

（3）检查所需物品。

2. 教师示范

（1）教师讲解实训内容、要求及实训目的。

（2）教师讲解相关操作程序及要点。

（3）由教师与任意组学生配合全程模拟示范。

3. 实训考核要点

（1）创意是否新颖。

（2）操作程序是否规范。

（3）沟通内容是否准确。

（4）举止行为是否得体。

（5）处理问题是否恰当。

4. 学生训练、教师督导

（1）每组逐一进行实训模拟，其他学生观摩，并注意发现不足之处，模拟结束后进行点评。

（2）小组互评，教师点评。

（3）调整各小组模拟的角色，进行下一轮次的模拟训练。

5. 实训总结

实训结束后进行总结。

【任务思考题】

1. 民宿对客服务与酒店对客服务有何异同？

2. 如何将酒店的对客服务规程与民宿运营的特点进行创新性融合，以打造有民宿特色的对客服务模式？

模块小结

本模块讲述了对客服务管理的基本理论和服务规程。介绍了民宿服务的特性、民宿服务和管理理念以及民宿对客服务标准与要求，设计制定了民宿服务各个环节，如预订服务、抵离接待、住店服务、商务服务等相应的服务流程及操作技能，提出了民宿服务的核心概念，梳理了民宿对客服务质量管理的基本思路与操作路径。通过学习本模块能更好地完成民宿对客服务工作并能有效控制对客服务品质。

课　业

选择一家民宿，对其对客服务质量状况进行一次全面的调查，并根据所学提供一份对客服务质量现状调研及整改提升的建议书。

真题演练

一、单项选择题

1. 民宿服务人员被宾客叫进客房时，应该（　　）。

A. 随手关门　　B. 让房门半掩

C. 让房门完全打开　　D. 听从宾客的指示决定是否关门

2. 举行小型会谈服务，民宿管家为宾客上茶，茶杯把一般要（　　）。

A. 一律朝外　　B. 朝向服务人员易操作的位置

C. 朝向宾客右手一侧　　D. 朝向宾客左手一侧

3. 民宿管家应至少在贵宾抵达前（　　）小时对贵宾房进行逐级检查。

A. 1　　B. 2　　C. 3　　D. 4

4. 宾客退房后，在查房时要检查是否有（　　），如有应妥善处理。

A. 物品摆放位置变换　　B. 卫生状况

C. 设备情况　　D. 遗留物品

5. 民宿管家向宾客介绍房内设备设施时以不超过（　　）分钟为宜，语言精练准确，避免用手势，尽量减少走动。

A. 1　　B. 3　　C. 5　　D. 7

6. 普通客房床单应（　　）。

A. 每客更换　　B. 每周更换　　C. 定时更换　　D. 随时更换

7. 托婴服务属于民宿服务中的（　　）。

A. 标准化服务　　B. 规范化服务　　C. 个性化服务　　D. 常态化服务

8. 预订服务的关键环节是（　　）。

A. 了解需求　　B. 核对预订　　C. 确认需求　　D. 记录存档

9. 宾客正在使用的客房叫作（　　）。

A. 住客房　　B. 走客房　　C. 待修房　　D. 保留房

10. 民宿最常用的预订方式为（　　）

A. 到店预订　　B. 电话预订　　C. 托熟人预订　　D. 网络预订

11. 下列花材中，不属于线状花材的是（　　）。

A. 唐菖蒲　　B. 月季　　C. 银柳　　D. 飞燕草

12. 观果类的枝材有（　　）。

A. 乳茄　　B. 银柳　　C. 红瑞木　　D. 牡丹

13. 美学中的黄金比例指（　　）。

A. 1∶1.5　　B. 1∶1.618　　C. 1∶2　　D. 1∶2.5

14. 中国插花崇尚（　　）。

A. 色彩　　B. 线条　　C. 构图　　D. 自然

15. 具有疏影横斜的线条为（　　）。

A. 水仙　　B. 风信子　　C. 梅花　　D. 竹

二、判断题

1. 如果服务人员在走廊等地方遇见宾客醉酒回房，不应单独扶其入房。（　　）

2. 在对客服务过程中，民宿服务人员应以满足住宿服务为主，其他的需求无须关注。（　　）

3. 如果住客需要，民宿服务人员应该帮宾客买药或提供相关药品。（　　）

4. 退房宾客留在房间的半瓶洗发水或半瓶洗面奶可以当作垃圾处理。（　　）

5. 未经宾客同意不可抱玩宾客的小孩，以免引起他们的不悦。（　　）

6. 会议服务也属于民宿服务中的个性化服务内容。（　　）

7. “想宾客所想，急宾客所急”，是民宿提供优质服务的基本点。（　　）

8. 民宿工作人员穿自己的个性化服装，也是一种民宿服务特色的体现。（　　）

9. 服务准备过程的质量控制也叫事前控制。（　　）

10. 服务技能标准是指民宿服务人员在对客服务时应达到的服务技术能力。（　　）

11. 透明度很高的玻璃容器，不宜使用花泥固定。（　　）

12. 花器不仅是盛水插花的器具，同时也是构思中不可缺少的一部分。（　　）

13. 东方传统插花所用花瓶，着色宜多彩华丽。（　　）

14. 焦点花最好插成圆形或方形。（　　）

15. 作品造型重心处花材宜密，远离重心处宜疏。（　　）

三、问答题

1. 如何做好民宿的抵离迎送服务工作？

2. 在民宿经营中应如何进行贵宾的界定？如何开展贵宾服务？

模块三　清洁保养服务与管理

【学习目标】

【知识目标】

1. 了解民宿清洁保养工作的特性和要求。
2. 树立正确的清洁保养意识和理念。
3. 熟悉民宿常用清洁剂和清洁器具的性能和用途。
4. 熟悉民宿清洁保养工作的内容、质量标准和服务流程。

【能力目标】

1. 能根据民宿实际情况选用合适的清洁剂和清洁器具。
2. 掌握清洁保养的基本技巧，能有效开展民宿的清洁保养工作。
3. 掌握基本管理方法，能有效实施民宿清洁保养质量管理。

【重难点】

1. 认识到位，对民宿的清洁保养工作有正确的认识。
2. 行动到位，能科学、有效地开展清洁保养工作。
3. 根据实际情况实施清洁保养工作，确保民宿清洁保养的质量。

【思维导图】

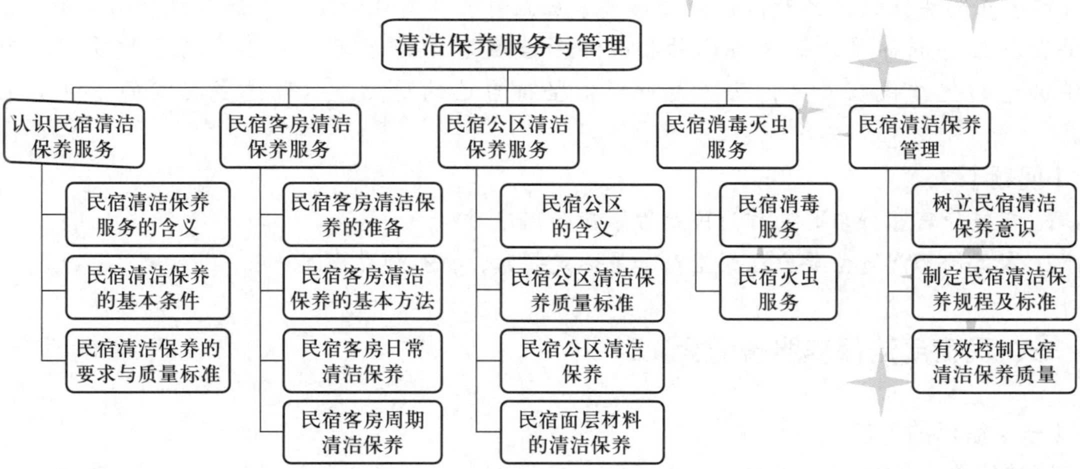

任务一　认识民宿清洁保养服务

【引导案例】

一楼还是二楼?

2020年5月，张先生在网上预订了某海岛民宿的两间客房。预订时询问管家是否有一楼的客房，管家告知一楼有一间客房，但由于疫情的影响，该房久未有宾客入住，霉味较重，建议张先生预订两间二楼的客房。张先生由于要带年近九旬的母亲前往海岛旅游，坚持预订一楼、二楼各一间客房。

几天后，张先生与妻子一起带着老母亲到了海岛，来到了民宿。但民宿管家还是安排了两间二楼的客房。由于该民宿没有安装电梯，老人上下楼不方便，坚持要住一楼的客房。管家最后同意张先生一家分别入住一楼和二楼的客房。但当打开一楼客房时，一股霉味扑鼻而来，这时管家连忙开窗、开空调透气，张先生也没有表示什么，但等其母亲准备休息时，发现枕头上还残留不少头发。对此，张先生有些恼火，只好放弃该房间，将老母亲背到二楼的客房安顿下来。

【案例分析】

宾客在购买民宿产品时，作为民宿管家应做好各项有效的服务，如推荐介绍、预订、客房整理、接待准备等，如果自己的推介不符合宾客的需求时，应尊重宾客的要求，为其提供满意的优质民宿产品，而不是一味地坚持自己的观点，以致造成宾客的不满甚至是投诉。

【问题】

1. 在接受宾客预订时，作为民宿管家应如何应对?
2. 本案例的问题主要出在哪里？如果你是管家，将如何处理?

一、民宿清洁保养服务的含义

（一）脏污的形态

清洁保养工作之所以必要，是因为脏污的存在。了解各类脏污的存在形态，有助于民宿经营者准确地选择清洁剂和清洁器具，量身定制清洁保养计划或方案。脏污的形态主要有下列几类。

1. 尘土

尘土是脏污的初级阶段，它可飘浮于空气之中，并逐渐停留在暴露于空气之中的所有物体表面，也被称为灰尘。

尘土一般含有灰土、毛发、绒头、皮屑、沙砾和细菌等。它不仅可使空气浑浊、物体表面灰暗和粗糙，而且能发出霉味、招引虫害等。

尘土的清洁与控制一般用吸尘器、拖把、抹布等器具或用通风等方式即可。

2. 污垢

尘土附着于物体表面之后，若未及时清洁，一旦遇上水分或油脂即可成为黏着的污垢。这时的清洁工作就比之前麻烦，一般要用抹布、拖把、百洁布、刷子、专用清洁机器加上水或清洁剂并借助一定的力量才有效果。

3. 渍迹

由于蛋白质、酸、碱、染料等被物体吸附，过度受热或污垢滞留时间过长而渗透到物体表面组织中形成的污染即为渍迹。

清除渍迹一般要使用专门的清洁剂或清洁工具，并且需要细心处理，以免破坏被清洁物。渍迹刚产生时，去除比较容易，但如果滞留时间过长，往往会成为陈旧性、顽固性渍迹，便难以去除。

4. 锈蚀

锈蚀是金属与水分、食物、化学液剂或有害气体相遇发生化学反应而引起的污染。锈蚀的斑迹如果未能及时清除，不仅会影响物品的整洁卫生，甚至会继续扩大锈蚀范围和加深锈蚀程度，甚至令金属物品被完全破坏。清除锈蚀通常最有效的清洁剂是酸剂，它常与摩擦剂一起使用。

（二）清洁保养与清洁保养服务

1. 清洁保养

清洁保养是民宿一项非常重要的日常工作。住宿行业一般习惯将一切“清洁”与“保养”建筑物、设备设施、用品的工作统称为“清洁工作”。实际上，专业的“清洁”的概念并不仅仅指清洁卫生，它实际上应是“清洁保养”的意思，应该包含清洁和保养两个方面。

清洁即清洁、卫生，“清洁”是指清除各种脏迹，使被清洁的对象达到相应的标准和要求；“卫生”是指杀菌消毒，使环境及物品符合生化要求。

保养是指维护保养，其目的是保证设施设备处于正常完好的状态，延长其使用寿命。若日常清洁保养工作做得及时、到位，就可以将清洁的频次减少、周期延长，既可以降低清洁保养成本，又可以减少对设备设施及用品的损伤。因此在民宿运营中，应始终把“清洁”和“保养”关联在一起，在“清洁”的时候不是简单粗暴地只求弄干净，而是要考虑到“保养”的需要；而“保养”的前提则是要做好“清洁”。

2. 清洁保养服务

服务就是指为满足顾客的需要，服务方与顾客接触的活动和服务方内部活动所产生的结果。据此可见，民宿清洁保养服务就是指民宿为满足宾客在清洁保养方面的需要，在民宿员工与宾客接触的过程中所产生的各种内外部活动的总和。

3. 清洁保养服务的意义

（1）清洁保养服务是民宿良性运行的基本标志。有效的清洁保养服务会使民宿保持较高的清洁保养质量，并使设备设施有效、安全地运行。

（2）清洁保养服务能创造良好的内外环境。清洁卫生是宾客入住民宿的基本要求之一，清洁保养服务不仅满足了宾客对民宿最基本和最迫切的要求，使其觉得“价有所值”，又能创造民宿整洁卫生的环境，提高民宿的舒适度，使宾客和员工心情愉快、精神振奋。

（3）有效的清洁保养服务能降低维护成本，提高民宿的效益。有效的清洁保养服务能维护设施设备的良性运行，延长建筑物、设备设施、用品的使用寿命，减少设备设施维修改造的资金和时间投入。

二、民宿清洁保养的基本条件

（一）合适的清洁剂

住宿行业一般习惯将所有清洁用的化学药剂统称为“清洁剂”。正确地选择和使用清洁剂，既能省时省力，提高工作效率，保证工作质量，又能延长被清洁物品的使用寿命。若清洁剂选用不当，不仅不能达到预期的效果，反而会损伤被清洁物品。因此，选择合适的清洁剂对民宿的清洁保养是非常重要的。

1. 清洁剂

按化学特性（pH），清洁剂可分为酸性、中性、碱性三大类，民宿在运营过程中应科学地选择和使用。

（1）酸性清洁剂（$1<pH<7$）。酸性清洁剂有特殊的洗涤、除臭和杀菌功效，主要用于卫生洁具的清洗和消毒；酸能中和尿碱、水泥等顽固斑垢，因此，一些强酸清洁剂还可以清除基建时留下的水泥、石灰及卫生间恭桶、便池的积垢，也适用于对粗糙石材类的开荒清洗；但酸通常具有腐蚀性，有些物体禁止使用酸性清洁剂，如地毯、石材、木器和金属器皿等，酸性清洁剂特别对水泥具有较强的渗透腐蚀性，不可用于水泥地面或瓷砖，在使用时会腐蚀物体表面留下难以修复的痕迹，应妥善保管、谨慎使用。目前市场上酸性清洁剂的品种有很多，功能也略有差异，在用量、用法上都需特别留意，一般可参照说明书使用。

民宿常用的酸性清洁剂如下：① 洁厕剂（$pH=2$，见图 3–1），其主要成分有无机酸、表面活性剂、保护剂、香精等。洁厕剂在使用中会散发刺鼻气味，对皮肤有很强的腐蚀性，故要认真做好防护工作。洁厕剂适用于釉质洁具的清洁和除味，去除铁锈、水垢和尿垢等，对管道和釉面有保护作用。使用时可将洁厕剂淋入恭桶内浸泡半分钟左右，再用工具刷洗，清洁效果较好。② 除垢剂（$1<pH<2$，见图 3–2），其主要成分为无机酸，主要用于去除不锈钢器皿中的水垢，也可用于清除玻璃、陶瓷、塑料等表面的污垢。因其是强酸，切记不可直接用于各种石材物体，需掺水配比使用。除垢剂在使用过程中会有刺鼻气味，对皮肤有很强的腐蚀性，故要认真做好防护工作。③ 酸性洗石水（见图 3–3），其主要成分为多种有机酸，采用

图 3–1　洁厕剂

图 3–2　除垢剂

图 3–3　酸性洗石水

高浓度配方，具有特强酸化作用，能有效地清除各种顽固污渍、锈渍，适用于建筑物、地面或外墙瓷砖及马赛克的积垢清洗。使用时按 1∶30 兑水稀释，然后将本品喷洒于地面，使其渗透 2～3 分钟，用干净地拖清洗地面。如清洗外墙或污渍严重区域，可兑水 1∶10 洒于污渍区域，再用刷子或擦地机进行清理。使用酸性洗石水前应先将污渍区域杂物清除，并戴手套操作以免伤手。如遇到水泥或其他坚硬物体或香口胶，可配合铲刀和除香口剂使用，然后用干净地拖清洁地面即可。④ 消毒剂。消毒剂既可作为卫生间的消毒，又可用于杯具等的消毒，但在消毒后需用清水漂净，如消毒粉、泡腾片等。

（2）中性清洁剂（pH=7）。中性清洁剂由于配方温和，对物品腐蚀和损伤很少，还可起到清洗和保护被清洁物品的作用，因此在日常清洁保养中被广泛运用。中性清洁剂的缺点是无法或很难去除长期积聚的陈旧性、顽固性污垢。为增强除污效果，提高清洁功效，生产厂家往往在中性清洁剂中增加一些其他化合物。其中最常用、最大量的即为表面活性剂。表面活性剂是一种能有效减少溶剂表面张力，使得污垢与被清洁物结合力降低的一种物质。它的含量多少和质量高低形成了各种去污效果不同的清洁剂。除表面活性剂外，中性清洁剂还含有其他化合物，如漂白剂、泡沫稳定性剂、香精等。

民宿常用的中性清洁剂就是多功能清洁剂（见图 3–4），一般多功能清洁剂含有表面活性剂，除不能用于地毯等织物的清洁外，其余区域及物品的日常清洁保养均可使用。

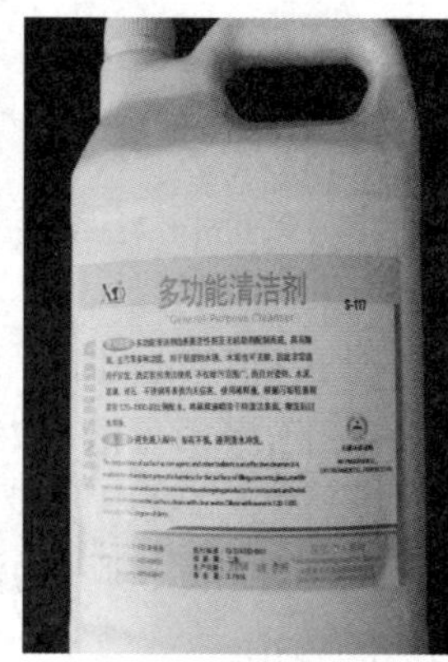

图 3–4　多功能清洁剂

（3）碱性清洁剂（$7<\mathrm{pH}<14$）。碱性清洁剂能清除油脂类污垢，能与酸性污垢发生化学反应，有较好的除污效果。碱性清洁剂使用时对物体一般没有腐蚀作用，但如果长时间残留在物体表面，则会有副作用，会损坏被清洁物体的表面，因此，使用碱性清洁剂后应用清水漂净。市场上常见的碱性清洁剂往往增加了一些其他化合物，如漂白剂、泡沫稳定性剂、香精等。

民宿常用的碱性清洁剂如下：① 洗洁精。洗洁精是一种液体洗涤剂，不仅能用于餐酒具的洗涤，还有很好的去油污效果，是民宿使用最普遍的一种碱性清洁剂。② 烧碱。属强力去污、去油洗涤剂，适用于洗涤顽固油污或污渍，有较强的腐蚀性，使用时需谨慎，主要用于清除石材地面、景观池上的顽固污渍。③ 洗衣粉。一种常用的去污能力较强的清洁剂，主要用于清洗抹布、衣服、尘推头、拖把等处的较脏污渍。④ 洗手液。一种去污能力较强的洗涤液，对皮肤无腐蚀性，适用于公共洗手间。⑤ 玻璃清洁剂（$7<\mathrm{pH}<9$，见图 3–5），由于各个厂家配方不一，颜色有所不同，但大多呈淡蓝色，属弱碱性清洁剂。玻璃清洁剂方便擦洗，用后物品表面明亮清澈，不留痕迹，适用于玻璃、镀铬不锈钢表面、可水洗的表面，如镜面、塑料表面及部分卫生间设施等。使用配比为 1∶40～60，用玻璃涂水器或适当工具将配置好的溶液涂抹于物体表面，然后用玻璃刮水器或适当工具刮净，严重脏污的物体表面可重复清洗，直至去除污渍。⑥ 84 消毒液（$13<\mathrm{pH}<14$）。84 消毒液是一种以次氯酸钠为主的高效消毒剂，为无色或淡黄色液体。84 消毒液为强碱性质，具有很强的腐蚀性，在使用过程中要严格按照标准稀释过之后使用，主要用于器具消毒、区域消毒和白色织物的漂洗工作。⑦ 全能水（$10<\mathrm{pH}<11$，见图 3–6），又称全能清洁剂、全能清洗剂、万能清洗剂，是日常保洁最常用的清洁剂之一。全能水呈弱碱性，集清洗、去渍、除臭、杀菌功能于一体，能有

效去除硬水碱垢，并保护瓷面、釉面，适用于客房用具、卫生间洁具及防水硬质地面及墙面等的清洁。使用时应先按使用说明进行稀释，并使用适当工具将产品施于受洗表面进行清洗或刷洗，过水冲干净或用干布抹净。

图 3–5 玻璃清洁剂

图 3–6 全能水

（4）溶剂。溶剂为挥发性液体，如空气清新剂、杀虫剂、乙醇消毒液（75% 酒精）或其他专用消毒剂等。

常用的溶剂如下：① 空气清新剂，能净化空气异味，对民宿室内空间起到清洁消毒的作用。② 乙醇消毒液（75% 酒精），酒精是一种很简单的清洁剂，易燃、易挥发，pH 值与水相似，呈中性，对皮肤没有损害。酒精是有机溶剂，能溶解很多水不能溶解的亲油性物质，因此，对于水洗很顽固的污渍可以用酒精洗掉。酒精可用于清除胶渍、油渍，但不可应用于皮革制品的清洁。

（5）其他清洁剂。① 家私蜡。在日常清洁保养的基础上，民宿可定期用家私蜡对家具进行清洁保养。家私蜡一般适用于木制家具、漆面、皮革、石材、金属、陶瓷、仪表、家电、硬塑 PVC、ABS 材质的表面，能起到清洁、打蜡及防尘的作用。使用时将家私蜡喷洒在干净的软布上，均匀擦在物体表面即可除污，再用干布擦拭即可起到提亮的作用，碧丽珠也可起到同样的作用，如图 3–7 和图 3–8 所示。② 不锈钢光亮剂（见图 3–9），也称不锈钢油，是一款用于清洁和保养不锈钢、铬、铝等金属表面的产品。在清除表面污渍的同时，不锈钢光亮剂能增加金属表面光泽，不留水痕及手印，且保持表面干爽、不油腻，效果持久。但使用时应注意只能用于纹钢的清洁，不可用于镜钢。③ 洁而亮（见图 3–10），特强去污液，俗称牙粉，为温和磨砂型，用后不留划痕，适用于各种质地的物体表面，如搪瓷、陶、瓷、砖、不锈钢、塑胶及玻璃等。④ 核桃油，由核桃仁加工制成，带有淡淡的清香，是一种不含化学成分的天然环保型干性油，擦在硬木家具上晾干后形成一种保护膜，可以防止木材干裂而且颜色不会发黄，起到提色、养护木材的作用。

2. 清洁剂的使用与管理

为了有效地使用清洁剂，充分发挥其效能，减少浪费，提高清洁保养工作的效率、效果和安全性，民宿应做好清洁剂的选购和使用管理。

（1）清洁剂的选择。① 不同对象、不同时期使用的清洁剂不尽相同，民宿在选择清洁剂

图 3-7　家私蜡

图 3-8　碧丽珠

图 3-9　不锈钢光亮剂

图 3-10　洁而亮

时首先要考虑被清洁对象的材质特点、化学性质及不同的清洁工艺要求。② 民宿还要考虑清洁剂自身的化学性能、环保要求、适用的清洁对象和场所等，考虑被清洁对象与清洁剂是否合适、匹配。③ 还应考虑民宿的经营策略、规模档次、客源市场、资金等情况。好的清洁剂应包装精致、香味怡人、色泽清澈，一般在室温保存条件下，两年内色泽香型不变，没有沉淀。同时也应随时了解市场上新型清洁剂的开发和使用效果，及时加以更新。

（2）清洁剂的使用与管理。清洁剂在使用过程中应注意以下事项。① 应严格按使用说明使用清洁剂，如浓缩液应在使用前严格按照说明书进行稀释。② 应避免使用粉状清洁剂。因粉状清洁剂含有大量的摩擦剂，长期使用会造成卫生洁具釉质和金属器具表面的磨损，同时粉状清洁剂在溶解过程中容易沉淀，往往难以达到最佳的清洁效果。③ 新购清洁剂必须在首次使用前先在小范围、不明显处进行试用，效果良好的再进行大范围使用。④ 注意安全问题。在使用高压罐装清洁剂、挥发性清洁剂以及强酸、强碱清洁剂时应特别注意安全问题。前两者属易燃易爆物品，后两者则容易腐蚀人体肌肤。因此在日常工作中，应掌握正确的使用方法，并配备相应的防护工具，如佩戴护目镜、胶皮手套等。万一清洁剂溅入眼睛或引起皮肤过敏，应立即用大量清水冲洗，如仍有不适，需立即就医诊治。⑤ 养成及时清洁的习惯。任何清洁剂一次使用过多或者过浓都会对被清洁物体产生不同程度的副作用，甚至损伤。因此，不要养成平时不清洁到脏污严重时再用大剂量清洁剂进行清洁保养的不良习惯。这种清洁保养既费时又费力，效果也不理想。同时也不能指望一款清洁剂对所有陈年污垢都有效，一些强腐蚀性清洁剂虽然能够明显去除污渍，但同时会对物品带来更大的损伤。⑥ 注意清洁剂的保管存放。清洁剂可与清洁工具设备一起存放，但不能与布草、食品等物品混放；强酸清洁剂不能存放在玻璃、金属等容器中；同时严禁在工作场所和仓储区域吸烟。

（二）合适的清洁工具与设备

民宿由于规模有限，可根据建筑物、材料、场地等实际情况选配适用的清洁工具和清洁设备。

1. 清洁工具

（1）扫把。扫把的作用就是扫走大颗粒的脏物，室内使用胶扫把、棕扫把，室外使用胶扫把、竹扫把。

（2）畚箕。畚箕用于装起集中的垃圾，如果是在室外使用的大型畚箕，最好有轮子和盖子，方便移动，避免杂物丢落；如清扫民宿公共区域时，最好使用提合式畚箕，较为美观和方便。

（3）拖把、拖桶。拖把亦称水拖把，在清洁工作中被普遍使用。根据清洁的场所和部位可选用传统的棉布拖把，也可选用海绵拖把。为了提高工作效率，可与挤水器、地拖桶和地拖车配套使用。① 挤水器。作用是拧干拖把，通常有滚轴式、下压式和边压式三种，其中下压式使用较为方便。② 地拖桶。一般由金属、不锈钢或塑料制成，可分为两个部分，一部分用于存放清洁剂，另一部分存放冲洗拖把用水。③ 地拖车（见图 3–11）。由清洁桶、挤水器和车架组合而成，有单桶式和双桶式两种类型。通常挤水器可架在清洁桶沿上，清洁桶则安装在带有轮子的车上，也可将轮子直接安装于桶底。清洁桶内壁往往有定量刻度标志，以便配制清洁剂溶液时使用。

（4）尘推（见图 3–12）。也称万向地推，主要用于瓷砖、大理石（花岗岩）、木地板等光滑、干燥地面的清洁保养工作。

图 3–11　地拖车

图 3–12　尘推

（5）清洁刷（见图 3–13）。可分地刷、恭桶刷、面盆刷等，用于清洗水泥、石材地面，以及恭桶、便池、面盆的清洁。

（6）工作篮（又称清洁篮或工具盒，图 3–14）。服务人员可将清洁保养的工具和用品放在工作篮中，以方便工作。

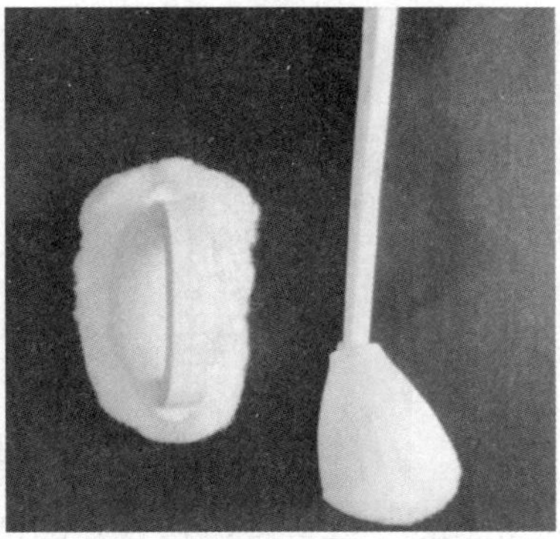

图 3-13　清洁刷

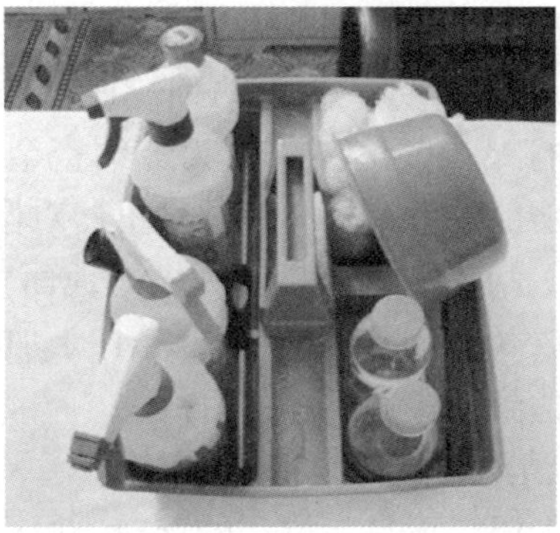

图 3-14　清洁篮

（7）抹布（见图 3-15）是清洁家具设备及其他物体表面卫生的主要工具。

图 3-15　抹布

（8）玻璃清洁器（见图 3-16），主要由伸缩杆、T 形手柄、橡皮刮、刷子和其他配件构成，用于清洁玻璃、瓷砖和镜面。

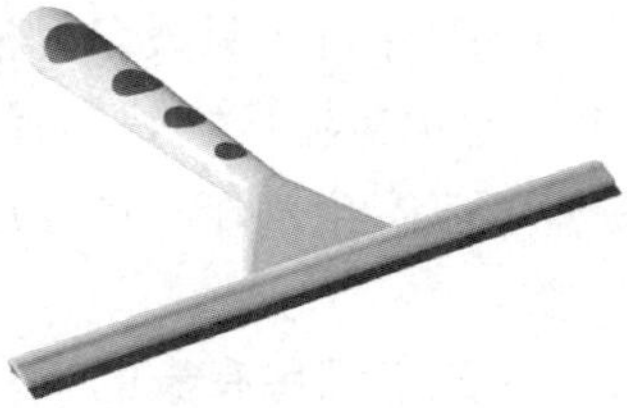

图 3-16　玻璃清洁器

（9）刀片、铲刀。用于清除瓷砖、大理石、水泥地面及墙体表面的胶印、口香糖及水泥污渍。

（10）胶手套。用于在卫生间进行清洁操作、收拾垃圾时，或使用酸、碱性清洁剂时起到防护作用。

（11）铝梯。用于清洁高位处的卫生工作。

2. 清洁设备

民宿由于规模、材料的选用、资金投入等因素，一般无须过多配置清洁设备，但可根据实际情况选择适用的几种。

（1）吸尘器（见图 3-17）。吸尘器不但可以吸去其他清洁工具难以清除的灰尘，如缝隙、凹凸不平处、墙角及形状各异的各种摆设上的灰尘，而且不会使灰尘扩散和飞扬，清洁程度和效果都比较理想。吸尘器主要有直立式吸尘器、吸力式吸尘器、干湿混合（吸水）吸尘器和背式吸尘器。民宿一般选用吸力式吸尘器即可。

图 3-17　吸力式吸尘器

（2）多功能打蜡机。主要用于民宿石材、木质地面的清洗、打蜡、喷磨和抛光工作。根据其转速的不同，大致可分为四种：低速机、中速机、高速机和超高速机。通常，洗地时要求转速较低，底刷（刷盘）较硬；打蜡抛光时，要求转速高，底刷（刷盘）细软。因此，前两种较适合于擦洗地板用，后两种多用于打蜡及喷磨工作。为节约资金及存储空间，民宿可购买多功能的打蜡机，但这种机器对保养维护的要求较高。

（3）吹（鼓）风机。为缩短地面（地毯）的干燥时间，可使用吹（鼓）风机（见图 3–18）加快特定区域内的空气流通，达到使快速干燥的目的。

图 3–18　吹（鼓）风机

3. 清洁工具与设备的选用

（1）清洁工具与设备的选择。民宿在选择清洁工具与设备时既要考虑民宿自身的情况，也要考虑工具设备本身的因素。如民宿的建筑装饰风格、材质、档次、财力、清洁保养与品质的要求等；设备方面诸如安全性、功能、方便性、耐用性、功率、供应商售后服务能力等。

（2）清洁工具与设备的购置。确定了清洁工具与设备的种类、数量、规格等就可以着手采购了。采购过程中要货比三家，注意对供货商的选择，要综合考虑性价比，还要注意要检查验收。

（3）清洁工具与设备的使用。正确使用清洁工具与设备可以提高工作效率，延长使用寿命，同时还能减少或避免安全事故。在使用中应注意如下事项：

① 对使用人进行必要的培训。

② 重视对清洁工具与设备的检查，尤其要注意设备使用前的检查，避免设备带“病”工作。

③ 严格按使用说明操作，如机器的电线应拖在操作者后面而不要放在前面，发现声音不正常或者有异味时应立即停机检查等。

④ 保持工具设备的清洁，如及时擦去电线、设备上的水迹，尽量不要使清洁剂溅到机器上，避免机器接触到具有腐蚀性的清洁剂等。

⑤ 安全操作，插座应与插头相配，大的清洁设备要有地线，操作电器设备时双手要保持干燥。

（三）训练有素的人

清洁剂、清洁设备、清洁工具均有专门的使用、保养技巧和方法，对员工的培训、训练是非常重要的，训练有素的人，如民宿店主、民宿员工等也是做好清洁保养工作的前提条件之一。

三、民宿清洁保养的要求与质量标准

（一）民宿清洁保养总体要求

民宿的清洁卫生质量是宾客入住最关心的要素之一，同时也是宾客选择民宿的重要标准之一。清洁保养工作的好坏直接影响着民宿的声誉、形象及经济效益。总体而言，民宿清洁保养应达到整洁、美观、卫生、安全、有效等要求。

（二）民宿清洁保养具体要求

民宿清洁保养的具体要求，要求做到“十无”：天花和墙角无蜘蛛网，墙面干净无污迹破损，地面干净无杂物，楼面整洁无虫害，灯具明亮无积尘，布草洁净无破损，杯酒具消毒无痕迹，金属制品光亮无锈渍，家具设备整洁完好无故障，卫生间清洁无异味。

1. 清洁保养感官质量标准

感官标准是指宾客、民宿员工凭借视觉、触觉或嗅觉等感官能够感受到的标准。感官标准只是表面现象，虽然由于个体感受不同具有较大的随意性和差异性，但仍具备以下具体标准。

（1）天花、墙面、地面。天花无裂缝、漏水、霉点，无灰尘、水迹、蛛网；墙角无蛛网、灰尘；墙面无脱落，墙纸无起翘，墙饰、壁画整齐美观，无破损、污渍、灰尘；地面完好无破损，无杂碎物，无灰尘、污渍、印迹、积水。

（2）门、窗。门、窗开关应顺畅，无阻碍，无松动，无声音，门框应完好；把手无松动，玻璃无破裂，门后磁吸正常、有效，有火灾疏散图，门锁（防盗链）完好，门后可挂有“请打扫房间”“请勿打扰”指示牌。

（3）窗帘。窗帘清洁无污渍、悬挂美观，无漏光，窗帘钩无松脱，窗帘启合操作自如。

（4）家具。各类家具，如桌子、椅子、沙发、衣橱、床、床头柜等，应整洁、完好，无灰尘、渍迹，柜门、抽屉开关灵活自如，宾客使用方便。

（5）电器。各类电器如灯具、电视机、空调等，应整洁、完好，无灰尘和渍迹，使用方便、安全、有效。

（6）客房寝具。床铺整理及时，至少应做到一客一换，或应宾客要求及时换洗，保持整洁、美观，做到无异味，无污迹，无破损。

（7）卫生洁具。应及时整理，至少做到一天（客）一洗消，或应宾客要求及时洗消，做到表面洁净、光亮，完好无破损，无异味，无灰尘，无水渍，无污迹，无手印等。

（8）客用品。各类用品应数量充足、整洁完好，按规定撤换、洗涤、消毒、存放，按规定补充摆放，宾客使用方便。

（9）金属、玻璃制品。各类金属、玻璃制品应做到表面光亮、洁净，无灰尘，无水渍，无污迹，无手印等。

（10）饮用水。水质透明、无色、无异味、无异物，符合生化质量标准。

2. 清洁保养生化标准

生化标准是指是由专业卫生防疫人员通过专业仪器采样、检测的标准，包含的内容有洗涤消毒标准、饮用水质量标准、空气卫生质量标准、微小气候质量标准、采光照明质量标准及环境噪声允许值标准等。如客房布草、拖鞋、杯具等应做到一客一换或按宾客要求及时更换，按标准要求进行洗涤、消毒、存放，茶水具每平方厘米的细菌总数不得超过 10 个，脸盆、浴缸、拖鞋每平方厘米的细菌总数不得超过 500 个等。与感官标准相比，清洁保养质量更深层次的衡量标准是生化标准。

【知识拓展】

抹布的正确使用

一、抹布的选择

根据清洁用途的不同，应选择不同尺寸、质地和颜色的布料。比如，擦拭玻璃、镜面时不能用毛巾类的抹布，以平纹抹布为好；擦拭电视机屏幕应选择柔软的干布（如绒布）等。这样既可防止抹布的交叉使用，又便于操作和提高清洁质量。

二、抹布的使用

清洁不同区域、不同物体的抹布应分开，比如，客房除尘和卫生间清洁的抹布应分开，清洁不同卫生洁具的抹布也应严格加以区别。根据清洁物体的材质，抹布应干湿分开用。为提高抹布的使用效率，抹尘时抹布最好折叠使用，使用完毕抹布应及时清洗干净晾晒好等。

【知识拓展】

玻璃清洁器（玻璃刮）的正确使用

玻璃清洁器（玻璃刮）主要由长杆（伸缩杆）、T形手柄、橡皮刮、刷子和其他配件构成，主要用于清洁大面积玻璃和镜面，有时餐厅桌面也可使用。

一、检查

使用前应先检查玻璃刮刀的橡胶刮条刮擦面是否平整，胶条有无凹口或裂缝。

二、操作

第一，先用抹布或滚刷将玻璃或镜面打湿，再用玻璃刮从上到下或从左到右进行刮擦。

第二，刮擦过程中采用一刀连续刮或一刀一刀分别刮擦的方式进行，刮擦时上下行（刀）应有5厘米左右的重叠部分，尽量不要留下印迹，否则会影响清洁效果。

第三，使用过程中刮下的脏水、污垢用干毛巾擦去，不要有滴漏、飞溅的情况发生。

第四，对于高处的玻璃窗或镜面可将玻璃刮安装到伸缩杆上再使用。

三、结束

玻璃刮用完后，需及时打开弹簧扣，将刮水器和橡皮胶条清洗干净，晾干待用，切记不要长时间暴晒，以免橡胶刮条老化，减短玻璃刮的使用寿命。

（资料来源：根据网络资料整理）

【知识拓展】

双面玻璃清洁器的使用方法

一、准备

准备好一盆清水和一定量的清洁剂，以及两块干净的干抹布。

二、打开

双手各抓住一边，反向旋转90°，即可轻松分开清洁器的两侧。

三、检查

检查双面玻璃清洁器的安全绳，因为清洁器的一块要放到窗外玻璃面使用，使用前一定检查安全绳是否牢靠。

四、操作

检查完成后，把双面玻璃清洁器的安全绳末端的塑料环套在手指上，或者直接系在手腕上；把双面玻璃清洁器放在水中浸泡几秒钟充分吸水，在清洁器的表面上涂放一定量的清洁剂，把两块清洁器放一块打发泡沫；把有手柄的一块放到内侧，把带有安全绳的一块放到窗外，隔着玻璃相吸，然后上下左右拖动清洁器清洁窗户玻璃；擦拭后有水渍的地方用干抹布清洁干净。

（资料来源：根据网络资料整理）

【实训项目】

一、抹布的正确使用

1. 选择抹布

（1）教师课前准备多块抹布，可用不同的颜色也可用同一种颜色，抹布材质应不同，由学生选择确定抹布的种类及对应的清洁对象。

（2）根据学生的选择，教师进行分析讲解，并对学生进行评分。

2. 使用抹布

（1）由教师选定清洁对象，学生进行实际抹尘操作。

（2）请其他学生进行评判。

（3）教师进行总结讲评。

二、吸尘器的正确使用

1. 教师课前准备好吸尘器。
2. 讲解吸尘器的操作要领。
3. 学生复述操作要领，并进行实操练习。
4. 教师现场指导、纠正。
5. 学生轮流练习。
6. 教师总结点评。

【任务思考题】

1. 如何理解清洁保养的含义？
2. 请列举民宿常用的清洁剂、清洁工具和清洁设备。

任务二 民宿客房清洁保养服务

【引导案例】

张先生是一位摄影爱好者。退休前由于工作的原因无暇顾及个人爱好，2020 年 6 月刚刚退休的他迫不及待地带上相机外出“游山玩水”。一天，张先生来到一乡村，被当地的绿水青山和淳朴的民风所吸引，看到有几家挂牌经营的乡村民宿，临时决定找一家住上几天，好好领略当地的美景，过过拍照的“瘾”。于是，张先生找到其中的一家要求先看看客房的情况，民宿主人告诉张先生，因为今天不是周末，民宿无客人入住，所以客房都没有打扫，如果张先生要住需要等一等。张先生又去另外的民宿看了看，发现也是类似的情况，只好选了其中的一家等了半小时才入住。虽然张先生最后入住成功，但他的游兴和“拍意”已经大打折扣了。

【案例分析】

清洁保养工作应特别注意时效性，因为污渍在设备设施和用品上停留的时间越久，清洁的难度就越大，超过一定的时间就会变成积垢，就需要特别的清洁剂和清洁方法才能去除，这样对设备设施和用品还会带来更多的损伤。因此无论淡旺季，无论次日客房能否出租，在宾客退房的当天都必须及时将客房清扫整理好，一是确保客房的清洁保养质量，随时保证客房处于完好的状态；二是也可以方便客房的出租，提高民宿的客房周转率。

【问题】

1. 试分析造成这种现象的原因。
2. 你认为应如何解决这一问题？

一、民宿客房清洁保养的准备

视频：清扫准备

（一）整理好个人形象

民宿如提供员工工作服的，服务人员应在上岗前换好工作服；如不提供工作服的则不必更换，但要确保整洁、大方，符合服务规范和要求。

（二）拿取客房钥匙和《客房清扫日报表》

为了使工作能够被追溯，民宿可采用《客房清扫日报表》（见表 3–1）或工作笔记本等方式对每天的服务工作做好原始记录。

表 3–1　客房清扫日报表

姓名____________________　　　　日期____________________

房号	房态	入住人数	进房时间	离房时间	日常清扫	计划卫生	备注
小计							

（三）了解当天的工作任务

每天工作伊始，民宿店长或管家应对员工的仪表仪容和工作状态进行检查，布置好当天的工作任务，强调工作中应注意的特殊事项或需要特殊关注的宾客，或者进行简单的业务培训和应知应会检查。

服务人员在开始工作前，也可主动了解当天的工作任务和负责清扫客房的状态，并根据房态和要求安排客房清扫的顺序。

（四）准备清扫工具和客用品

准备好所需的清扫工具、清洁设备及需补充替换的各种用品。

二、民宿客房清洁保养的基本方法

（一）从上到下

例如，用抹布擦拭灰尘时，应采取从上到下的方法，先擦拭高处的设备用品，再擦拭低处的。这样既可避免重复劳动，又可避免遗漏，在节约劳动力的同时提高工作效率。

（二）从里到外

从里到外一般是指地面的清洁保养方法。一般里面是指房门的对面位置，外面是指房门口处。

（三）环形清理

在抹尘和检查房间设备用品时，应从房门开始，从左到右或从右到左，即按顺时针或逆时针的路线进行。这样既不会遗漏应该清洁的地方，也不会重复已经做过的地方。

（四）正确使用抹布

清洁保养过程中，应特别关注抹布的使用方法。

（五）注意边角落

边角落是蜘蛛网和尘土容易积存之处，特别需要留意清扫。

三、民宿客房日常清洁保养

视频：走客房清扫

（一）走客房的日常清洁保养

走客房的日常清洁保养流程如图 3–19 所示。

1. 进

按进房操作规程开门进入房间，放好工作篮或工具盒。

2. 关

进房后将房卡插入取电盒接上电源，关闭空调，熄灭多余的灯，同时检查空调、灯具等电器是否运作正常。

3. 开

拉开窗帘，打开窗户，注意检查窗帘是否脱钩、有无损坏，窗户开关是否灵活、严密。

4. 撤

撤走宾客用过的茶具、水杯、酒具等，倒空电热水壶；将房内的果皮、纸团等集中收拾到垃圾桶内，将垃圾集中撤出，用过的垃圾桶较脏时应先洗净、擦干，再将垃圾桶放回原处；撤走用过的床单和枕套，把脏布草放到指定地点。

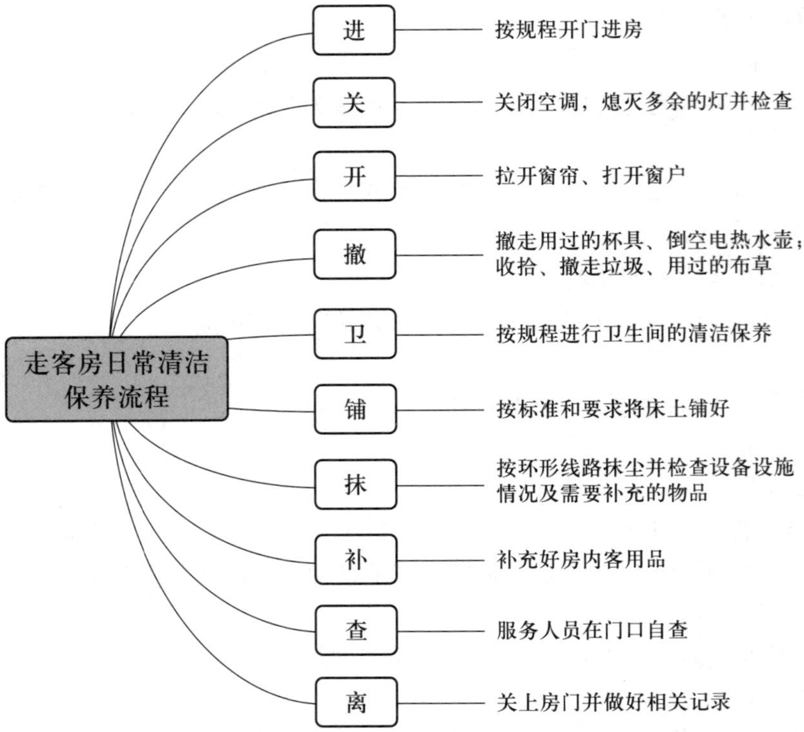

图 3–19　走客房的日常清洁保养流程

5. 卫

卫生间的清洁保养流程见图 3–20。房间撤走脏布草及其他物品后，先进行卫生间的清洁保养。（1）进。首先应敲门进入卫生间，先开灯、开换气扇，再将清洁篮或工具盒放在卫生间地上。（2）喷（洒）。先将恭桶冲水一次，然后在恭桶内的水中倒入适量的清洁剂。（3）撤。撤走卫生间用过的布草、垃圾、杯具等，也可与房间的物品一起撤出。（4）洗。先将抹布清洗干净放在一边待用，后将皂碟清洗擦干后放回原处；用专用清洁工具和清洁剂擦洗脸盆、台面、浴缸、淋浴房等；再用专用工具和清洁剂刷洗恭桶内壁，用专用抹布擦净恭桶内外、坐圈、盖板、恭桶底部及背面，擦净恭桶水箱，最后放水冲净。（5）抹。用专用湿抹布擦干净卫生间家具、抽屉、搁物架、外露的水管、墙面、门框、洗脸台台面等；用干抹布擦亮水龙头、毛巾架、镜面、镜前灯等。但地面应在用品补充完毕后再用专用抹布从里到外进行清洁。卫生间要求做到无毛发、无水迹、无异味。（6）补。按规定的种类、数量、位置摆放好卫生间布草和其他客用品（物品补充完毕后用专用抹布从里到外把地面擦拭干净）。（7）查。在卫生间门口进行自查，看看卫生间有无不妥之处。（8）离。无不妥后关灯、关换气扇，将卫生间门虚掩。

6. 铺

卫生间清扫完毕后，按标准和要求将干净的床单、被套、枕套等在床上放好。

7. 抹

按环形线路依次把房间家具、设施设备表面抹擦干净，抹尘的同时应检查设备设施的运行情况及需要补充的物品。但地面应在用品补充完毕后再用专用抹布或拖把、吸尘器从里到外进行清洁。

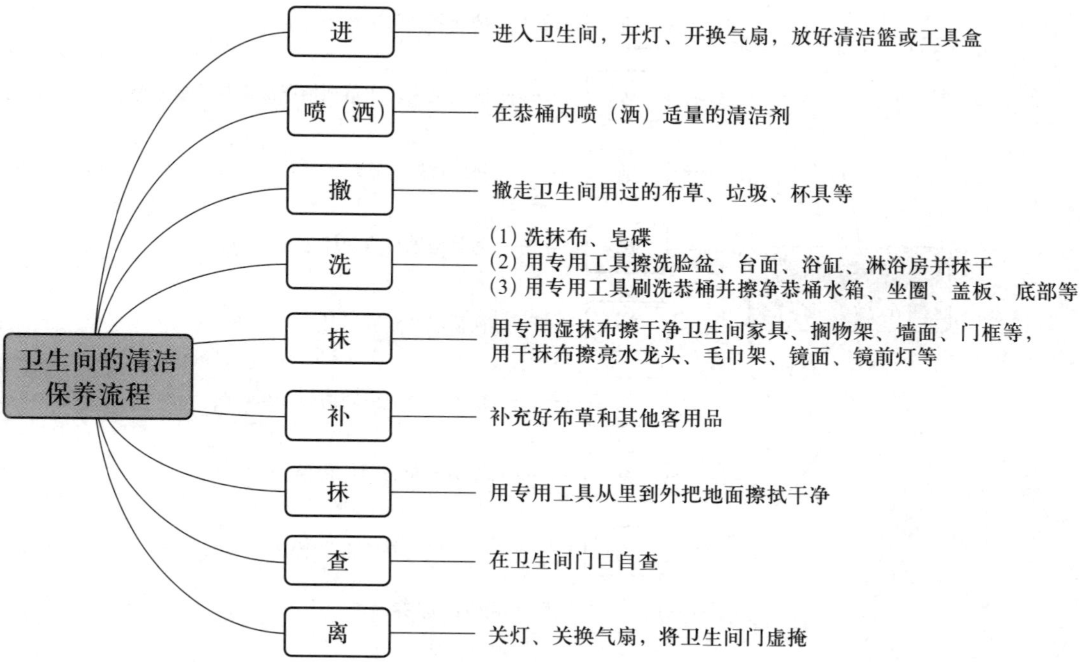

图 3-20　卫生间的清洁保养流程

8. 补

根据民宿的具体规定的品种、数量及摆放要求补充房内客用品。

9. 抹

用专用工具从里到外把地面擦拭干净。

10. 查

全部清扫完毕，服务人员应站在门口环视房间，观察家具物品是否摆放整齐，是否遗漏、短缺物品，清洁工具是否有遗留在房内。如有不妥之处，及时处理。

11. 离

取出取电盒上的钥匙，轻轻关上房门，并在《客房清扫日报表》或笔记本上做好相关记录。

（二）住客房的日常清洁保养

住客房的日常清洁保养流程如图 3-21 所示。

视频：住客房清扫

1. 住客房清扫流程

为了方便住店宾客，不至于过多地打扰到他们，住客房清扫可采取与走客房不同的操作流程，可以先将客房全部整理完毕再去清洁卫生间。

（1）进。按进房操作规程开门进入房间，放好工作篮或工具盒。进房后一般只将电灯关掉即可，空调开关、窗帘、窗户一般不做调整。

（2）撤。一般不撤走宾客使用过的茶具、水杯、酒具和床上布草，只将房内的果皮、纸团等垃圾收拾撤出即可。

（3）铺。将床铺进行简单整理，铺好床上用品即可。

（4）抹。简单地进行房间抹尘。

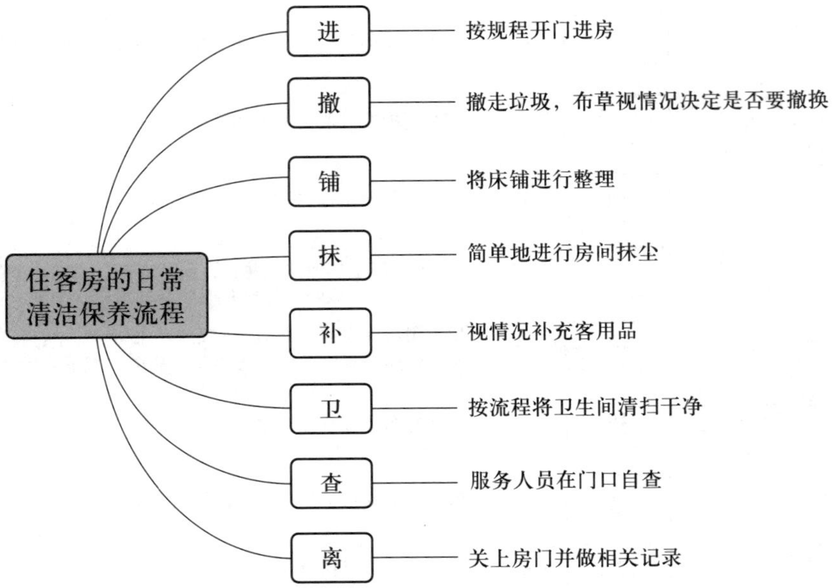

图 3–21　住客房的日常清洁保养流程

（5）补。视情况进行客用品的补充。

（6）卫。按前述流程将卫生间清扫干净并补充好物品或按宾客要求进行整理。

（7）查。全部清扫完毕，服务人员应站在门口环视房间看看是否有不妥之处。

（8）离。取出取电盒上的钥匙，轻轻关上房门，并在《客房清扫日报表》或笔记本上做好相关记录。

2. 基本技巧

（1）整理住客房时，不可随意移动、翻看宾客的文件、书报、手机、电脑、钱包、照相机等。

（2）除宾客自己放到垃圾桶内的垃圾外，对宾客的私人物品不可自行处理，即使是空瓶、空包装盒等。

（3）抹尘时，注意不可将宾客的衣物弄乱、弄脏，也不可挪动宾客的行李；宾客放在椅子上或床上的衣服、外衣可以将其挂入衣柜内。

（4）对于宾客所设定的空调温度、家具摆设等，应尊重其需求，不必重新调整到民宿规定的温度或位置。

（5）为减少洗涤量，降低对环境的污染，住客房一般不要求每天更换床上布草、毛巾、茶水杯等，可用环保卡的方式提醒宾客重复使用；若是长住客，一般定期更换；如果宾客有需要时则应立即更换。

（6）客房内的电热水壶，平时应擦拭干净，并定期进行除垢清洁；如有凉水壶，每日换水后要盖好杯扣，水壶要定期清洗，保持玻璃透明、水质清新，符合饮用水卫生标准。

（7）客房摆放的水果盘、水果刀、糖盘等，应每日更换，保持清洁。在补充水果和茶包、咖啡时，应注意观察宾客喜好，适量添加。

（8）在清扫住客房时如不小心损坏或遗失宾客的物品，应如实向管家（店长）反映，并主动向宾客道歉，根据具体情况给予赔偿。

3. 不同状态的处理技巧

（1）宾客在房内时。如宾客一直在客房时，服务人员应礼貌问好，征得宾客同意方可进房清扫；清扫过程要求动作熟练、操作规范、控制好时间；如宾客有提问应礼貌应答，但一般不与其长谈；清扫完毕应主动向宾客道谢、道别，并询问其是否有其他需求，然后礼貌地离开客房。

（2）宾客中途回房时。在清扫过程中，遇到宾客中途回房，应主动向宾客打招呼问好，在确认是该房住客后请宾客进房，再向其征求意见是否继续打扫房间，并按宾客的意见决定是否继续清扫。

（三）空房的清洁保养

服务人员每天都要对空房进行简单的清洁保养，以保持空房良好的清洁状况，保证随时可以接待宾客入住。具体内容有：检查房内所有电器设备是否运转良好，用干抹布擦拭家具上的浮尘并检查家具的牢固程度，如空置时间较长，应定期进行通风和吸尘（清洁地面）。

（四）“请勿打扰”房的处理

当住客房间挂出“请勿打扰”牌或亮出“请勿打扰”灯时，服务人员应先在客房清扫报告表（或笔记本）上做好记录，不可打扰宾客。到一定的时间（如早饭截止时间或下午 2：00），若仍挂着“请勿打扰”牌或亮着“请勿打扰”灯，服务人员应及时报告民宿管家或店长，并与宾客取得联系，确认其状况。

（五）维修房的清洁保养

如果客房设备设施故障维修完毕，服务人员到达客房后应先检查维修项目是否确实已修好。如果故障仍未排除，应再次进行维修。确认维修完好后才可以进行清扫整理。整理完毕，应立即报告民宿管家或店主，以便检查后及时出租。

（六）住客房晚间的清洁保养

住客房晚间清洁保养也称“做夜床”或“夜床服务”，主要是利用宾客晚上就餐或外出活动的时间对客房进行的清扫整理。一般工作时间在 17：00 ~ 21：00，包括开夜床、整理房间、整理卫生间三项内容，其流程如图 3–22 所示。

1. 进

与白天一样按进房程序进入客房。如宾客在房内，应礼貌地向其问好并征得其同意后方可进房操作，例如，“晚上好，× × 先生，请问可以为您整理一下房间吗？”如果宾客不需要开夜床，服务人员不必坚持，只需做好记录即可。如发现房门挂着“请勿打扰”牌或房门反锁，服务人员则不可敲门，也不需要为其服务。

2. 开

打开所有照明设备、电器开关，并检查是否正常，一般宾客已经打开的空调不做调整。如有异常应及时修理、调整。

3. 拉

拉上厚窗帘，注意检查窗帘的接口处是否闭合，窗帘挂钩是否完好。

视频：夜床服务

4. 夜床

（1）撤床旗（床尾巾）。若有床旗（床尾巾），应先将其撤下并折叠后放到指定位置。

（2）开夜床。将靠近床头柜一侧的被子向外翻折成一定的角度，如 45° 角或 30° 角，以方便宾客就寝；拍松枕头并将其摆正，如有睡衣应叠好置于枕头上或床尾；在开床一侧地面上铺好垫脚巾，把拖鞋打开，放在垫脚巾上；按民宿设定的规格在床头柜或茶几上摆放鲜花、晚安卡、水果、点心及致意品等。

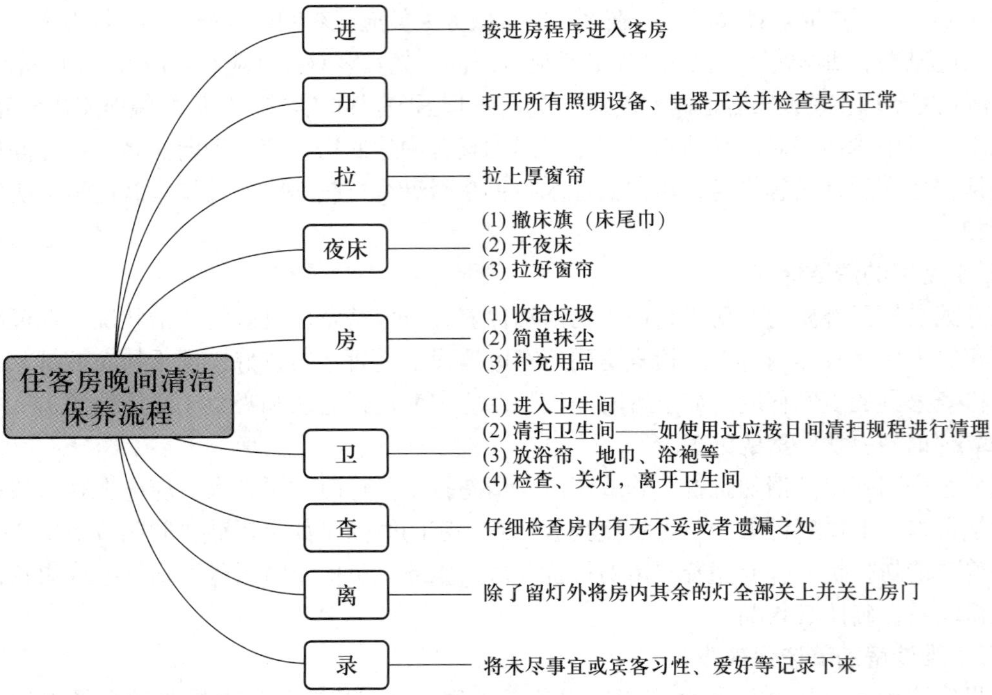

图 3-22　住客房晚间清洁保养流程

开夜床时，标准间只住一位宾客时，一般开邻近卫生间这一张床；大床房如住两位宾客则两边同时开床，如果只住一位宾客则靠主床头柜一侧开床；如宾客有明显的喜好倾向，尽量开宾客喜欢的，如在一张床上放了较多宾客的物品，应开没放物品的床；开床的方向都在床头柜方向。

5. 房

（1）收拾垃圾。垃圾较多时应及时收拾、清倒。

（2）简单抹尘。简单擦拭家具并检查设施设备，如空调、音响、电视、灯光等。

（3）补充用品。检查房内物品是否备齐，如有短缺应及时补，并按规定的种类、数量、位置放好。

6. 卫

（1）进入卫生间。和白天一样按规程要求进入卫生间。

（2）清扫卫生间。如宾客已经使用过卫生间，应按日间清扫规程进行清理并补充客用品；如宾客未曾使用则不需清扫。

（3）放浴帘、地巾、浴袍等。如有浴帘，将浴帘拉出 2/3 并将下摆放入浴缸内，将地巾平铺在浴缸或淋浴房外正前方，将浴袍从衣柜里拿出挂到卫生间门背后。

（4）检查、关灯，离开卫生间。全面检查一下卫生间有无不妥之处，然后关灯，关换气扇，将卫生间门虚掩离开。

7. 查

仔细检查房内有无不妥或者遗漏之处，如有，应在离房前补充好。

8. 离

检查无误后，除了留灯外，将房内其余的灯全部关上并关上房门。如宾客在房内则不需调整任何开关，应向其致歉并道晚安，面向宾客轻轻地将房门关上。

9. 录

做完夜床服务后，应将未尽事宜或宾客习性、爱好等记录下来。若有重大事项，须及时告知民宿店长或管家。

（七）其他技巧

1. 进房技巧

客房一旦出租，就属于宾客的私人居所，服务人员必须严格尊重宾客对房间的使用权，即使进房服务也必须遵循一定的程序。

（1）观察门外情况。进房前留意客房门把手上有无挂着“请勿打扰”牌或亮着“请勿打扰”指示灯。如有，则应先轻轻地离开，先打扫其他的客房。

（2）敲门。如未发现“请勿打扰”指示，服务人员应站在客房门口，用中指、食指指节敲房门 2～3 下，并通报“服务员”或“服务员，客房清扫”。敲门时应有节奏、轻重适度，不能用手拍门或用钥匙敲门。

（3）等候。敲门后不能马上开门也不能连续敲门，应站在门前适当位置等候宾客反应。如有门镜，应眼望门镜以方便房内宾客观察，一般间隔 3～5 秒即可。

（4）第二次敲门、等候。等候 3～5 秒若房内无动静，服务人员应第二次敲门通报，并再次等候。若房内有宾客回应，服务人员应再次通报，并征求宾客意见是否可以进房。

（5）开门进房。两次敲门后，若房内仍无宾客应答，服务人员可以开门进房，但不能一下子把房门全部打开，应先将房门打开三分之一左右，再在房门上轻敲两下。开门时不能速度太快、用力过猛，以免防盗链或防盗扣损坏门框或撞伤宾客。

2. 中式铺床技巧

（1）拉床（垫）。将床（垫）拉离墙面或床头板，将床垫、衬垫摆平放正，检查床垫四角的松紧带有无脱落，注意衬垫的卫生状况。

（2）套枕头。将枕芯装入枕套，将开口部分整理好，枕头四角对齐、饱满。

（3）铺床单。站在床尾或床侧，将床单正面朝上甩开，床单中折线居于床的正中位置，先把床头床单塞进床垫下面、包好两个角，然后站在床尾将床垫推回，再将床尾两角包好，四角统一包成均匀紧密的直角或斜角（45° 角）。若床垫连同床架一起拉出时，可将四角全部包好后再将床垫床架一起推回。

（4）套被套。将被芯塞入被套套好，要求被芯与被套四角四边对齐重合，被芯在被套内舒展不卷边，被头饱满，被面平整；如有被套系带则打好绳结，带子被芯不外露，被子平铺与床头齐平，被套中心线居中，两侧下垂部分均等，被子床尾部自然下垂或两端折成 90° 角。

（5）放枕头。将装好的枕头放在床头的正中位置，要求枕套的中线、被套的中线、床单的中线三线合一（单人床），枕芯不外露，枕套开口应背离床头柜（双人床的枕套口应相对）。

（6）将床复位。铺好床后将床推回原处，床应和床头板对齐。

四、民宿客房周期清洁保养

在日常清洁保养的基础上做好科学的周期清洁保养工作，既可确保民宿清洁保养的质量，又可在一定程度做到成本控制。

周期清洁保养也称计划卫生，是指在日常清洁保养的基础上，拟订一定的周期，采用定期循环的方式，将日常不易清洁或不需每日清洁的部位进行彻底的清洁和维护保养，以保证民宿的洁净舒适和设备设施的完好、有效。

（一）周期清洁保养项目

周期清洁保养是定期的、周期性的清洁保养工作，日常清洁保养则是每天必须完成的工作，两者有区别但又密不可分，缺一不可。

1. 房间周期清洁保养项目

根据民宿的特点，房间一般可安排为周期清洁保养项目的有：清洁冷热水壶，掸蛛网，清洁空调回风、出风口，清洁床底，家具后侧除尘，清洗阳台，翻转床垫，清洗毛毯，清洗窗帘，清洁灯具，消毒电话机，刷洗床头板，清洗垃圾桶，清洁上光房号牌及房内金属制品，家具打蜡等。

2. 卫生间周期清洁保养项目

卫生间一般可安排为周期清洁保养项目的有：清洗出风口，换气扇，清洁灯具，清洗恭桶水箱，刷洗浴缸和淋浴房下水口及活塞，清洗浴帘，刷洗面盆下水口及活塞，刷洗卫生间四壁，洗刷卫生间地面，擦洗卫生间不锈钢制品、清洗垃圾桶等。

（二）周期清洁保养的周期

民宿应根据自身设备设施的配备情况、清洁保养的要求和客房出租率等情况，确定周期清洁保养项目的清洁周期。根据民宿的经营特点，清洁保养计划周期一般可安排为短期、中期和长期三种。

（1）短期清洁保养。短期清洁保养是指循环周期为一个月以内的清洁保养工作，具体可按每周或每月循环一次的方式安排。如床底、房门边框、地脚线、地漏、窗槽、恭桶水箱、排风扇、新风口、房间电线等的清洁，电视机机壳散热孔除尘等。

（2）中期清洁保养。中期清洁保养是指以一个月以上半年以内为一个清洁周期的清洁保养工作，具体可按每季或每半年循环一次的方式安排。如座椅坐垫、靠背与扶手的清洗，软墙面的清洁，席梦思床垫翻转，金属器具除锈保养，地面清洗，窗帘轨道除尘，墙面和天花除尘等。

（3）长期清洁保养。长期清洁保养是指循环周期在半年到一年的卫生项目，具体可按每年循环一次的方式安排。如窗帘、毛毯、床裙的清洗，地毯洗涤，家具打蜡保养、墙面粉刷等。

（三）周期清洁保养的实施

民宿一般可采取以下三种方式进行周期清洁保养工作的安排。

（1）按项目单项安排。服务人员在完成规定的日常清洁任务之后，店长或管家安排适当的单项清洁保养项目，以弥补日常清洁保养的不足，经过一定的周期就可以完成全部的清洁保养任务。

（2）按房间或区域安排。在一个周期（一个季度）内安排专人至少对全部客房或公区完成一次周期性大清洁，以确保客房或公区始终处于整洁、完好、有效的状态。

（3）按年度安排。按每年度为一个周期安排对民宿的全面大清洁，这种大清洁不仅包括大扫除，还包括床上用品、窗帘、沙发等的清洁、更换，也要对设备设施进行检查、维修保养，或对房屋建筑等进行整修。一般在淡季进行较好。

【知识拓展】

毛巾的类别与洗涤

一、毛巾的类别

圈绒状织物统称为毛巾，为了更有针对性地为宾客提供服务，民宿可根据自身档次和经营特点在卫生间配置各类毛巾。根据用途，卫生间毛巾有：面巾（也称脸巾）、浴巾、地巾（也称脚巾）、方巾（也称手巾），一般可配备“二巾”——面巾、浴巾，或“三巾”——面巾、浴巾、地巾，或“四巾”——面巾、浴巾、地巾、方巾。如果浴巾有大小两种不同的规格，就成了“五巾”——面巾、大浴巾、小浴巾、地巾、方巾。

二、毛巾的洗涤

毛巾的卫生标准是：洁净、无细菌、柔软、无破损、无污点。

毛巾在洗涤时一般应加入漂白粉，最后一次过水除加入酸粉外，还要加入柔软剂，以恢复毛巾的柔软度；将毛巾甩至六成干后放入烘干机内烘干，注意调节好烘干的时间与温度，避免时间过长或过短造成布草损伤和能源浪费，或达不到烘干效果；其他程序与洗涤床上布草基本相同。

【知识拓展】

床上布草的洗涤过程

床上布草一般包括床单、被套、枕套等，其卫生标准是：洁净、卫生、无破损、无污点。

一、预洗

清水浸润布草。

二、主洗

水温约60℃，低水位，使用适量碱性布草主洗剂。除垢洗涤须使用较强碱性清洁剂。手工操作的机器可用粉状洗涤剂，全自动机器最好用液体剂。

三、漂洗

水温约50℃，高水位，加入适量漂白粉（次氯化钠等）对床单、被套、枕套等增白除斑渍。漂洗时，水位不得太低，否则起不到漂白作用。

四、过水

第一次过水，注入高温高水位清水（减少碱度，高水温效果较好）；第二次过水，注入中温高水位清水（再减少碱度，并可使床单慢慢冷却下来）；结束时PH ≈ 8，注入常温高水位清水，同时加入适量酸粉或醋，使PH与人体皮肤PH（6<PH<6.7）接近。

五、脱水

高速脱水，将床单甩到六七成干，便于熨烫或晾晒。当洗衣机本身的功率不够时，可用专门的脱水机。

六、晾晒整理

晾晒或送熨烫组整熨、折叠。

【知识拓展】

餐巾、台布的洗涤

餐巾、台布除要求洁净、卫生、无破损、无污点外，还特别要求平整、挺括。而且由于其使用特点造成洗涤难度较其他布草大，洗涤中应尤其注意干净完好。

主洗前须进行浸泡，即用清水洗涤，除去一些残渣、剩饭等。

预洗时加入少量洗涤剂洗涤，以减少主洗的难度。

主洗时除加入适量主洗剂外，还应特别加入化油剂，以彻底除污。

为使餐巾、台布具有挺括性，增加硬度，在最后一次过水时，也就是第三次过水时，除加入酸粉外，还应加入适量上浆剂（粉），使其在经高温熨烫后能保持一定的硬度。

其他程序与洗涤床单、被套、枕套基本相同。

【知识拓展】

布草洗涤注意事项

（1）若是彩色布草，可使用过氧化氢漂白剂，以保证色彩的鲜艳，使用方法同氯漂。

（2）注意洗涤过程中的异常情况，发现问题及时处理。

（3）对剔出的或熨烫时退回的脏布草，应加大洗涤剂量，延长洗涤时间，进行单独洗涤，保证布草洗涤后达到标准。

（4）外洗的布草，洗涤公司应将折叠好的布草按规定数量一叠一叠地放在布草输送车上，注意要用干净布单包裹，按时送至民宿，民宿应及时将布草放入布草间，如较长时间不用的布草应用布单覆盖。

（5）外洗布草应做好清点交接工作。

（6）洗涤不合格的布草应返回重洗。

【实训项目】

一、中式铺床实训

1. 准备好西式床若干张，床上用品若干套，每套应包括床单 1 张、被套 1 个、枕套 2 个（双人床应备 4 个）、被芯 1 条、枕芯 2 个（双人床应备 4 个）。

2. 教师讲解西式铺床操作流程，并进行实操示范、讲解动作要领。

3. 让学生复述操作要领，并进行实操练习。

4. 教师现场跟进指导，发现问题及时指出、纠正。

5. 学生轮流练习。

6. 教师总结点评。

二、卫生间清扫实训

1. 准备好清扫工具、清洁剂、卫生间客用品若干。

2. 教师讲解卫生间清洁保养操作流程，并进行实操示范、讲解动作要领。

3. 让学生复述操作要领，并进行实操练习。
4. 教师现场跟进指导，发现问题及时指出、纠正。
5. 学生轮流练习。
6. 教师总结点评。
三、客房抹尘实训
1. 准备好清扫工具。
2. 教师讲解抹尘操作流程，并进行实操示范、讲解动作要领。
3. 让学生复述操作要领，并进行实操练习。
4. 教师现场跟进指导，发现问题及时指出、纠正。
5. 学生轮流练习。
6. 教师总结点评。
四、走客房清扫实训
1. 准备好客房钥匙、清扫工具、清洁剂、需替换补充的客用品等。
2. 教师讲解走客房的操作流程，并进行实操示范。
3. 让学生复述操作步骤及要领，并进行实操练习。
4. 教师现场跟进指导，发现问题及时指出、纠正。
5. 学生轮流练习。
6. 教师总结点评。

【任务思考题】

1. 民宿客房清洁保养的基本方法有哪些？
2. 如何设计民宿客房清洁保养的规程？
3. 以一家民宿为例，进行日常清洁保养与周期清洁保养项目的安排。

任务三　民宿公区清洁保养服务

【引导案例】

古女士慕名通过网络预订了某5A景区（古镇）内的白金级民宿客房一间（住两晚）。到了入住当天，古女士自驾抵达该景区，民宿店主已经在停车场等候古女士（因停车场与民宿还有一段距离需步行，民宿店主就提早在停车场等候），店主帮助古女士提拿行李，边引领边向古女士介绍本民宿及当地的一些情况，古女士心想这下找对地方了，满怀期待盼望着快点到达民宿。到了一巷口，古女士见墙上挂着民宿的名牌，望巷子里一望，颇有“曲径通幽处，禅房花木深”的意境；但低头一看巷口的花盆，有几个烟蒂，心里有点异样；等进到巷内，一路上的绿植毫无生机，物品上蒙着灰尘，古女士对民宿清洁卫生质量不免担心起来。入住后古女士对客房进行了彻底的检查，发现床单上有隐隐的印迹，房间角落积有灰尘，床底下还有一只一次性拖鞋。次日，古女士就早早地退房离店了，她虽然没有投诉，但原本预订两天的行程提前一天就结束了。

【案例分析】

公共区域是民宿的重要组成部分，是指公众共享的空间场所，既包括室内空间场所，也包括室外区域甚至是民宿的外围区域。公共区域的清洁保养质量也会影响到宾客对民宿整体服务质量的评价，不能掉以轻心。

【问题】

1. 假如你是古女士，你会怎么做？
2. 假如你是该民宿店主，会如何评价古女士的做法？

一、民宿公区的含义

民宿公区就是民宿的公共区域，是指民宿公众共有共享的区域和空间，简称公区。民宿公众包括宾客和民宿员工，宾客公众共有共享的区域和空间一般称为前台区域，如大厅（大堂）、茶室、酒吧、会议室、公共卫生间等；民宿员工共有共享的区域和空间称为后台区域，如厨房、员工宿舍、仓库等。

民宿公区（前台部分）是民宿宾客相互沟通交流的主要场所，也是民宿店主（管家）和宾客交流的场所，是每一位宾客来到民宿后都会经过、逗留的地方，公区的环境是否整洁、设备设施是否安全有效、用品摆放是否有序美观，都会给宾客留下很深的影响。可以说公共区域是民宿的门面，很多人对民宿的现实第一印象就是通过公共区域获得的，这种印象会直接影响他们对民宿的评价。所以，民宿必须高度重视公共区域的清洁保养工作，并以此为民宿增光添彩，增强对社会公众的吸引力和美誉度。

民宿公区宾客活动频繁，环境不断变化，给清扫工作带来诸多不便。因此，公区的清洁保养工作难度较大，工作时间不固定，而且有些工作难以预见和计划，如活动安排和天气变化都可能带来额外的任务，造成清洁保养的质量不易控制。

二、民宿公区清洁保养质量标准

优质的公区清洁保养水平，可以营造出民宿整洁、高雅、舒适、怡人的服务环境，为宾客创造一个高品质的居留场所。民宿应根据所处的地理位置、规模档次、设施设备配置、经营特色等情况，列出相关部位如大厅（大堂）、餐厅（酒吧）、会议室、公共卫生间等场所的清洁保养质量标准，以便员工操作和管理人员对照检查。

（一）大厅（大堂）清洁保养质量标准

民宿大厅（大堂）要求做到：天花无破损、裂痕、脱落，无积尘、水迹、蛛网；空调风口及通风设备有效，无破损、污迹、积尘；墙面平整，无破损、开裂、污渍、灰尘；踢脚线无破损、污渍、积灰；装饰无破损、积尘；家具稳固、完好，无变形、破损，洁净无污渍；垃圾清理及时；服务台及各种设备有效，无破损、污迹、灰尘；金属器皿光亮，无手印、积尘、生锈；客用品完好无损，无污迹、灰尘；盆景、花槽无枯枝败叶、修剪效果好，无垃圾杂物，盆架无泥灰；大厅（大堂）休息处、公共阅览处布局合理、整洁有序，干净无杂物；地面完好无破损、变色、变形，无纸屑、痰迹、异味，无局部明显污渍、脚印，无明显沙砾、杂物。

（二）餐厅（酒吧）清洁保养质量标准

餐厅（酒吧）应做到：天花无破损、裂痕，无污迹、蛛网、灰尘；空调风口及通风设备有效，无破损，无污迹、积灰；灯具完好、有效，无灰尘；餐厅（酒吧）标志完整、有效，无褪色、变形，无污迹、灰尘；门、窗、窗帘无破损、变形、脱落、划痕，玻璃明亮、无灰尘；家具稳固完好，无变形、破损、烫痕、脱落，无污迹、灰尘；吧台、柜台表面光洁、无污迹；金属制品光亮、无污迹；装饰品完好，无破损、灰尘；客用品完好，无破损、污迹、灰尘；菜单、宣传品美观、清晰，无污迹、灰尘；绿植无枯枝败叶，修剪效果好，无灰尘、异味、虫害；室内空气清新，无异味；地面光亮，无破损、污渍，定期清洗、保养。

（三）会议室清洁保养质量标准

会议室应做到：天花无破损、裂痕，无污迹、蛛网、灰尘；空调回风口及通风设备有效，无破损、污迹、灰尘；灯具完好、有效，无灰尘；会议室标志完整、有效，无褪色、变形、污迹、灰尘；门、窗、窗帘无破损、变形、脱落、划痕，玻璃明亮，无灰尘；家具稳固、完好，无变形、破损、烫痕、脱落，无污迹、灰尘；金属制品光亮、无污迹；装饰品完好，无破损、灰尘；客用品完好，无破损、污迹、灰尘；绿植无枯枝败叶，修剪效果好，无灰尘、异味、虫害；室内空气清新，无异味；地面光亮，无破损、污渍，定期清洗、保养。

（四）电梯清洁保养质量标准

电梯平稳、安全、无障碍；电梯门无破损、变形、划痕，玻璃光亮，无手印、灰尘；天花无破损、裂痕、脱落，无污迹、蛛网、灰尘；灯具完好、有效，无污迹、积灰；墙面平整，无破损、污迹、灰尘；梯内无废纸等垃圾。

（五）楼梯、走廊清洁保养质量标准

楼梯、走廊可参考大厅（大堂）相关场地与设备用品的清洁保养质量标准。

（六）公共卫生间、洗消间清洁保养标准

可参照客房卫生间等相关场地的清洁保养质量标准。

（七）空气与微小气候

一般来说，当室内环境条件为25℃，相对湿度为50%左右，气流速度为0.15米/秒时，人体会处在最正常、最理想的热平衡状态，也就是说，人体感觉最舒适、反应最良好。因此，夏天室内适宜温度一般为22～26℃，相对湿度为50%，适宜风速为0.1～0.15米/秒，走廊温度不高于29℃，室内外温差在5～10℃为宜；冬天室内温度一般为16～22℃，相对湿度为40%，适宜风速不得大于0.25米/秒，走廊温度不低于14℃；其他季节室内适宜温度为23～25℃，相对湿度为45%，适宜风速为0.15～0.2米/秒。这里要注意的是，国务院办公厅早在2007年就发布了《关于严格执行公共建筑空调温度控制标准的通知》，明确要求公共建筑夏季室内空调温度设置不得低于26℃，冬季室内空调温度设置不得高于20℃。

（八）环境噪声

客房室内噪声允许值一般不得超过45分贝，夜晚一般不超过35分贝。如果客房临近KTV、马路，要做好隔音降噪工作。

三、民宿公区清洁保养

（一）民宿公区清洁保养准备

1. 安排好清洁保养时间

日常清洁可在营业时或宾客活动的间隙进行，而彻底的清洁保养则应在营业结束后或基本无宾客活动时进行。

2. 准备好清洁剂和清洁器具

根据公区场地特点及清洁保养要求，准备好各类清洁剂和相应的清洁器具。清洁器具应保持干净、完好、无故障，若发现有异常现象不可将就使用。如清洁高处卫生，应准备好梯子、高架车等清洁工具或设备，使用前先检查工具或设备是否完好、有无损坏；清洁地面时，应根据地面材质准备好吸尘器、洗地毯机、打蜡机、拖把、尘拖等；清洁其他场所的卫生，应根据情况准备好玻璃清洁器、抹布、胶皮手套、扫帚、畚箕等。

3. 做好清洁区域场地的准备工作

清扫公共区域前，应根据清洁任务的不同要求，做好场地的准备工作。如清洗地面前，应先把家具搬开，等清洗完毕，地面干燥后，再把家具复位；若清洗地毯，应先除去地毯上的污渍；若清洗硬质地面，应先吸尘；硬质地面打蜡前应在场地上放好告示牌，告知宾客注意行走安全，等等。

（二）民宿公区清洁保养工作

1. 大厅（大堂）的清洁保养

（1）日常清洁保养。过往的宾客会给大厅（大堂）不断带来尘土、足迹、纸屑杂物等，民宿应在不影响宾客活动和交流的同时，做好大厅（大堂）的日常清洁保养。

通常大厅（大堂）日常清洁须做的工作是：除尘和整理休息处。除尘包括清除家具、设备、用品、地面上的灰尘；整理休息处就是整理座位、摆放好物品，如有阅读处还需整理报刊书籍等。服务人员应及时且不易为人察觉地重复上述工作。有些在营业高峰期间不便做的工作，应安排在宾客活动较少的夜晚或清晨进行，如清洗地面、地面打磨、补蜡抛光、彻底清洁家具、墙面去渍、设备维修保养等。

（2）周期清洁保养。为有效控制运营成本，确保清洁保养质量，民宿应将日常清洁保养和周期清洁保养有机结合起来。

① 周期清洁保养项目。民宿大厅（大堂）可安排周期清洁保养的项目有：天花清洁，空调风口除尘，清洁门、窗、窗台，清洁踢脚线，擦拭应急灯，擦拭绿色植物，清理各处卫生死角，木质家具打蜡上光，地面清洁、打磨、抛光，清洁墙面，清洁灯具，清洁各种指示牌，金属器皿清洁、上光，清洗软面家具，清洗窗帘、帷幕，清洗地毯或其他物品等。

② 清洁周期安排。为了便于实施执行，民宿可根据自身的实际情况，将清洁保养周期设定为一周、一月、半年、一年等几种。当然清洁保养的项目、间隔周期等还需根据民宿的环境卫生、人员配备、客流频率等因素灵活调整，并非固定不变。

（3）大厅（大堂）清洁保养注意事项。

① 应根据实际情况适当避开宾客逗留区域或时间，待活动结束或宾客离散后，再予以清洁；入口区域由于宾客进出频繁、容易脏污，应重点拖擦，并增加清洁频次，以随时除去脚

印、砂砾和灰尘。

② 遇雨雪天气，可在大厅（大堂）进出口处放置防尘地垫，并放置“小心防滑”的告示牌，以防宾客滑倒。同时及时放置伞架，准备雨伞袋，防止将雨水带入室内，并应适当增加清洁频次。

③ 应根据不同材质选用不同的器具、清洁剂，并采取不同的清洁保养方法。例如，清洁柱子、扶手、标牌等采用不锈钢、铝合金等装饰的物品时，应选用有一定保护作用的清洁剂和清洁器具。

2. 电梯的清洁保养

民宿如装有电梯，应对其进行有效的清洁保养。

（1）日常清洁保养。民宿应每天用抹布擦拭电梯门、门框、轿厢墙面、按钮和楼层指示灯、地面等，用玻璃清洁剂擦拭电梯轿厢内的玻璃和镜面。

（2）周期清洁保养。民宿应定期对电梯轿厢高处墙面、灯具、天花等进行清洁，定期用酒精对电梯按钮、楼层指示灯进行擦拭、消毒，定期清洗电梯地面，定期对电梯进行安全检测和维修保养。为确保安全，电梯清洁保养时应停到最底层并上锁，同时放好告示牌或提醒宾客注意，最好在无人入住或入住率极低时开展此项工作。

3. 公共卫生间的清洁保养

（1）日常清洁保养。公共卫生间应保证每天至少彻底清洁整理一次，具体可参考客房卫生间的操作流程和方法。平时应根据使用情况做好随时清洁，及时清理垃圾、清洁恭桶、抹净台面和地面的水迹、补充用品，随时检查设备设施等。

（2）周期清理保养。应定期实施列为周期性进行的清洁保养项目，如清洗换气扇、清洁灯具、清洗恭桶水箱、刷洗浴缸和淋浴房下水口及活塞、清洗浴帘、刷洗面盆下水口及活塞、刷洗四壁、洗刷地面、擦洗不锈钢制品、清洗垃圾桶、定期开展消杀工作等。

（3）公共卫生间清洁保养注意事项。① 服务人员要注意自身保护，作业时必须戴好防护手套或口罩，预防细菌感染，防止清洁剂损坏皮肤；中间休息或工作完毕后，应使用药用肥皂洗手。② 清洁卫生间应使用专用的设备用品，使用后应定期消毒，与其他清扫器具分开保管。③ 作业时应在现场竖立“小心地滑”的告示牌，以便宾客注意并予以配合。④ 注意卫生间的通风，按规定开关换气扇或窗户。⑤ 可根据民宿的档次和经营特色，配置其他物品，如洗手液、护手霜、梳子等，方便宾客使用。

4. 餐厅的清洁保养

（1）日常清洁保养。① 准备。准备好所需的清洁器具、清洁剂，等餐厅营业结束后，在确认已无宾客用餐的情况下，进入餐厅进行清洁保养工作。② 收拾餐桌。将餐桌上的餐具、餐余物品撤走，擦净餐桌，如有餐桌布应重新铺好，再将牙签筒、调味罐等摆放好。③ 抹尘。从餐厅某一点出发按顺时针或逆时针方向，将餐厅内的柜台和吧台面擦净。需特别注意餐桌附近墙面的菜汁油点、餐椅上的手印、椅腿上的鞋油油迹、椅面上的杂物、柜（吧）台上的饮料和果汁等。④ 清洁地面。如用吸尘器清洁地面，在吸尘前应先将较大块的碎屑、牙签等捡拾干净，以免损坏吸尘器，吸尘时要特别注意餐桌周围和桌椅下面的情况；如用扫帚或拖把则直接清洁即可。

（2）周期清洁保养。定期实施划分为周期性进行的清洁保养项目，如天花除蛛网、清洗空调风口、清洁灯具、清洁高处墙面、清洁上光金属制品、定期开展消杀工作等。

5. 会议室（多功能厅）的清洁保养

如民宿设有会议室（多功能厅），也可从日常和周期两个环节开展清洁保养工作。

（1）日常清洁保养。① 使用过的会议室（多功能厅），会议结束后应进行一次彻底的清洁。包括收拾垃圾，擦拭家具，装饰摆设品、地脚线、消防栓及其他配套设施设备，清洁地面、门、门框，检查设施设备等；如有话筒、显示屏等应使用一次消毒一次。② 未使用过的会议室（多功能厅）应每天进行必要的循环保洁，如开门窗通风、擦拭家具表面浮灰、检查设备设施等。

（2）周期清洁保养。定期实施划分为周期性进行的清洁保养项目，如天花除蛛网、清洗空调风口、清洁灯具、清洁高处墙面、清洁上光金属制品、定期开展消杀工作等。

6. 走廊、通道的清洁保养

民宿的走廊、通道等处，白天应不停地循环清扫地面，将地面推擦干净，将物件按原位摆放好；及时清倒垃圾，将垃圾桶擦拭干净并按原位摆放好，做好垃圾分类的引导工作；依次擦拭走廊及通道上的门、窗、窗台、墙、镜面、饰物、开关盒、灭火器、标牌、风口、踢脚线等；并定期进行全面清洁保养。

7. 庭院、花园的清洁保养

民宿的门前、庭院、花园，应每天进行清扫，及时除去地面上的垃圾及落叶等杂物。如地面是水泥地或普通泥石地，通常应先洒水再清扫，以防扬起灰尘；门前的花盆、花槽、防尘地毡下的泥沙应定期冲洗；门前、庭院、花园等处地面也应视情况定期用水冲洗；对于草坪、盆景、花木等应按需要进行浇水、施肥、修枝整形、除草、杀虫等。

8. 外墙、外窗的清洁保养

民宿外墙、外窗应定期清洗、粉刷，确保建筑物外墙完整、美观、干净，符合民宿卫生质量要求。根据民宿的具体情况，可由民宿配备专门的清洁设备自行清洗，也可以委托专业的清洁公司进行清洗。

9. 外围的清洁保养

这里的外围是指民宿外部、属于民宿负责清洁的区域或地段。对民宿负责的区域除每天进行清扫外，还必须定期水洗，以符合门前“三包”的要求。

四、民宿面层材料的清洁保养

（一）民宿地面材料的清洁保养

1. 木质地面的清洁保养

木材有软木材料（如松木、杉木等）和硬木材料（如杨木、枫木、榆木、橡木等）之分，木地板一般由硬木材料加工较好，可做成契口板或拼花板。特点是自重轻、导热性能低、有弹性、舒适度好、美观大方等。但木地板易受温度、湿度的影响而导致开裂、翘曲、变形等，具有耐水性差、易腐朽、易磨损、耐火性差等缺点。当前新型的复合地板在加工制造中，通过革新传统的加工工艺和添加防腐、防虫、耐磨等物质，来改善其性能，已成为很好的地面装饰材料。

（1）日常清洁保养。① 做好预防。新的木质地板在使用前先进行砂擦、吸尘、打蜡抛光处理。平时应在铺设木地板的区域入口处铺放防尘地垫，每天清理更换，以减少宾客出入时带来的沙砾。② 每天清洁。每天用拖把除尘或用尘拖推尘，也可使用吸尘器吸尘，保持地面光亮、无灰尘。推尘或吸尘的频率视客流量大小而定。③ 及时除渍、补蜡、抛光。用油灰刀、细砂纸、抹布等去除地面上的小斑迹，并根据情况补蜡、抛光。

（2）周期清洁保养。当推尘和喷磨均无法去除地面的污迹和蜡面磨损，或不能使蜡面恢复光滑的状态时，可进行彻底的清洗和打蜡。具体操作流程及方法如下：① 准备。清洗地面前，将所有物件撤离，准备好适用的清洁设备和清洁剂，并拉上警示线或树立告示牌，提醒宾客注意安全。② 推尘。用用尘推除去地面的浮尘及杂质。③ 除去旧蜡。用拖把将起蜡水溶液均匀涂在待洗地面上，用拖把擦洗后迅速用吸水机或拖把将起蜡水溶液吸走；或用磨砂机（洗地机或抛光机，但须换上钢丝绒软垫）干磨，然后用吸尘器吸去陈蜡。④ 旧蜡完全去除后用清水反复漂洗地面。⑤ 打蜡、抛光。待地面完全干透上地板封蜡，待蜡层风干后用抛光机轻度打磨。可根据地面木材的新旧程度决定是否需要上第二层封蜡。等封蜡完全干透后上面蜡，面蜡干透后进行抛光，视材质情况决定上几层蜡。⑥ 上述工作全部完成后撤除防滑警示牌，将家具和物件复位，检查并清洗各种清洁器具，妥善存放以备日后使用。

（3）注意事项。① 清洗时间通常安排在夜间 23 点以后至次日凌晨，以不影响宾客的活动为宜。潮湿天气不宜进行此项工作。② 清洗木质地面污垢时不宜使用洗地机。③ 起蜡水不可过量使用，或过长时间停留在地面上，不可用强碱、强酸、去污粉等洗地、摩擦地面。④ 旧蜡必须完全去除，前一层蜡干透后才可以进行下一步工作，地面打蜡后要防止水的溅滴和冲洗。⑤ 木材地面所用的封蜡和面蜡应为油基蜡。

2. 水磨石地面的清洁保养

水磨石也称彩色水磨石，是将水泥和彩色石屑拌合，经成型、养护、研磨、抛光等工艺而制成材料。其特点是强度高、美观、施工方便、花纹耐久、防潮性好，加工精细的地面光洁度也很好，但水磨石风化、老化速度较快。

（1）预防性保养。① 水磨石地面使用前应彻底封蜡，一般可先施以丙烯酸酯涂料起保护作用，再打上水性蜡以利日常清洁与防滑。打蜡对新的水磨石表面可以起到一定的保护作用，延缓其自然风化、磨蚀的速度。② 在最初的几个月里，必须每天用拖把拖地以清除地面上的杂质。

（2）日常清洁保养。① 每天用尘拖推尘或用吸尘器吸尘，保持地面的整洁。② 人流过往频繁处应每天进行擦拭或抛光。③ 隔天对水磨石地面用合成抛光剂进行抛光。

（3）彻底清洗、打蜡。水磨石可用湿拖把拖擦或用机器刷擦，具体操作方法如下：① 准备。清洗地面前，将所有物件撤离，准备好适用的清洁设备和清洁剂，并拉上警示线或树立告示牌，提醒行人注意安全。② 推尘。用尘推除去地面的浮尘及杂质。③ 除蜡。如果地面有蜡应先将旧蜡清除干净。起蜡时可将起蜡水溶液均匀涂在待洗地面上，再用拖把或洗地机擦洗，擦洗后迅速将起蜡水溶液吸走，墙角的陈蜡可以用钢丝绒擦除；起蜡水不可过量使用，或停留在地面上的时间过长，以免破坏地面的颜色或因溶液渗入地面使地面受损。④ 清洗。旧蜡完全去除后，需用清水反复漂洗地面后用吸水机或拖把吸走，为打蜡提供真正干净的地面。⑤ 打蜡、抛光。通过打蜡可以让水磨石地面与空气隔绝，可以减少因氧化或接触空气中的其他物质对水磨石地面的损害，可以防止洗涤剂、划痕、摩擦等的伤害，同时在经过抛光后可以让水磨石地面更光、更硬、更耐用，从而达到延长水磨石地面使用寿命和美观的目的。民宿可根据自身的实际情况决定是否需要打蜡。打蜡的步骤如下：先用液体蜡把水磨石地面均匀地拖一次，让液体蜡浸透到水磨石地面里面，这个过程在 5 分钟左右，如果要打两层蜡就一定要等第一层蜡干透后再进行；等蜡干透后再用抛光机进行抛光即可。

传统的蜡层并不耐磨，往往几个月就要重新打一次，比较麻烦，成本也不低。目前有新研发生产的新型材料可以对水磨石地面进行进一步的密封、硬化处理，配合机器打磨，可以做出类似大理石地面的效果，成本低、耐用、极易清洁。

3. 地面砖的清洁保养

地面砖材料的种类很多，可分为陶、瓷两大类。地面砖均以黏土为主要原料，经配料、制胚、干燥、熔烧而制成。地面砖有施釉和不施釉两种，其表面光滑、不吸湿、不透气，可用于民宿各处地面的铺设。但地面砖易破碎，易热胀冷缩、拼接缝较宽，不利于清洁保养工作的开展。

（1）预防性保养。地面砖铺好后两天内不要沾水，必须让混凝土彻底凝固；两天后再用无碱合成清洁剂刷洗，要求冲净表面的尘土、垃圾，清除水泥等斑迹，并使其干燥。地面砖也可以打蜡保养。

（2）日常清洁保养。

① 每天用刷子、抹布或拖把清扫地面。

② 湿拖地面。每天可用湿拖把或湿抹布拖擦地面。根据地面的卫生情况，间隔一定周期后可用清洁剂湿拖，用拖把吸取残液后，用清水洗净地面并拖干，以免残留的水或清洁剂留下斑痕。

③ 前台区域的地面砖，可用水性蜡上蜡并抛光；厨房、卫生间的地面砖一般不需要上蜡或抛光。

④ 地面砖应尽量少用清洁剂清洗，因清洁剂可使水泥浆松脱；亦不能用肥皂清洁，因肥皂往往会形成滑膜，容易使人滑倒。

4. 混凝土地面的清洁保养

混凝土地面也称水泥地，特点是坚硬、牢固、平整、造价低，属耐久性地面，如果加工精细，表面也较光洁、平整，只是色彩单一，但可用油漆的方法加以弥补。混凝土地面清洁保养的方法如下：

（1）水泥地面铺好后除去垃圾、杂物，清除地面上的各种污渍。

（2）水泥地面应用聚氨酯、环氧树酯涂料等进行预处理工作。

（3）每天用扫帚或拖把清除地面上的垃圾、杂物和灰尘。

（4）发现地面有污渍可用抹布、纸巾等擦拭，较顽固的污垢可用小石灰刀轻轻刮去。

（5）彻底清洁时，用拖把或机器进行保养效果会更好。

（二）民宿墙面材料的清洁保养

墙面平时很少受到摩擦，主要污染物是尘土、水和其他污物。日常清洁保养一般只是对墙面进行除尘、除迹，定期清洁保养大多做全面清洁，光滑面层可用蜡水清洁保养。

1. 瓷砖墙面的清洁保养

厨房、卫生间的瓷砖墙面可用碱性清洁剂清洗，洗后需用清水漂净，否则时间一长，瓷砖表面会失去光泽。

2. 墙纸、墙布的清洁保养

墙纸、墙布的清洁保养主要是除尘、除迹。除尘时，可使用干抹布、鸡毛掸、吸尘器等。

除迹时，需按清洁规范操作：对耐水的墙纸、墙布，可用中性或弱碱性的清洁剂和毛巾、软刷擦洗，擦洗后用纸巾或干布吸干；对不耐水的墙纸、墙布，只能用干擦的方法，或用橡皮擦拭，或用毛巾蘸少许清洁剂溶液轻擦，或用专用清洁剂擦拭。

3. 木质墙面的清洁保养

木质墙面的清洁保养主要是除尘、除迹，定期打蜡上光，防止碰撞或擦伤。除尘、除迹可用湿抹布，打蜡上光则需选用家具蜡，如有破损应由专业人员进行维修。

4. 油漆墙面的清洁保养

清洁保养油漆墙面时，可用湿抹布擦拭，以清除灰尘、污垢，但忌用溶剂，以免产生化学反应，损伤油漆墙面。

5. 涂料墙面的清洁保养

涂料墙面的清洁保养主要是除尘、除迹。灰尘可用干抹布或鸡毛掸清除；污迹可用干擦等方法清除，目前有不少可清洗的墙面涂料上市，此类墙面则可直接进行清洗或湿擦。另外，需要定期重新粉刷墙面。

6. 裸砖（泥）墙的清洁保养

裸砖（泥）墙就是裸露墙砖（泥土）的墙面，外观不需要过多的粉刷。裸砖（泥）墙虽然施工简单，减少了很多墙面装饰的步骤，但是裸砖（泥）墙也并不是石头、泥土堆砌上就可以了，否则很容易出现掉粉的现象。为了不掉粉，需要做密封处理，密封处理之前需要清洁，裸砖（泥）墙可以先将醋和水的混合溶液喷洒到脏污的地方，然后用毛巾或者毛刷轻轻擦拭，刷掉污渍，然后在砖头（泥土）外面刷一层防潮粉，然后刷上防水砂浆，或者做聚氨酯防水层，最后在墙面涂刷一层磨砂密封胶，这样就可以达到防水的效果，以后只要定期用湿抹布擦拭清理即可。

【知识拓展】

常见污渍的清洁方法

通常，温水和洗洁精可以清除大部分硬质物体表面的污渍，如咖啡渍、染料、油渍、果汁、酒渍、血渍等。但如果这些污渍渗在软性或半软性物体上，就必须用一些特殊的方法才能达到理想的清洁效果。

一、血渍

先用冷水浸泡，用干布吸干，然后用海绵块蘸清洁剂擦拭，然后用清水洗干净；或者用 1∶50 的稀盐水擦湿，等 2～3 分钟后，用抹布从旁边往中心擦，再用清水洗净。

二、墨水渍

用冷水冲洗，直至墨迹变淡，然后用稀释的草酸溶液浸湿污渍，过 2～3 分钟后，再用稀释了的高锰酸钾溶液浸 2～3 分钟，再用清水洗净，吸干。

三、圆珠笔渍

普通洗涤可以洗去某些种类的圆珠笔渍，若不行，可倒入变性酒精，或用白凡士林在斑渍上摩擦，并浸入清洁剂溶液，然后洗涤。

四、鞋油渍

用海绵块蘸干洗剂擦拭，吸干溶液；如果鞋油渍难以清除，用海绵块蘸漂白剂擦拭，并吸干。

五、油腻食物

彻底清除食物，吸干汁水，用海绵块（抹布）蘸洗洁精擦拭，用清水过水再吸干溶液，需要的话可以重复几次。

六、口香糖

用冰块放在口香糖上，或将口香糖除剂喷在口香糖上，待其软化后将其剔除。

七、呕吐物

用冷水洗净，然后用 1∶10 的醋水清洗，对于呕吐后留下的污渍，使用苏打水的效果更好。

八、红酒渍

用 1∶5 的苏打水稍浸，然后过清水，吸干。

九、果汁渍

用稀释了的苏打水或丙三醇甘油、白醋清洗，再用冷水洗净。

十、可乐渍、巧克力渍、牛奶渍

用适量的白醋加入稀释了的洗洁精擦拭，然后冲洗干净，吸干。

十一、唇膏渍或指甲油渍

用海绵块蘸醋酸或专业清洁剂擦拭，吸干溶液，然后用清水清洗干净。

【知识拓展】

地毯的种类及其清洁保养

一、地毯的种类

地毯具有美观、舒适、安全、保温和降低噪声等诸多优点。因制作材料的不同，主要分为羊毛地毯、化纤地毯和混纺地毯三种。羊毛地毯即纯毛地毯，它以粗绵羊毛为主要材料，具有弹性大、拉力强、光泽好的优点，是高档的地面铺设材料。化纤地毯是以聚丙烯纤维（丙纶）、聚丙烯腈纤维（腈纶）、聚酯纤维（涤纶）、聚酰胺纤维（锦纶、尼龙）等化学合成纤维为原料，经机织或栽绒等方法加工成面层织物后，再与背衬进行复合处理而制成的，化纤地毯抗拉强度、抗湿性、抗皱性及耐磨性较好，色彩鲜艳，但其弹性较差、易起球、易起静电、毯面的舒适滑爽感较差。混纺地毯就是将两种或两种以上的纤维按一定的比例混合，组成新的纤维后再纺织而成的地毯。由于羊毛纤维和化学纤维各自存在优点和不足，将两者按比例混合便可扬长避短。

民宿可根据自身的档次、经营需求、客源结构等决定是否需要使用地毯，或使用哪一类地毯。

二、地毯的清洁保养

（一）日常清洁保养

1. 防尘

地毯的污渍 80% 来自室外。因为环境因素、天气变化和风沙雨雪的影响，大量的砂砾、灰尘、水渍通过各种载体带入民宿室内区域。因此，为了节约清洁保养的时间和费用，降低成本支出，民宿可以采取一系列的预防性清洁保养措施。

（1）放置防尘垫。在民宿入口处铺设防尘地垫，可以在一定程度上堵住污染源头。室外可铺无底特粗纤维地毯，能清除大颗粒泥沙，雨天还有去除污水的功能；进出口处可铺有底小纤维地毯，可清除小颗粒泥沙及水分；室内可铺有底特细纤维地毯，可吸尘、吸水。

（2）二级控制。第一级采用6～7米长的PVC镂空式沉垢地垫，第二级则采用3米长的尘埃、水分去除棉垫，这样可控制60%左右的室外泥沙进入室内。

（3）其他方法。民宿还在餐厅、厨房的连接处，靠近楼梯地面等处铺设防尘、防水、防油地垫，防止污渍进入服务区域。同时应加强对防尘地垫的吸尘、更换和清洗。

2. 吸尘

吸尘是保养地毯最基本、最有效和最经济的一种方法。污染物在地毯上的积聚分三个层次：上面一层是轻一点的污物、灰、黏性的糖和油性污物；中间一层是稍重一些的灰尘颗粒和有机物；底层是最重的颗粒，如砂石、土砾。平时一般用吸力式吸尘器吸尘即可，吸尘频率视客流量而定。如有条件还应定期用直立式吸尘器彻底吸净地毯纤维底部的泥沙、土砾等。直立式吸尘器桶体与吸把连在一起，吸盘面积大，吸力强，其内装一组滚刷能进入地毯纤维，作用于地毯纤维的各个部位，做到深度清洁，使地毯纤维得到梳理，清洁效果比较好。

3. 除渍

地毯极易受污染。当污渍产生时，去除它并不难。但若污渍侵蚀时间过久（最佳去渍时间在6小时以内），污渍变干或渗入地毯底部，形成陈旧性的污渍，此时要想彻底清除已非易事。

常见的地毯污渍有水溶性污渍、油溶性污渍和特殊性污渍三种。水溶性污渍主要由茶、饮料、水果汁等污染物引起；油溶性污渍则主要由动植物油、工业油、鞋油等污染物形成；口香糖、烟焦洞、油漆渍等则属于特殊性污渍。一般对水溶性污渍可用地毯除渍剂除渍；油溶性污渍可用化油剂除渍；口香糖、油漆可用口香糖除渍剂清除。

（二）中期清洁保养

对日常吸尘无法去掉的黏附性较强的残留物和已经粘在地毯上的干燥颗粒，可以定期进行中期清洁。常用的中期清洁保养有干泡清洁法，即将地毯干泡洗涤剂经电子打泡箱高速打成泡沫，通过刷盘中央孔流到地毯上，然后依靠旋转刷的作用，轻轻推入到地毯纤维中间，其中的活性剂将污垢微粒团团包围起来，并且把它们从地毯纤维上拉出来，由于浮力的作用，脱离纤维的污垢微粒和已干的结晶泡沫残留物，上升到地毯表面。地毯干燥通常需要4小时左右，待地毯完全干透后，用直立式吸尘器吸除污渍和干泡的残留物。干泡清洁法的特点是快干，又不刺激对水敏感的地毯纤维，适用于自然纤维类地毯，可以防潮、防霉变。

（三）彻底清洁保养

灰尘一旦在地毯纤维深处沉积，必须采用抽洗方法进行深层清洁，使地毯恢复原有的洁净。地毯抽洗的具体操作程序为：先用直立式吸尘器全面彻底吸尘，再去除地毯表面的污渍，接着对严重的大块污渍预喷清洁剂，作用10～15分钟后，使污渍脱离地毯纤维，然后用热水或加有清洁剂的热水（约60℃，清洗羊毛地毯水温最高不超过30℃），通过微型喷嘴，喷到地毯上，并及时用吸水扒吸干污水。为了加快地毯干燥，保证其尽快投入使用，可用涡轮式地毯风机吹干地毯。地毯干燥后，应再次吸尘，对未去除的污渍再次去渍，对地毯的烟洞进行修补等。

每次彻底清洗后，必须让地毯干透，地毯未干前不可直接在上面走动。对营业区无法进行封闭的，可在地毯上铺上旧床单、旧台布，以保证营业的正常进行。所以地毯清洁时间安排应尽量以不妨碍营业为准。

彻底清洗后的地毯湿度比较大，容易黏附污渍，如未彻底干燥，易导致霉菌和其他细菌的滋生，地毯也可能因此缩小变形，接缝处开裂等。所以，这种洗涤方法不宜常用，一般半年或一年使用一次。

【实训项目】

一、污渍的清洁

1. 准备好清洁工具、清洁剂，预备好织物与地面上的污渍。
2. 教师讲解不同污渍的清除流程，请学生复述操作要领。
3. 教师进行实操示范、讲解动作要领。
4. 学生进行实操练习。
5. 教师现场跟进指导，发现问题及时指出、纠正。
6. 学生轮流练习。
7. 教师总结点评。

二、民宿公区地面的清洁保养

1. 选好需清洁的公区并划定好范围，准备好清洁工具设备、清洁剂。
2. 教师讲解地面材质的种类及基本的清洁保养流程。
3. 提问学生，了解其对知识点的掌握情况。
4. 学生进行地面材质的判别。
5. 教师进行实操示范，讲解动作要领。
6. 学生进行实操练习。
7. 教师现场跟进指导，发现问题及时指出、纠正。
8. 学生轮流练习。
9. 教师总结点评。

【任务思考题】

1. 民宿公区需要清洁保养服务吗？为什么？
2. 民宿公区清洁保养需要强调流程和方法吗？

任务四　民宿消毒灭虫服务

【引导案例】

2020年初，为了应对突如其来的肺炎疫情，国家相关部门和机构及时出台了疫情防控的各项政策，发布了多个有关疫情防控的文件，采取了多项有效的疫情防控措施，如《中华人民共和国国家卫生健康委员会公告（2020年第1号）》《新型冠状病毒感染的肺炎防控方案（第一版至第六版）》《关于严格预防通过交通工具传播新型冠状病毒感染的肺炎的通知》《关于加强新型冠状病毒感染的肺炎疫情社区防控工作的通知》《关于印发公共交通工具消毒操作技术指南的通知》《关于印发公共场所新型冠状病毒感染的肺炎卫生防护指南的通知》《关于印发新冠肺炎流行期间办公场所和公共场所空调通风系统运行管理指南的通知》《关于印发新型冠状病毒肺炎流行期间商场和超市卫生防护指南的通知》《关于依法科学精准做好新冠肺炎疫情防控工作的通知》《关于切实做好新冠肺炎聚集性疫情防控工作的紧急通知》《关于进一步规范和加强新冠肺炎流行期间消毒工作的通知》《关于加强重点地区重点医院发热门诊管理及医疗机构内感染防控工作的通知》《关于印发职业健康技术服务机构新冠肺炎疫情防控工作指引的通知》《关于进一步加强新冠肺炎疫情防控期间消毒产品监管工作的通知》《关于印发企事业单位复工复产疫情防控措施指南的通知》《关于加强企业复工复产期间疫情防控指导工作的通知》《关于印发消毒剂使用指南的通知》等。其中就包括了对公共场所的通风、消毒工作的部署与管控，对疫情传播与蔓延的控制起到了积极、有效的作用。

【案例分析】

民宿必须确保为宾客提供卫生、安全的住宿等产品，应按照住宿业的要求对设备设施与用品进行严格的清洗、消毒和存放。在疫情期间，作为民宿有责任也有义务认真贯彻执行党中央、国务院和地方各级党委政府关于疫情防控的各项工作要求，不折不扣地落实好通风、消毒、隔离等措施，并将每一件工作都落到实处。

【问题】

1. 如果你是民宿店主，你如何看待民宿的消毒、灭虫工作？
2. 你认为当下民宿消毒工作的主要问题有哪些？应从哪些环节抓起？

消毒和灭虫是民宿清洁保养工作的一项重要内容，是预防各种疾病流行以及确保宾客健康的有效措施。在民宿的清洁保养工作中，每位员工都必须明确日常消杀的要求，掌握消杀的基本方法。

一、民宿消毒服务

（一）室内空间消毒服务

民宿室内空间要求每天进行清洁消毒，遇特殊情况，例如，住客患传染病或死亡、遇到疫情等，应按相关要求进行消毒。室内空间消毒方法主要有：日光照射、定期用紫外线照射、通风换气、其他化学消毒剂消毒等。

1. 光照消毒

光照消毒是指让阳光通过门窗照射到地面，利用阳光中的紫外线杀死一些病菌，例如，冬季有 3 小时日照、夏季有 2 小时日照，即可杀死空气中的大部分致病微生物。

2. 紫外线消毒

对于一些无法让阳光直接照射到的室内空间，可利用专门的紫外线灯进行照射，同样可以起到消毒灭菌的作用，但要掌握紫外线灯的正确使用方法。

3. 通风消毒

通风既可以改善室内空气环境，又可以防止细菌、螨虫等的孳生。因此，在清扫客房时打开窗户和房门使房内空气对流，可以达到通风消毒的效果。

4. 喷洒消毒

室内空间有时可采用喷洒的方法进行消毒。例如，用浓度为 1%～5% 的漂白粉澄清液或其他消毒剂、空气清新剂对房间的各个死角进行喷洒消毒。

（二）设备设施消毒服务

1. 家具设备

服务人员清扫完毕后，可定期用化学消毒溶液擦拭家具设备，如用 10% 浓度的碳酸水溶液或 2% 浓度的来苏水溶液擦拭房间或其他区域的家具设备，消毒完毕后，紧闭门窗约 2 小时，然后开窗通风，即可达到消毒的目的。

2. 卫生洁具

由于卫生间的设备用具极易沾染细菌，因此，民宿公共卫生间必须做到每天彻底清扫、消毒，保持清洁；客房卫生间每换一位宾客卫生洁具必须进行严格消毒。

（三）用品消毒服务

1. 餐具与杯具

民宿餐具要求每次使用后进行清洗消毒，客房杯具应做到一客一换或应宾客的要求进行更换、清洗、消毒。客房杯具可单独进行洗涤消毒，也可与餐具一起进行洗涤消毒。

（1）沸煮消毒法。将洗涤干净的餐具、杯具放在 100℃的沸水中，煮 15～30 分钟即可，此法适用于瓷器，但不适合玻璃器皿。

（2）蒸汽消毒法。将洗涤干净的餐具、杯具放到蒸汽箱中，通常蒸 15 分钟即可达到消毒的目的。瓷器和玻璃器皿都适合此种消毒法。

（3）干热消毒法。将洗涤干净的餐具、杯具放入消毒柜，将温度调到 120℃，时间设定为 30 分钟即可，也可根据具体的使用说明进行操作。

（4）浸泡消毒法。浸泡消毒法一般适用于杯具的消毒。使用浸泡的方法消毒，务必把化学消毒剂溶解，同时严格按比例调制好，才能发挥效用。浸泡消毒的操作方法是：将杯具用洗涤剂洗刷干净后，放入消毒溶液中浸泡一定时间，再用清水冲洗干净并擦干即可。擦拭时，必须使用干净并经过消毒的杯布。

对民宿而言，上述方法中干热消毒法最为简单易行。

2. 布草

客房布草如床单、被套、枕套、卫生间毛巾，应做到一客一换或应宾客要求进行更换、清洗、消毒。目前民宿布草洗消模式一般有两种：一是外送到专业的洗涤公司洗消，二是民宿自行洗消。专业洗涤公司一般用高温的方式进行布草的消毒，如床单、被套、枕套等用烫平机整烫、烘干、消毒，毛巾类用烘干机烘干消毒。如民宿自行洗涤布草，一般可用消毒剂（洗涤过程中添加）、太阳照射等方法消毒。干净布草还应注意运输、存储过程中的卫生质量控制。

其他床上用品，如床罩、毛毯、枕芯、床垫与被褥等可定期翻晒，利用阳光中的紫外线杀死一些病菌，既可起到消毒作用，又可使其松软舒适。

3. 其他用品

对于其他宾客需要“亲密”接触的用品，如剪刀、指甲钳、电视机遥控器、电话机等，也应定期清洁消毒。剪刀、指甲钳、电视机遥控器、电话机等用品不宜用上述的方法清洁消毒，可用 75% 的医用酒精擦拭或用专门的消毒剂擦拭。

4. 民宿员工

民宿员工宜着工作服上班；清扫房间时，双手应尽量少触摸物品，特别是餐具、杯具等经过严格消毒的物品；清理卫生间时，应戴好胶皮手套；每天上班前与下班后用肥皂清洁双手，并用消毒剂对双手进行消毒；定期检查身体，防止疾病传染。

（四）消毒剂及其配制使用

1. 84 消毒液的配制

84 消毒液的配制方法：按 1 份 84 消毒液加水 99 份混匀，即可配置成有效氯浓度 500 毫克 / 升的含氯消毒剂，主要用于环境、物体表面的消毒。

2. 消毒粉

20 克消毒粉加 4.8 升水混匀即配置成有效氯浓度为 1 000 毫克 / 升的含氯消毒剂。

3. 泡腾片

1 片含氯泡腾片的有效氯含量为 480 ~ 580 毫克 / 片，其与水的具体配比应按使用说明操作。

4. 乙醇消毒液

75% 酒精、含醇速干手消毒剂、碘伏可用于皮肤消毒；75% 酒精可直接使用；如果是 95% 酒精必须配成 75% 酒精再使用。配置方法是 95% 酒精一瓶（500 毫升）加无菌蒸馏水或凉开水 130 毫升即可。

5. 次氯酸钠

次氯酸钠用于环境、物体表面的消毒，与水的比例为 1 : 50。

6. 漂白粉

漂白粉用于环境、物体表面的消毒，1 份漂白粉加 4 份水搅匀静置 30 分钟，然后取上清液 1 份加 15 份水即可使用。

7. 其他消毒剂

用于环境、物体表面的消毒的其他消毒剂还有过氧乙酸、过氧化氢、二氧化氯等，按产品标签标识进行配制和使用即可。

二、民宿灭虫服务

民宿尤其是乡村民宿，周边环境容易孳生老鼠、蟑螂、蚊子和苍蝇等有害生物，虫害对民宿环境会构成严重威胁。民宿室内孳生或入侵虫害，会给宾客、民宿员工造成惊吓，影响他们的生活；虫害正常死亡后，其尸体或排泄物会污染环境，给人们的身体健康带来威胁；鼠类身上携带危险微生物，可传播鼠疫、登革热、痢疾等疾病，鼠类还可能咬噬电线，影响民宿用电需求，并可能使电线短路引起火灾的风险。因此，控制病媒虫害，减少疾病交叉传染的风险，有利于提升民宿的服务质量，提升民宿美誉度，提高经营效益，减少资源浪费，满足环境卫生要求，提高管理效率。

（一）鼠类防灭

建筑物四周、厨房、仓库、管道出入口等处都很适合老鼠的活动和藏匿。民宿应根据自身的位置、环境状况定期进行灭鼠工作。

1. 鼠类的控制和防御

（1）室外鼠类的控制和防御。民宿的鼠类大多数都是由外围不同的通道入侵到室内，如下水道、水电管道、孔洞等。因此，民宿应对外围建筑周边区域的环境进行巡查，对发现的鼠迹，如鼠洞，应采取封堵等方法进行预防和控制。① 地沟网。在下水道的出、入口加铁丝网，网眼直径不能大于 1 厘米，防止下水道中的老鼠上下于管道中；厨房的下水沟要加网或用其他物品遮盖，不宜暴露。② 防鼠门。可在重要场所的门下半截钉 30～50 厘米高的铁皮，防止老鼠啃坏门板，或加一道高度为 60 厘米的铁门，将老鼠拒之门外，最好做到整栋房屋防鼠。③ 缩小缝隙。将门与地面、门与门、窗与窗台的缝隙进行修理，使缝隙不大于 0.6 厘米，以防小家鼠窜入。④ 硬化地面。及时将破损的、没有硬化的地面进行修补，或将路面硬化，防止老鼠盗洞做巢。

（2）建筑内部鼠类的控制。民宿可对仓库、车库及建筑周边等重点位置进行检查，可通过物理和化学等方法进行预防和控制。

2. 鼠类的灭杀

（1）物理方法。物理灭鼠法就是放置粘鼠胶进行灭杀。

（2）化学方法。化学方法就是定期在隐蔽角落处投放拌有灭鼠药的饵料或设置灭鼠诱饵站等方法来处置鼠害风险；在春秋鼠类繁殖高峰季节，为快速降低虫害密度，使用灭鼠诱饵的方法往往效果较快、较好。

民宿在投放灭鼠饵料时应注意：投放前应在各投放点先放一张写有“灭鼠专用”的纸片，再将鼠药成堆状放在纸片上，禁止成片或随意撒放；投放时必须在隐蔽处或角落、儿童够不到的地方；一周后撤回饵料。期间应注意捡拾死鼠，并将数量记录在《消杀服务记录表》中；消杀作业完毕，应将器具、药具统一清洗保管。

（二）蚊类防灭

蚊类防治灭杀的重点区域有下水道、各积水处、外围绿化、垃圾房（桶）、车库等。

1. 环境防制

环境治理是控制和消灭蚊虫最有效的方法，主要是全面、彻底改造蚊虫赖以生存、繁殖的环境——“水体”，这是蚊虫防制中的治本措施。

2. 蚊类灭杀

（1）杀灭蚊蚴。对一些不能排完的积水，采用化学或生物的防制手段，杀灭其中的蚊蚴。例如，下水道、污水沟等，使用灭蚊蚴缓释块，每平方米水面 1 块，窨井每口 1 块，悬挂于水面杀灭蚊蚴。定期对公共区域内的景观花盆托盘内的积水进行检查，对发现有积水的外围环境进行检查并做有效的处理。

（2）成蚊防治。在室内区域设置物理灭虫设施，如粘捕式捕虫灯，捕捉侵入室内的少部分蚊虫。

（三）蝇类防灭

蝇类防治灭杀的重点区域有垃圾房（桶）、卫生间、车库、外围环境等。蝇类灭杀的方法主要如下：

1. 滞留喷洒

将具有滞效、触杀作用的杀虫剂，如悬浮剂或水乳剂等喷洒到蝇类孳生地表面和周围，以及附近植皮表面、外墙、垃圾桶外壁等处，使杀虫剂的有效成分按一定计量均匀地附着在停留面上，当苍蝇爬行或栖息在这样处理过的表面时，可接触吸收杀虫剂而中毒死亡。为防止虫害产生抗药性，悬浮剂或水乳剂等杀虫剂可交替使用。

2. 空间喷洒

在室外环境使用常规、超低容量喷洒，使苍蝇直接沾着药粒而中毒死亡，可快速杀灭室外的蝇类，在短时间内降低蝇密度。

3. 滞留处理

对于重点部位的门（窗）等苍蝇喜欢停留的场所，可采用具有触杀、持效、缓释作用的涂抹剂进行滞留处理，杀灭在这些场所表面停留的苍蝇。

（四）蟑螂防灭

蟑螂防治灭杀的重点区域有厨房、仓库、垃圾房（桶）、卫生间等。灭杀的方法主要如下：

1. 蟑螂防控

（1）通道控制。绝大多数的虫害孳生源都在外围环境，当外围温度及天气发生变化，例如，温度忽高忽低、风雨天等，或虫害有寻找食物及栖息场所等生理需求时，都会通过门、窗、孔洞等不同的通道向室内扩散。因此，采取有效措施防止虫害利用通道进入室内，可有效控制虫害的数量。

（2）环境卫生控制。一定的建筑结构或卫生环境条件能引起蟑螂孳生，因此，应特别注意卫生因素，要改变蟑螂“喜欢的”生活环境，这样才能最有效地预防蟑螂虫害。

2. 蟑螂灭杀

（1）物理方法。根据现场情况，对于发现有蟑螂栖息或蟑螂活动迹象的区域，设置粘捕设施进行处理。

（2）化学方法。根据现场情况，对于发现有蟑螂栖息或蟑螂活动迹象的区域，在适当时间、适当地方使用化学药剂进行处理。如通道、公共区域进行滞留喷洒，在橱柜、电机箱内投放毒饵或诱饵。

（五）蛇类防灭

一般春暖以后直到晚秋是蛇的活动季节，特别是 7 ~ 9 月，由于气温高、雨水多，蛇类的活动特别活跃，人或牲畜被咬伤的概率也高。民宿可根据蛇类的活动区域、生活习性等制定合适的防治方案，对民宿、花园、庭院等处的绿化草坪等定期做防蛇、驱蛇处理。

1. 户外防蛇

（1）环境防护。蛇类常以蛙、鼠、鸟类为食，每天活动的时间与它捕食对象的活动时间有关。一般蛇都喜欢栖居在废鼠洞和其他动物的洞穴中，杂草丛生的地方最容易藏蛇。因此，对室外的绿化草坪要定期修剪，对靠近山体、河流附近的花园、房屋等围墙要安装防蛇网，特殊地方要建立防蛇沟；对绿化草坪上的老鼠、蜥蜴要定期灭杀或驱赶，控制蛇类食源；对草坪上沉降缝、老鼠洞等要及时堵塞，防止蛇类藏身。

（2）个人防护。蛇类怕人，在受惊后会迅速逃跑，但一般不会主动攻击人，只有在受到威胁时才会主动攻击人。据统计，80% 的受伤者是因为碰到蛇身或逼近蛇而被咬，其中咬伤脚踝者占 51.9%，咬伤手腕者占 29.3%，因此，要特别注意保护手脚。喜欢户外运动者应尽量选择高帮鞋，避免穿凉鞋、拖鞋；穿越丛林时应头顶戴帽、扣紧衣领。如需要在树林或草丛里行走，可以打草惊蛇或打树驱蛇；尽量避免直接用手去抓树枝或拔草；看到蛇时不必惊慌，也不要靠得太近，更忌随意去灭杀，远离和避开才是上策。

2. 户外驱蛇

蛇类在交配季节、气候转换季节、雨水频繁季节出现频率较高，民宿可根据当地气候变化及蛇类的活动习惯，定期对民宿周边投放驱蛇药物，使蛇类闻到药物感到不安并马上离开。

一般地下坑渠无积水的地方、电缆坑、老鼠洞、地下各种出入口、草木丛生的地方、落叶较多的地方、空心大树的洞眼、杂物堆放处、路边、河溪塘边、屋边等均是适合投放驱蛇药物的位置。

需要注意的是，有些地方公安机关对投放驱蛇药物有相关的管理措施，民宿如需购买驱蛇药进行投放，应提前向相应机构申请、报备等，因为有些蛇类属于国家保护动物，不可随意捕杀。如需捕捉蛇类，也应请专业人士进行，以免发生意外。

（六）白蚁防灭

白蚁防灭的办法有：建立白蚁监测站、诱饵站，使用液体杀虫剂，减少可能的白蚁食物来源（如木桩和水源），修理管道或屋顶漏洞等。但最好的办法是请专业人员进行处理。

【知识拓展】

消毒注意事项

（1）实施消毒前，应先做好清洁卫生。

（2）消毒剂特别是含氯消毒剂对皮肤黏膜有刺激性，配置和使用时建议佩戴口罩和手套等，注意防止喷溅到眼睛。一旦溅入眼睛应立即用清水冲洗 5 分钟，严重者应就医。儿童禁止触碰消毒剂。部分消毒剂具有一定的腐蚀性，应正确选择。

（3）消毒液请遵照消毒剂使用说明书进行配置，须使用清洁冷水配制消毒液，所使用的消毒剂应在有效期内现用现配，没使用完的剩余液体不得存放使用。

（4）使用乙醇消毒液时应远离火源。

（5）物体表面消毒（使用含氯消毒剂）后应至少保持 15 分钟后才可用清水擦拭。

（6）消毒用抹布、拖布、容器等清洁工具要分区域使用。卫生间的清洁工具应与其他区域场所分开。用后的清洁工具应清洁、消毒后晾干备用。

（7）工作人员消毒完毕后，应及时洗手，并做好消毒记录。

（8）消毒液要尽量避免和其他的洗涤剂混合使用，特别是含有盐酸的洁厕液等（盐酸会加速次氯酸的分解，释放氯气，在局部浓度过高的情况下，甚至会引起氯气中毒）。

【知识拓展】

慎用杀虫剂

杀虫剂是有害的，它们会污染土地、空气、食物和水。有时对使用者和其他生物会带来危险。杀虫剂可通过口腔、呼吸系统和皮肤进入体内杀死有害生物。按作用的种类可分为杀虫用的杀虫剂、杀细菌用的杀菌剂、清除植物用的除草剂；按形状分为固体、液体和气雾剂三种。使用杀虫剂灭杀虫害主要以喷药触杀为主。在喷杀前务必记住阅读杀虫剂上的标签，喷杀时应注意不要将药液喷在未盖盖子的食物、饮料、器具和其他可用物品上，不要在宾客出入高峰期喷药，公共区域应在宾客离开或员工下班后进行。如果发现处理杀虫剂有困难，可请专业的虫害防治服务商来进行处理。

【实训项目】

一、餐具的清洗和消毒

1. 准备需要洗消的餐具。
2. 教师先讲解餐具的洗消程序和操作方法。
3. 学生复述操作程序和方法，并进行实操练习。
4. 教师现场跟进指导，发现问题及时纠正。
5. 学生轮流练习。
6. 教师总结点评。

二、客房杯具的清洗和消毒

1. 准备需要洗消的杯具。
2. 教师先讲解杯具的洗消程序和操作方法。
3. 学生复述操作程序和方法，并进行实操练习。
4. 教师现场跟进指导，发现问题及时纠正。
5. 学生轮流练习。
6. 教师总结点评。

【任务思考题】

1. 民宿洗消服务应包括哪些方面?
2. 具体的洗消方法有哪些?
3. 如何控制民宿的洗消质量?

任务五　民宿清洁保养管理

【引导案例】

一根头发丝

晚上22点左右，王先生入住某民宿。王先生进房后很快洗了个澡，然后掀开被子准备休息，发现床单上有一根长长的头发，接着又发现床单很不平整。于是王先生认认真真地把房间检查了一遍，发现玻璃杯上有水渍……王先生马上打电话给民宿管家投诉："我房间床上有头发，床单也皱巴巴的，你们服务员肯定偷懒没有换过床单。我要求你们立即当着我的面重新更换床单和被套。还有，玻璃杯上有污渍，你们根本没有清洗杯子更不用说消毒了，这个房间是不合格的房间，不值原先预订的房价，你们必须给我打折，否则我就在网上给差评。"管家迅速赶到房间，发现王先生的陈述属实，便对他说："王先生，真对不起，我马上让服务员给您重新做床、换掉杯子，房价再给您打6折，您看可以吗？"王先生虽然不大高兴，但还是接受了管家的处理意见。

【案例分析】

客房是宾客在民宿入住期间停留时间最长的地方，也是他们的家外之家，是他们真正拥有的私人空间，因而他们对于客房的要求往往也比较高。虽然宾客选择民宿时会考虑各种因素，但对客房清洁卫安全的要求往往是比较关注的。宾客对清洁卫生的关注表现在各个方面，其中最为关注的是与自己身体直接接触的设备和用品，如客房的布草、杯酒具、卫生间洁具等。本案例中的王先生发现床单上有头发而且很不平整，就自然怀疑没有更换床单，觉得自己利益得不到保证，就要投诉。

【问题】

1. 宾客要求房价打折，你认为合理吗？为什么？
2. 假如你入住饭店时，碰到类似的情况，你会怎么做？

一、树立民宿清洁保养意识

意识决定行动，正确的清洁保养意识有利于清洁保养质量标准的制定与实施，有利于员工发挥其工作的主动性，提高其工作质量。因此，树立正确的清洁保养意识是民宿做好清洁保养工作、提升清洁保养水准的首要环节。

（一）专业化意识

清洁保养包括清洁与保养两个方面，清洁是指清除民宿各种设备设施和物品表面的尘土、油污等各种脏迹，以保持其整洁；保养是指通过对各种设施设备和用品的保护调养，使其处于正常完好的状态。这两者不是孤立的，而是相辅相成、互为作用的，即清洁的同时必须考虑到保养，保养则又以清洁为前提。

（二）全员化意识

清洁保养要强调全员的观念。因为清洁保养不仅仅是客房清扫人员的工作，它与民宿的每一位员工都有关，不论是店长、管家还是普通服务人员，都应具备正确的清洁保养意识，都有责任维持民宿环境的整洁、设备设施的有效及用品的完好、卫生。全员化意识要求民宿主人、管家及员工都注重整体的配合，共同做好清洁保养工作。

二、制定民宿清洁保养规程及标准

为了使清洁保养工作有章可循、有据可依，民宿应根据自身建筑物的特点、区域特征、客房类型、设备设施配置、面层材料等情况，制订科学、合理的清洁保养规程与质量标准。

（一）清洁保养规程

规程是指工作的程序和规则，包括操作程序和服务规范两方面，即对工作流程、步骤的规定和服务操作动作的要求。它是民宿运营、清洁保养质量管理、员工培训的依据和基础。当然清洁保养规程应尽可能详细、具体，可操作性要强，要做到“三方便”——方便宾客、方便员工、方便管理。具体可从日常清洁保养规程和周期清洁保养规程这两方面抓起。

1. 客房日常清洁保养规程

民宿日常清洁保养规程应包括：客房清扫准备规程、进房规程、客房清扫的基本方法、不同状态客房（走客房、住客房、空房等）的日间清扫规程、客房晚间整理（夜床服务）规程、客房及用品消毒规程等方面的内容。具体可参见本模块的相关内容。

2. 周期清洁保养规程

在日常清洁保养的基础上做好科学的周期清洁保养工作，既可确保民宿清洁保养的质量，又可在一定程度做到成本控制。民宿应根据自身的实际情况确定周期清洁保养的相关项目、相应的周期及实施计划。

（二）清洁保养质量标准

“标准是对重复性事物和概念所做的统一规定，它以科学、技术和实践经验的综合为基础，经过有关方面协商一致，由主管机构批准，以特定的形式发布，作为共同遵守的准则和依据”（GB/T 39351—83 对“标准”的定义）。要进行质量控制，首先应有一个标准，有了标准就使清洁保养工作有了明确的目标，检查和评价就有了一定的依据。

客房清洁保养标准主要包括三方面的内容：一是时效标准，主要用于对工作进程的控制；二是操作标准，主要用于对工作过程的控制；三是功能标准，主要用于对工作结果的控制。

1. 时效标准

为保证应有的工作效率和合理的劳动消耗，民宿应规定清洁保养工作的时效标准，实行定额管理。如规定清扫一间客房（不同的房态有不同的要求）的时间，服务人员每天应打扫的客房数量等。时效标准的制定，可以激发员工的积极性、主动性和责任心，也方便管理人员的检查、督导、控制和对员工工作表现的评价。

2. 操作标准

与清洁保养有关的操作标准有多方面的内容，它们都应以民宿的经营方针和市场行情为依据。

（1）进房次数。进房次数是指服务员每天对客房进行清扫整理的次数，是客房服务规格高低的重要标志之一。但进房次数与成本费用和宾客被打扰的概率成正比，即进房次数越多，民宿投入的成本和宾客被打扰的概率越高。因此并不是进房次数越多就越好，在确定进房次数时要综合考虑民宿档次、接待规格、宾客生活习惯、成本费用标准等因素，采用二进房（白天和晚上各进房整理一次）或一进房（白天整理一次）均可。当然在具体执行时还应根据宾客的需要灵活变通。

（2）操作标准。操作标准一般包括操作步骤、方法、技巧、所用工具用品等。为了使清洁保养工作有条不紊地进行，避免清洁器具、用品、劳动力的浪费，防止安全事故的发生，方便管理控制，民宿应制定适合自身实际的操作标准，并用最有效的方式方法帮助员工熟悉和掌握，使员工养成良好的职业习惯。

（3）布置规格。布置规格是指客房及其他区域设备设施及用品的布置要求，设备设施、用品的品种、数量、规格及摆放位置、摆放方式等，都必须有明确的规定和统一的要求。布置规格总的要求是实用、美观、安全，具有民宿特色并方便宾客使用和员工操作。

3. 功能标准

功能标准是指清洁保养工作应达到的效果，即清洁保养的质量标准。总体要求体现民宿及客房的档次与服务的规格，满足宾客的需求。具体标准包括两个方面：感官标准和生化标准。感官标准是指员工和宾客通过视觉、触觉、嗅觉等感觉器官能直接感受到的标准，但因个体感受不同，感官标准只是表面现象；生化标准是指由专业卫生防疫人员通过专门仪器设备和技术手段采样与检测的标准，包含的内容通常是不能被人的感觉器官直接感知的，如洗涤消毒标准、空气卫生质量标准、微小气候质量标准等。

三、有效控制民宿清洁保养质量

民宿经营者应根据清洁保养的计划、规程和标准，安排、督导员工正确使用各种清洁设备及清洁剂，认真做好各项清洁保养工作，以确保民宿的清洁保养质量。

（一）提供必要的清洁保养条件

清洁保养工作应具备 3 个条件：清洁器具、清洁剂和服务人员，三者缺一不可。

1. 配备好清洁器具和清洁剂

民宿经营者应根据民宿的具体情况如空间大小、客房数量、设施配置、材质特点、保养要求、质量标准等，选择适用的清洁设备和适用的清洁剂，为民宿清洁保养工作创造必要的物质条件。

2. 做好对员工的培训

员工对清洁保养质量标准的认知是否到位，对清洁器具、清洁剂的使用是否正确，清洁保养操作是否规范熟练等都会影响到清洁保养的质量。而员工也不是天生就会做清洁保养工作的，在社会不断创新、不断发展的当下，会出现大量的新材料、新设备、新用品，民宿经营者应不断对员工进行专业化的培训与指导，使其熟练掌握清洁保养的各种专业知识和技能，提高清洁保养的效率和效果。

视频：已清扫客房检查

（二）加强清洁保养质量的检查

1. 建立清洁保养检查制度

标准使清洁保养工作有了明确的目标和规范，但并不意味着所有的清洁保养工作就一定能达到标准，因为不是所有的员工在任何时候都具有执行标准的态度和能力。因此，建立相应的检查制度、采取科学的检查办法和手段、加强监督与指导就显得格外重要。

民宿清洁保养质量检查可采用如下方式进行，并形成逐级检查制度。

（1）服务人员自查。服务人员每完成一项清洁保养工作，都应该项工作进行自我检查并形成习惯，确保清洁保养对象在设备设施运行、用品补充布置和清洁卫生状况等方面都达到标准要求。自查有利于加强员工的工作责任心和质量意识，有利于提高清洁保养的合格率，同时有利于减轻店长或管家的工作压力。

（2）管家普查。服务人员自查完毕，由管家再对客房或公区进行全面检查。只有管家经过检查认为是合格的，客房才可以再次出租。管家查房可以起到拾遗补漏、指导帮助和督促考察的作用，还可以成为一种有效的员工在岗培训。

通常，管家每天检查房间的数量应是民宿的全部客房，管家查房如发现问题，应及时记录，如填写“客房检查表”（见表 3–2）或做好工作笔记，并及时加以解决：对不合格的项目，应令服务人员返工，直至达到合格为止；对于业务尚不熟练服务人员，要给予指导和帮助。

表 3–2　客房检查表

清扫员：　　　　　　　　检查人：　　　　　　　　　　　　　年　　月　　日

房号	房态	时间	卫生情况	用品情况	设备情况	备注

（3）店长抽查。民宿店长应每天抽出一定时间对客房或公区进行抽查，以掌握员工工作、清洁保养质量、设备设施运行、宾客意见等情况。如民宿管家和店长为同一人，可将客房的普查和抽查有机地结合起来。

（4）“外人”检查。民宿可以定期或不定期地邀请同行、专家以普通消费者（神秘客人）的身份进行消费体验，明察暗访，帮助民宿“挑毛病、找问题”。

2. 确定清洁保养检查的内容与标准

清洁保养质量检查的内容一般包括清洁卫生质量、物品补充摆放情况、设备设施运行状况和整体效果等。具体检查标准可参考本模块任务二有关清洁保养的质量标准。

（1）检查程序。清洁保养质量检查的程序与前述清洁保养的程序、方法基本一致。一般可采用按顺时针或逆时针方向，从上到下、循序检查。简单地说就是：顺着你的左手或右手绕客房或检查区域一周，眼睛要扫到从天花板到地面的每一个角落。按一定程序检查可以避免疏漏，提高检查效率。

（2）检查方法。为提高检查效率，保证检查效果，在检查时，可以将看、试、听、嗅、摸等方法有机地结合起来。① 看。检查时通过看的方法检查家具等设备是否完好无损、物品是否配备补充齐全、摆放是否符合规范要求、整体效果是否达到要求。② 试。除查看以外，还可以用试的方法进行检查，如卫生间洁具、电器等设施是否正常完好。③ 听。在看、试的同时，还要通过听来检查客房会哦公区有无异常声响，以判断设备设施是否存在故障，噪声是否在控制范围内。④ 嗅。客房或公区空气是否清新、是否有异味，需要靠嗅觉来判断。⑤ 摸。检查清洁卫生质量，最好的办法是用手摸，特别是不易查看或难以查看清楚的地方。

（三）做好工作记录与考核

1. 加强原始记录管理

原始记录就是用一定的表单形式或文字说明将民宿运营过程中所发生的具体事实进行最初的记录。它具有经常性、广泛性、真实性等特点，是民宿经营管理的原始依据，对提高民宿管理水平和效益有着重要的作用。

2. 实行考核

考核就是对员工工作表现和实际绩效进行评定。民宿虽然规模有限，员工人数不多，但为了提高员工的责任心、有效评价员工的工作表现，必要的考核还是需要的。

【实训项目】

一、民宿客房清洁保养质量检查

1. 准备好已清扫完毕的客房一间，教师可事先设置好质量问题 2～3 个。
2. 教师讲解查房的程序、方法、注意要点等。
3. 考核学生掌握情况——请学生复述查房程序及方法。
4. 学生实地进行查房训练。
5. 教师总结点评。

二、民宿公区清洁保养质量检查

1. 准备好已清扫完毕的民宿公区。
2. 将公区分成几个小区域。
3. 教师讲解检查的程序、方法、注意要点等。
4. 考核学生掌握情况——请学生复述检查程序及方法。
5. 学生按指定的小区域进行实地检查。
6. 教师总结点评。

【任务思考题】

1. 民宿客房清洁保养工作如何创新？请举例说明。
2. 民宿清洁保养服务质量可从哪些环节抓起？

模 块 小 结

本模块介绍了民宿清洁保养服务的含义，民宿常用清洁剂、清洁器具的特性和使用方法，民宿清洁保养的工作内容、质量标准、服务流程、操作技巧，清洁保养质量管理的基本思路与方法。通过本模块的学习，学生能正确认识民宿清洁保养服务要求，能根据实际情况科学、有效地实施清洁保养、消毒、虫害防灭等工作，确保民宿整体清洁保养质量，提升宾客入住的舒适感和安全感。

课　业

请设计一份清洁保养的服务规程（走客房、住客房、公共区域均可）。

真题演练

一、单项选择题

1.（　　）是民宿的核心产品。

A. 客房　B. 菜点　C. 租借物品　D. 出售土特产

2. 民宿客房产品不具备的特点有（　　）等。

A. 不可储存　B. 生产消费同步性　C. 脆弱性　D. 暗的服务为主

3. 单间客房内放两张单人床的客房类型被称为（　　）。

A. 家庭房　B. 大床房　C. 双人房或标准房　D. 三人房

4. 下列认识有错误的是（　　）。

A. 宾客一旦入住民宿客房，该客房就应看作宾客的私人空间

B. 服务人员努力记住宾客的名字，并以其姓氏进行称呼，这是尊重宾客的表现

C. 门上挂有“请勿打扫”牌的房间，无论何时何地，绝对不能打扰宾客

D. 清洁客房时要特别留意，尽量不触动宾客的物品

5. 下列属于酸性清洁剂的是（　　）。

A. 地毯清洁剂　B. 玻璃清洁剂　C. 恭桶清洁剂　D. 洁儿亮

6. 宾客退房后，在查房时要检查是否有（　　），如有，做好记录，随后与宾客联系。

A. 物品摆放位置变换　B. 床单污渍　C. 墙面污渍　D. 客人遗留物品

7. 浸泡消毒法就是将需消毒的用具物品（　　）。

A. 浸在消毒剂原液中消毒　B. 用调制好的消毒液冲洗

C. 用抹布沾原液擦抹　D. 在调制好的溶液中浸泡一定的时间

8. 客房清扫准备工作中，了解（　　）是最重要的一个环节。

A. 清扫程序　B. 需清扫客房的情况　C. 房间方位　D. 客情

9. 下列物件中，应使用干抹布擦拭，切勿使用湿抹布的是（　　）。

A. 房门　B. 桌子　C. 电器　D. 窗台

10.（　　）一般只进行通风、抹灰和放掉水箱及水龙头积存的陈水等的简单清扫。

A. 空房　B. 住客房　C. 无行李房　D. 走客房

二、判断题

1. 清洁民宿客房使用的除锈蚀、除臭、杀菌的清洁剂是酸性清洁剂。（　　）

2. 为宾客提供送茶服务时，如果只送一杯茶，就不需要使用托盘。（　　）

3. 客房抹尘要注意抹布干湿分开。（　　）

4. 服务人员引领宾客进房后，应宾客要求可留在房内与其交谈。（　　）

5. 如果宾客带走了房间的物品，应要求他（她）打开箱子和包检查。（　　）

6. 客房周期清洁保养的内容主要有家具除尘、家具打蜡、地面清洗、纱窗床罩等的清洗、通风口清洁等。（　　）

7. 周期清洁保养就是周期性的清洁保养工作。（　　）

8. 为了响应政府的号召，民宿在任何时候都不应该为宾客提供“六小件”。（　　）

9. 煮沸消毒法既适合于各种瓷器的消毒，又适合于玻璃器皿的消毒。（　　）

10. 民宿客房服务人员应按要求做到“五到”，即客到、微笑到、敬语到、水果到、鲜花到。（　　）

三、问答题

1. 请描述客房中式铺床的质量标准和要求。

2. 如何制定客房或公区的清洁保养质量标准？

模块四　餐饮服务与管理

【学习目标】

【知识目标】

1. 树立正确的民宿餐饮服务观念，培养服务意识。
2. 掌握民宿餐饮服务的基本流程及基础知识。
3. 了解民宿早餐营养搭配要求及调酒、茶叶、咖啡方面的基本知识。
4. 掌握地方饮食特色和文化。
5. 熟悉民宿餐饮管理的工作内容和质量标准。

【能力目标】

1. 掌握民宿餐饮服务的基本技能。
2. 能根据具体的餐饮类别开展相应的服务。
3. 能根据实际情况进行鸡尾酒调制、茶叶冲泡、咖啡制作等服务。
4. 能妥善处理民宿餐饮突发状况。
5. 能根据地方餐饮特色进行民宿餐饮菜单及生产管理。
6. 能在学习中培养民宿餐饮管理和自我学习的能力。

【重难点】

1. 民宿营养早餐的设计。
2. 正餐服务质量的把控。
3. 鸡尾酒调制、茶叶冲泡、咖啡制作等技巧的掌握。
4. 特色菜单的设计。

【思维导图】

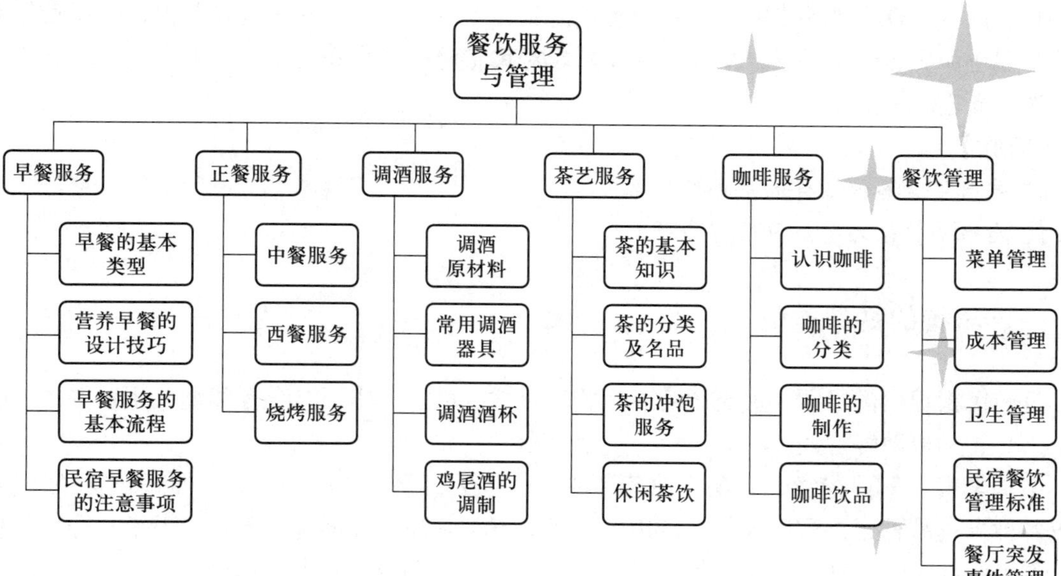

任务一 早 餐 服 务

【引导案例】

民宿早餐如何更“走心”

近日，一场关于“乡村早茶”的沙龙会在杭州市临安区昌化镇塘湾栖巷民宿举行，十几位民宿主人聚在一起，围绕“民宿要准备什么样的早餐给宾客”这一问题展开热烈的讨论。

在轻松的探讨氛围中，民宿主人也分享了他们的心得。塘湾栖巷民宿主周琼展示了她的民宿早餐，昌化特色的刀切面、手工包子、冬菜炒辣椒和番薯粥等食物，朴实地道却精致。“不但广受好评，许多宾客还会自发通过朋友圈、携程网等渠道帮我们宣传。”周琼说，“也有不少宾客是冲着这份早餐来塘湾栖巷的。我们的早餐不算‘高大上’，但都是我用心做的，带着感情的。”

云相见负责人郑李方则分享了关于早餐营销的经验。他认为，早餐的仪式感很重要，精美的餐具和摆盘是他的秘密武器。“视觉上的盛宴不仅能增加宾客的食欲，更能吸引他们主动拍照上传朋友圈，增强民宿的知名度。”郑李方表示，他也会在早餐方面植入民宿的伴手礼，如笋干、干果和手工菜油等。“没有什么宣传比亲自品尝更具说服力。”

“以前我们的民宿可能没有特意打造比较具有当地特色的早餐，买一些现成的速冻食品就敷衍过去了。在这个过程中，可能就错过了一个推广本地产品和民宿文化的机会。”区文旅局相关负责人说，希望民宿主人们能把细节做好，打造早餐文化，从细微处提升服务品质。

（资料来源：根据网络资料整理）

【案例分析】

对于民宿来说，早餐在一日三餐中扮演着极其重要的角色。在民宿经营中，一顿元气满满的早餐会增加宾客的幸福感，不仅能提高宾客对民宿的认同感和满意度，更是一种增加民宿口碑的强大武器。

【问题】

1. 民宿要准备什么样的早餐给宾客？
2. 民宿早餐设计要注意哪些事项？

一、早餐的基本类型

目前民宿提供的早餐一般有中式、西式、日式、韩式、中西结合等类型，用餐方式一般有零点、套餐和自助餐形式。

中式早餐一般以稀饭、豆浆、油茶、油条、包子、菜卷、鸡蛋为主。西式早餐品种丰富，供应各种蛋类品种，再配以火腿、咸肉等；各种谷类食品，如面包、麦片、玉米片等；各种饮料，如果汁、咖啡、红茶、牛奶等。图 4-1 为中式早餐和西式早餐的示例。

中式早餐

西式早餐

图 4-1　早餐

二、营养早餐的设计技巧

（一）营养早餐基本要求

早餐可以提供全天 30% 的能量和营养，一份营养早餐要求搭配合理，能量适当，蛋白质适量，碳水化合物充足。脑力劳动者、学生群体应多摄入一些补脑食物，如鱼类、豆制品、瘦肉、鸡蛋、牛奶以及新鲜蔬菜、瓜果等，少吃肥肉、油炸食品等。早餐最好在起床 20 ~ 30 分钟后食用，主食量在 100 ~ 150 克。同时要补充饮水，避免饮用含糖分较高的各种果汁饮料。

（二）营养早餐应具备的食物

营养早餐应包括四种类别的食物：一是指以提供能量为主的，主要是碳水化合物含量丰富的粮谷类食物，如粥、面包、馒头等；二是以供应蛋白质为主的，主要是肉类、禽蛋类食物；三是以供应无机盐和维生素为主的，主要指新鲜蔬菜和水果；四是以提供钙为主并富含多种营养成分的，主要是奶类与奶制品、豆制品。

（三）早餐设计注意事项

1. 摄入充足的水分

早餐应摄入至少 500 毫升的水分，既可帮助消化，又可为身体补充水分、排除废物、降低血液黏稠度。

2. 不宜经常食用油炸食物

油炸类食品脂肪含量高，若食用过多，容易出现消化不良的症状，还易诱发胆、胰疾患，或使这类疾病复发、加重。此外，多次使用过的油往往会有较多的致癌物质，如果常吃油炸食品，可增加患癌症的风险。

3. 食物应当容易消化

早晨起床之后，多数人食欲不强，消化能力也比较弱。所以，早餐食物必须容易消化、营养丰富又不过于油腻。特别要注意食物不宜太凉，因为凉食物会降低肠胃的消化能力，而且在秋冬季节里容易引起腹泻等问题。

（四）营养早餐搭配技巧

1. 包子 + 粥 + 蔬菜 + 水果 + 鸡蛋

包子和米粥既有碳水化合物又有肉和菜，蔬菜和水果可以补充足够的维生素，鸡蛋能提供充足的蛋白质。包子里多加些虾仁可以达到补钙的目的，喝粥还可以美容。这道典型的中式早餐既营养丰富又可以提供充足的能量。如果说早餐可以提供全天 30% 的能量和营养，是其他餐次补不回来的话，这款早餐能量实足。

2. 馒头 + 豆浆（或粥）+ 小菜 + 蒸蛋（或煎蛋）+ 水果

馒头是中国的传统面食，是餐桌上必不可少的主食之一。馒头有很多种做法，白面馒头、杂粮馒头、菜馒头、肉馒头、煎馒头片等。主要营养成分是蛋白质和碳水化合物，是人们补充能量的基础食物，常吃有利于保护肠胃。

3. 馄饨 + 鸡蛋 + 馒头 + 糕饼 + 小菜

馄饨也是中国传统小吃，馅料通常以猪肉、虾仁、蔬菜等构成。蔬菜的种类可以是荠菜、白菜、香菇、芹菜等，可根据宾客的口味随意选择。馄饨的汤料可以是鸡汤，也可是紫菜汤，还可以是西红柿汤。早餐吃馄饨营养丰富又开胃，如果觉得只吃馄饨太单调了可以搭配一些小菜或鸡蛋、馒头、糕饼等，可使人们营养均衡、能量充足。

4. 面条 + 荷包蛋 + 玉米 + 小菜

面条制作简单，营养丰富。常见的做法有打卤面、牛肉面、凉面、汤面等。

5. 面包 + 牛奶 + 肉饼 + 西红柿汤

面包和肉饼最好是自己加工的，这样的早餐不仅能量充足，而且营养均衡、健康。

6. 八宝粥 + 小菜 + 鸡蛋

八宝粥的主要营养成分是蛋白质、脂肪、碳水化合物、膳食纤维，常食八宝粥可健脾胃、益气安神、促消化、增食欲、补充体力。

7. 饼 + 粥 + 小菜

饼的种类有很多，如春饼、发面饼、千层饼、馅饼、糖饼、土豆丝饼、南瓜饼、萝卜丝饼、地瓜饼等。

三、早餐服务的基本流程（图 4–2）

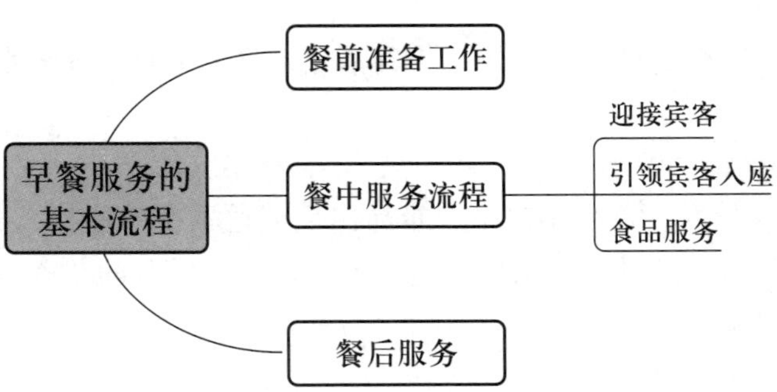

图 4–2　早餐服务基本流程

（一）餐前准备工作

一是开餐前做好餐厅的环境卫生工作，以符合卫生要求；二是按早餐摆台标准摆台，桌椅横竖对齐；三是准备好各种早餐所需用品、餐具，以便于取用；四是检查台面上的调味品，各种调味品瓶口要无污迹，分量要符合规定要求；五是检查员工的仪表仪容，做到仪表整洁，随时准备为宾客服务。

（二）餐中服务流程

1. 迎接宾客

（1）保持正确的站姿和仪表仪容。

（2）向宾客微笑并打招呼。

2. 引领宾客入座

（1）根据宾客人数、是否有特殊要求等，为宾客安排餐桌。

（2）按照女士优先的次序为宾客搬开餐椅，示意宾客入座，当宾客到达餐椅前，即将落座时，将餐椅轻轻前送。

3. 食品服务

（1）向宾客问候，并询问宾客要咖啡或茶。

（2）根据宾客所点食品，为宾客提供相应的服务。

（3）及时为宾客撤掉空盘和空杯，添加咖啡或茶并清洁台面。

（三）餐后服务

宾客用好早餐离开餐厅后，服务人员应向宾客告别或送至餐厅门口，并立即清理台面，将各种餐具等清洗消毒，分档存放在保洁柜内。检查餐厅是否有宾客遗留的物品，如果有遗留，应尽快归还宾客；如果宾客离开，应向店长汇报，按照相关规定处理。

四、民宿早餐服务注意事项

（一）做好准备工作

民宿店主或管家应在每天晚上确认次日早餐的用餐人数和菜单。一般情况下，不提供送餐服务和打包服务；如有外国朋友用餐，应提前准备刀、叉等相关用具；工作人员仪容仪表干净、整洁，必须带一次性口罩、一次性手套，应按规定时间准时到岗。

（二）做好其他工作

1. 灯光管理

早餐前应检查客房到餐厅之间的走廊灯是否已经打开，收餐后应及时把灯全部关掉。

2. 音乐管理

早餐前可开启餐厅背景音乐，音量大小以不影响宾客小声交流为准，只允许放喜庆、悠扬的音乐，收餐后关掉音乐及电源。

3. 温度管理

根据季节，提前调节空调温度，将温度控制在 20 ~ 25℃。

4. 早餐券管理

目前一般直接在预订渠道直接用标签标注“双早”“单早”“无早”等，是否包括早餐，是单人早餐券还是双人早餐券，预订的时候就可以看得一清二楚。一般一间房都会赠送两份早餐，切不可在销售网上出现“含早餐”这样模糊不清的描述，以免引发不必要的误会。

【知识拓展】

托盘基础知识

资料：托盘技能

托盘是餐厅服务人员为宾客端送各种物品的常用工具之一。

一、托盘的种类

1. 按照托盘的制作材料，可分为木托盘、金属托盘和胶木防滑托盘。

2. 按照用途，可分为大、中、小三种规格的长方托盘和圆托盘。圆托盘的直径大于36厘米的为大圆托盘；直径在32～36厘米的为中圆托盘；直径在20～32厘米的为小圆托盘。长方托盘也按此规格分为大、中、小三种。

二、托盘的使用方法

按所托物品的轻重，有轻托和重托两种方式。

（一）轻托

轻托又称胸前托，一般在宾客面前操作，主要用于托送较轻的物品和对客服务，所托重量一般在5千克左右。此法多用中、小型托盘，有便于工作的优点。轻托的动作要领如下：

（1）两肩平行，用左手。

（2）上臂垂直于地面，下臂向前抬起与地面平行，上臂与下臂垂直成90°角。

（3）手掌掌心朝上，五指张开，指实而掌心虚。大拇指指端到手掌的掌根部位和其余四指托住盘底，手掌自然形成凹形，掌心不与盘底接触。

（4）手肘离腰部15厘米。

（5）右手自然下垂或放于背后。

（二）重托

重托又称肩上托，是托载较重的菜点和物品时使用的方法，所托重量一般在10千克左右。此法多用大型托盘。重托的动作要领如下：

（1）用左手。

（2）左手向上弯曲臂肘的同时，手掌向左向后转动手腕90°至左肩上方。手掌略高出肩2厘米，五指自然分开，用五指和掌根部控制托盘的平衡。

（3）托盘的位置以盘底不压肩，盘缘不近嘴，盘后不靠发为准。

（4）手应自然下垂摆动或扶住托盘的前内角。

目前，为了安全、省力，餐饮企业一般不采用重托盘，多用小型手推车递送重物。

三、托盘行走

1. 托盘行走的步伐

托盘行走的步伐通常可分为常步、快步、碎步、垫步等。常步即常用步伐，指步距均匀、快慢适中的步伐；快步是急行步，步距加大，步速较快，但又不能变为跑步；碎步是小快步，步距小、步速快，上身保持平稳；垫步是当需要侧身通过时，左脚侧一步右脚跟一步，一步紧跟一步。

2. 托盘下蹲

正确的做法是上体保持托盘姿势，下体采用交叉式或高低式蹲姿。值得注意的是，无论采用哪种下蹲方式，左脚均在前，这样才不至于使托盘挡住视线，看不到掉在地上的物品。

3. 甩盘

甩盘是在托盘靠近宾客，为宾客撤换餐具时用得最多的一个动作，目的是为了避免托盘碰到宾客的头部。动作要领：伸出右脚踩在两个椅子之间，移动重心到右脚，同时以手肘为轴心托盘由胸前平行移动至胸左侧，右手拿取餐桌上的物件。做这个动作时，要求服务人员要保持左手托盘的平衡，特别是在托盘上的物件较高而重心不稳时或盛器内有汤汁时。

四、托盘注意事项

1. 理盘

根据所托物品选择好托盘，洗净、擦干，非防滑托盘应在盘内垫上干净的餐巾或专用托盘垫布。垫盘方巾要用清水打湿拧干，铺平拉齐，这样既整洁美观又可避免盘内物品滑动。

2. 装盘

根据物品的形状、体积和使用的先后顺序合理装盘。装盘的四项原则为：将较重的、较高的物品摆放在内侧（靠近身体的一侧）；将较轻的、较低矮的物品摆放在外侧；将先用的物品摆放在前面或上面；将后用的物品摆放在里面或下面。

3. 起托

在一般的平台上装盘后，用右手将托盘拉出台面1/3，脚一前一后站立，上身前倾，左手托住盘底，掌心位于底部中间，右手协助将托盘托起。假如托盘较重，则先屈膝，双腿用力使托盘上升而不是直接用臂力，然后用左手掌托住盘底右手协助起盘。

4. 卸盘

若是轻托，卸盘时，由于盘中物件减少，重心发生转移，所以要随时移动托盘在左手上的重心点，使左手托盘保持平衡。若是重托，必须先将托盘放在落菜台上或其他空桌上，再徒手端送菜盘上菜或其他物品上桌。如果托盘上装有重物，要卸盘时需注意，不能用力过猛，应当先将托盘前端1/3放在台面上，再将整个托盘推进去放好，这个动作刚好与起盘相反。

5. 托盘安全

托盘时要量力而行，不要勉强，宁可多走几次也要保证安全。要养成使用托盘的良好习惯，当托盘内无物品时，仍应保持正确的托盘姿势行走，不可单手拎着行走。

【实训项目】

托盘训练

1. 教师课前准备好托盘、啤酒瓶等。
2. 讲解托盘操作的要领。
3. 学生复述操作要领，并进行实操练习：托盘站立、托盘行走、托盘下蹲拾物等技能。
4. 教师现场指导、纠正。
5. 学生轮流练习。
6. 教师总结点评。

【任务思考题】

1. 民宿早餐如何才能做到营养搭配?

2. 早餐的服务注意事项有哪些?

任务二　正 餐 服 务

【引导案例】

近年来，综艺节目里掀起了一阵“民宿”风，许多明星都跑去开民宿客栈，顺便带火了好几家民宿，如《亲爱的客栈》第三季的拍摄地中卫西坡民宿，《青春旅社》的拍摄地莫干山静静的湖民宿……根据宾客在OTA上的评价，民宿正餐以供应当地特色菜为主，民宿管家推荐的菜肴深受宾客的好评。中卫西坡民宿一位宾客评价说：“晚上一起吃了黄河大鲤鱼、烤羊排和羊肉串，果然名不虚传，纷纷表示从没有吃过这么好吃的羊肉。”莫干山静静的湖民宿一位宾客评价说：“竹林鸡是当地的特色，一定来个土鸡煲不会让你失望，竹笋也不错，餐品得到家人一致好评，一年过去了，儿子还在回味走时的那碗面。”

（资料来源：根据网络资料整理）

【案例分析】

有些民宿除了提供早餐外，还会提供午餐和晚餐。民宿的正餐一般提供有地方特色的农家菜，也有西餐简餐、烧烤等项目，不同项目的对客服务流程各有特点。

【问题】

1. 宾客到民宿用餐时，民宿管家如何为其提供服务?

2. 当宾客要求自助烤羊排时，烧烤的服务流程有哪些?

资料：中餐摆台操作标准

一、中餐服务（图 4–3）

（一）餐前准备工作

1. 清洁、整理餐厅

整理台面、椅子、衣架、备餐台面。台面、椅子对称整齐，衣架复位不挡道，备餐台面干净、无杂物。

2. 准备营业所需物品

（1）准备好餐柜里的茶叶、骨碟、汤勺，每张台多备2套餐具。

（2）准备好分菜用的刀、叉、分菜夹、巾镊，准备好菜单、菜谱、笔、打火机、启瓶器（啤酒、红酒）等服务用品，一般多准备2条口布及1条干净的白毛巾。

（3）开餐前15分钟把开水打好，把茶壶准备好。

（4）备餐柜的物品要分类摆放，常用、先用的放外层，不常用、后用的放里层，杯、碟叠放时不宜太高，避免拿其他餐具时碰倒。

（5）补充餐具时要注意检查卫生，脏、残、破的餐具不可将就使用。

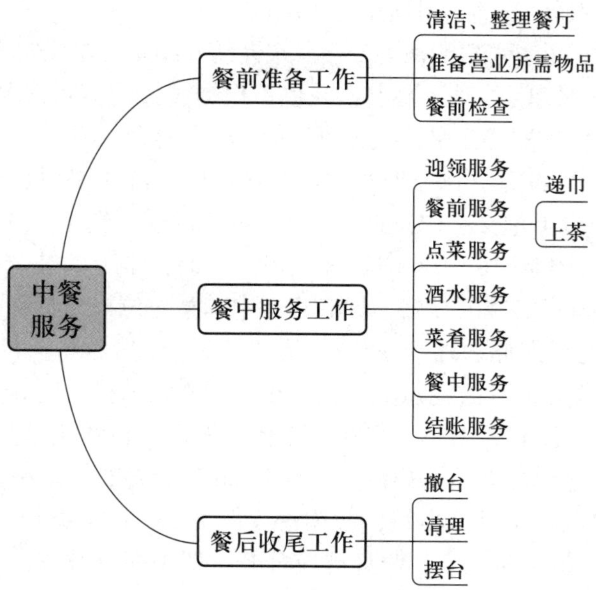

图 4-3　中餐服务的基本流程

3. 餐前检查

（1）自查仪容仪表、服务用具。

（2）检查工作区地面、墙、玻璃的卫生。

（3）再次检查桌上餐饮用具的卫生，发现问题及时纠正。

（二）餐中服务工作

1. 迎领服务

（1）问候。当宾客进入餐厅或用餐区域时，服务人员应主动微笑问候宾客，询问宾客有无预订。

（2）引领。引领宾客到合适的位置，在主位拉椅，并作“请”的手势，说“先生，请这边坐”；有临时加位的应及时完成并添加餐具等。宾客落座时，要本着先宾客后主人、先女士后男士、先老后幼再壮年的原则。

（3）其他服务。若是宾客脱外套或提包的，应主动帮宾客挂好，并注意是哪位宾客的。有孩子的应及时加儿童餐椅。帮宾客拿外套或提包时，应先征询宾客的意思，“先生 / 小姐，我可以帮您……”以免引起宾客的不愉快。

（4）迎领服务注意事项。① 遇重要宾客前来就餐时，民宿管家应在餐厅门口迎候。② 如迎领员迎领宾客进入餐厅而造成门口无人时，其他员工应及时补位，以确保宾客前来就餐时有人迎候。③ 如宾客前来就餐而餐厅已满座时，应请宾客在休息处等候，并表示歉意。待有空位时应立即安排宾客入座，也可将宾客介绍至其他民宿就餐。④ 应根据宾客的情况为其安排合适的餐位，如老年人和残疾人应安排在离门口较近的餐桌；为情侣安排较为僻静的餐桌等。⑤ 如遇带儿童的宾客前来就座，应征求宾客的意见并及时送上儿童餐椅。

2. 餐前服务

（1）递巾。派送毛巾应从主宾开始，按顺时针方向，从宾客右手边操作，逐位送上热毛巾，并配合相应的规范用语“先生 / 小姐，请用毛巾”。

（2）上茶。① 问茶。询问宾客喝什么茶，并灵活介绍本店的茶叶品种，如“请问各位要喝什么茶，我们店有……”问茶时，要察言观色，根据宾客的实际情况，要有 2 ~ 3 个茶叶品种和高、中、低 3 种品种搭配着介绍；熟客可以简单介绍常饮的一两种并征询浓淡要求或根据宾客的喜好介绍即可。② 沏茶。沏茶时，要洗一遍茶叶，洗时要留意水温是否适合沏茶。沏好茶后把茶壶搁在工作台上泡 2 ~ 3 分钟，并对宾客交代说“先生，我把茶泡一会才好出味，请您耐心等两三分钟”。泡茶时，一面向宾客交代，一面把桌上的装饰花 / 盆景撤走。沏茶服务过程中，服务人员要留意宾客的爱好，如有宾客中的某一位提出特殊的喝茶要求时，要马上上前说：“先生，我马上帮您冲一杯 ×× 茶，请您稍等”，然后马上帮宾客换茶。③ 斟茶礼貌。斟茶从主宾开始，按顺时针方向从宾客的右手边操作。若摆台时，已经摆好茶杯，则直接斟茶到桌上的茶杯里。若没有摆茶杯，则在工作台上操作，在圆托里摆上相应的茶杯与杯碟，斟好后连杯碟一起把茶送到桌上的茶杯位上（即装饰碟的右侧）。斟茶时，茶杯在桌与否都应先作“请”的手势，并说“先生 / 小姐，我为您上一杯茶”；上茶或斟茶后还应该说“请用茶”。若在工作台上操作斟茶时，茶杯与杯碟应分开，即茶杯分散放，杯碟叠起来一起放；上一杯茶，则先拿茶杯放到最上层的杯碟上，然后连杯碟一起摆到宾客的茶杯位上（不可直接放到装饰物上）。茶水只斟七八分满，满则欺人。

3. 点菜服务

菜谱应在迎宾带客落座时已经递给宾客，要说“先生 / 小姐，您好，这是我们的菜谱，请您先看一下”。如果桌上有厨师特别介绍，还应该介绍这是今天厨师特别推荐的菜。收到宾客点菜指示后，了解谁是主要的点菜人，以及该桌宾客的就餐目的。点菜时，要根据宾客的心态和性质去介绍。点菜时，运用的技巧主要有：传统典故、名人效应、时尚吃法、地方特色、营养学、特别介绍、形象说明等。点菜时要主动介绍，多用二选一介绍法，语气要肯定、热情、大方。当宾客表示点菜完毕后，为了避免出现差错，服务人员应向宾客重复一遍所点的菜肴，尤其是当宾客所点菜肴进行过更改时，要及时与宾客确认。

从宾客的要求和民宿餐饮服务的特点来看，点菜服务需要注意以下几点：

（1）注意时机与节奏。

（2）注意宾客的表情与心理。一“看”，看宾客的年龄，举止情绪，是外地还是本地，是吃便饭还是洽谈生意、宴请。还要观察到谁是主人，谁是宾客。二“听”，听口音，判断地区或从宾客的交谈中了解其与同行之间的关系。三“问”，征询宾客的饮食需要，作出适当的菜点介绍。

（3）要认真与耐心，应向宾客详细介绍、推介，耐心听听宾客的意见。

（4）注意语言与表情。

（5）注意知识与技能。对菜品、点菜等产品知识要有充分的认识；可根据观察来判断宾客的要求，需要掌握相关的业务知识与技能。

4. 酒水服务

（1）征询主人或点菜人想用什么酒水、饮料。

（2）介绍本店的红酒、白酒、洋酒、啤酒、果汁、鲜榨果汁。

资料：酒的分类

（3）如果宾客喝花雕酒，要问宾客是否需要加话梅和加热；如果喝红酒，问是否要兑柠檬和雪碧；喝洋酒，问是否要加冰块；喝日本清酒时，要问加热还是冰镇。介绍单项酒的品种时，要注意结合使用礼貌用语和二选一推销法，如“先生 / 小姐，我们的啤酒有百威和青岛，请问您是要百威还是青岛？”要坚持相同问题不能问第二遍的服务原则，在问酒水时，要标出宾客需要的品种、价位。

（4）斟酒水。① 示瓶。服务人员用右手握住酒瓶的颈部，左手托住瓶底，将酒瓶上的商标朝向宾客，请其确认后方可打开。相应的礼貌用语为：“先生 / 小姐，这是您需要的 ×× 酒，请问现在可以打开吗？”示瓶时，如果是白酒应倒过来摇一下，以免沉淀。② 斟酒。从主宾的右手边操作，按顺时针方向进行。右手叉开拇指，并拢四指，掌心贴于瓶身中部，酒瓶商标的另一方，酒瓶的商标应全部暴露在外面。白酒全八分满，红酒七分满，啤酒八分满（带泡沫刚好平杯）。斟酒水时要侧身，左手不端托盘时要自然地放于身后，略倾斜约 45°。为宾客斟酒不可太满，瓶口不可碰杯口，瓶口应离杯口 2 厘米左右为宜，以免有碍卫生或发出声响。

（5）倒饮料。软包装饮料应该在工作台先剪包装，然后再倒。硬包装 / 罐装饮料也应该在工作台打开包装，以免饮料溅到宾客身上。果汁饮料应倒八分满。不同类型的饮料，在打开包装之后，应统一放到一个托盘上，根据宾客的不同需要，拿不同类型的饮料去服务。

5. 菜肴服务

上菜前将宾客所点酒水按要求斟好，并将茶杯撤下。如果宾客不要茶水的，可帮其换大水杯上。准备好第二道毛巾（带毛巾船），按顺序放在宾客的左手边。根据宾客所点的菜单准备好上菜所需用品。如果点的鱼、虾、蟹多的话，应多准备骨碟与小毛巾。点的汤水多的话，还要多准备汤勺。上菜时要报菜名，“这是 ×× 菜，请慢用”，报菜名时应挺直上身，左手背在背后，右手伸出来做请的手势，眼睛要慢慢地巡视到每一位宾客，不能只盯着一个人说话。上菜前要先整理好台面，腾出上菜的位置或者上其他东西的空位，杜绝一手拿菜盆一手去整理台面。上果盘前，应该把空菜盘以及桌面上多余的杯碟收走，再上一套骨碟、小叉。上果盘前，每人上一杯热茶。

上菜顺序要按照地方习惯安排，一般顺序是先冷菜后热菜，先上海鲜、名贵菜，再上肉类、禽类、鱼类，接着是蔬菜、汤、面点，最后上水果。

菜肴的摆放位置要体现主人和主宾优先的原则，第一道热菜应放在主人和主宾的前面，没有吃完的菜则移向副主人一边，后面上菜可遵循同样的原则。中餐热菜上整体型菜肴，应鸡不献头、鸭不献掌、鱼不献脊，头朝右，即上菜时将其头部一律向右，脯（腹）部朝主宾和主人，表示尊重。凡配调料的菜肴，应先上调料、配料再上菜肴。

资料：菜肴介绍注意事项

6. 餐中服务

（1）收。在倒好酒水后一般收走茶杯，如宾客有需要则可以留着；收空汤碗时应该先问宾客是否还需要加汤，然后再收。

（2）添。① 添酒水。要时刻注意宾客喝酒的快与慢，当酒杯里的酒剩下 1/3 时，就应该主动去帮宾客添酒水。添酒水应从主人左手边的宾客开始，这样方便酒水用完时询问主人是否还需要添酒水。② 添饭菜。留意宾客的饭与菜，当剩下 1/4 ~ 1/3 时，应主动询问宾客是否需要添加。

（3）换。换骨碟时应先在托盘上垫一块纸巾，然后把干净的骨碟放在托盘靠身体的一侧，收脏骨碟时应一层一层堆放，让食物残渣堆在托盘的左侧，脏骨碟自然叠起来；视情况及时更换小毛巾。

（4）分。整条分。整条的鱼先将鱼骨取出来，然后把鱼整理成原形，根据人数切成几份，分时每份里有一块鱼腩一块鱼背，鱼头、鱼尾另分成一份，征求宾客哪位食用。当桌面上有以件为单位的菜时，后面还有没上来的菜，服务人员要提前腾出上菜的位置，就可以把上述的菜品征求意见后分到宾客骨碟上。鱼翅、汤、羹类先上台报菜名，然后端到工作台分好再上。分完之后，剩下的菜品，可以换小碟上桌或者是放在工作台，以方便随时添加。

（5）撤。撤换餐酒具时应注意礼貌，站在宾客的右侧用右手将餐酒具撤回放到托盘中；撤菜盘时不拖拽，不能当着宾客的面刮擦脏盘，不能将汤水及菜洒到宾客身上。撤盘时一定要先征求宾客的意见才可以撤，同时撤盘时不能从宾客的头顶上越过。

（6）询。① 询品味。宾客用餐时，服务人员要随时注意他们对菜品的评价，随时反馈他们的意见，也需要记住常人的口味、习惯等。② 询添减。点完菜后，服务人员要及时询问宾客有无添减菜品的需求。③ 询快慢。服务人员要灵活掌握宾客的用餐要求，赶时间的宾客要交代厨房快上，注重聊天的宾客要慢上，以免菜品太快变冷。④ 询需要。密切观察宾客的用餐情况，注意宾客的一举一动，要在他们提出需要之前，迅速上前询问需要。

7. 结账送客

宾客在民宿用餐完毕，可选择现金、信用卡、微信、支付宝等方式结账。宾客走时要提醒他们带齐自己的物品，并将剩余的食物征求宾客意见帮其打包。宾客离开时，要送到大门口，礼貌热情地与他们道别，并欢迎下次光临。在结账时要唱收唱付，应收多少、应找多少，要当着宾客的面说清、点清。结账时，服务人员要懂得观察宾客的类型，要根据宾客的类型选择隐蔽或公开的结账方式。

（三）餐后收尾工作

1. 撤台

宾客离开餐厅后，服务人员要立即开始清理餐桌。

（1）检查餐厅是否有宾客遗留的物品，如果有遗留，应尽快归还宾客，如果宾客离开，应向店长或管家汇报，按照相关规定处理。

（2）码齐座椅后按餐酒具种类收台。收台顺序一般为先收餐巾及毛巾，后收玻璃器皿，再收不锈钢餐具，最后收瓷器类餐具及筷子。收台时应分类摆放，坚持使用托盘，并注意安全和卫生。

2. 清理

撤台后马上清理台面，等台面清理完毕再清理地面。

3. 摆台

摆碟及碗时，注意预留位置，以免碰撞，放小勺到碗时要轻放，以免发出响声或撞烂。餐具上台时，一定要注意检查卫生，脏、残、破的餐具不可将就使用。

资料：西餐摆台操作标准

二、西餐服务

西餐又称西菜，是中国人对欧美各国菜肴的总称，常指以法国、意大利、美国、英国、俄国为代表的菜肴。

（一）西餐上菜的顺序

西餐的午餐、晚餐不论是宴会还是便餐，都有一定的上菜顺序。正餐的上菜顺序为：头盆、汤、沙拉、主菜、甜品、咖啡或茶。总体来讲，西餐上菜的顺序是先冷菜后热菜，最后再到冷菜；从鲜美到甜味；口味从清淡到浓重，再到清淡；从生到熟。

1. 头盆

头盆（appetizer）就是开餐的第一道菜，旨在开胃，所以又称开胃品或开胃菜，一般数量较少。头盆又分为冷头盆和热头盆。头盆常用中、小型盘子或鸡尾酒杯盛装，色彩鲜艳、装饰美观，以达到增进宾客食欲的目的。

冷头盆由冷制食品制成，如熏三文鱼、黑鱼子酱、生蚝和鹅肝酱、虾仁鸡尾杯等。热头盆由热制食品制成，如法式焗田螺、串烧海虾、奶油鸡酥盒、酿班戟等。

2. 汤类

西菜中的汤类（soup）花色品种很多，大致可分为浓汤和清汤，也可分为冷汤类和热汤类，一般要求原汤、原色、原味。热汤中有清汤和浓汤，如牛尾清汤、鸡清汤、奶油汤、法式洋葱汤等。冷汤较少，比较有名的有西班牙冻汤、德式杏仁汤、格瓦斯冷汤等。

3. 沙拉

沙拉（salad）的英文意思为凉拌食品，具有开胃、助消化和增进食欲的作用。沙拉可分为水果沙拉、蔬菜沙拉和荤菜沙拉三大类。前两种清淡爽口，适用于中、晚餐伴随主菜一起食用，后一种多用于冷盘，可单独作为一道菜。常见的沙拉有什锦沙拉、厨师沙拉、海鲜沙拉、水果沙拉。

4. 主菜

主菜（main course）又名主盘，通常是甜品前的一道菜，是全套菜的灵魂。制作主菜时相当考究，既考虑色、香、味、形，又考虑菜肴的营养价值。主菜多用海鲜、禽畜做主要原料，采用炸、焗、烘、烤、煮、蒸、烧等方法制作而成，如大虾吉列、法式烧鸡、古巴式剪猪肉、法式烤羊腿等。

5. 奶酪、甜点

主菜用完后即为甜点（dessert）。零点餐厅还需问清宾客是否要奶酪，先吃奶酪，后吃甜点。吃奶酪还要跟配黄油、面包、克力架、芹菜条、小萝卜等，调味品用胡椒和盐。吃奶酪时常配喝葡萄酒。甜点有冷热之分，是宾客的最后一道餐食。常有冰激凌、布丁、蔬乎利、派、蛋糕、水果等。

（二）西菜与酒水的搭配

在西餐中，酒水与菜式的搭配有一定的规律。总体来说，色、香、味淡雅的酒品应与色调冷、香气雅、口味纯、较清淡的菜肴搭配，如头盆、鱼、海鲜类应配以白葡萄酒（需冰镇）。香味浓郁的酒应与色调暖、香气浓、口味杂、较难消化的菜肴搭配，如禽类配红葡萄酒。另外，咸食选用干、酸型酒类，甜食选用甜型酒类。在难以确定时，则选用中性酒类。

资料：西餐菜肴与酒水搭配方法

（三）西餐正餐服务程序

1. 餐前准备工作

（1）保持餐厅的整洁卫生，台椅应当摆放整齐和稳固。按照西餐摆台的标准摆好餐台。

（2）准备好干净的调酒器、咖啡炉具以及各种水杯、酒杯、餐具、银器、酱料，准备好各种酒、饮料和冰水。

（3）检查并保证音响、照明、空调等设备运转正常。

（4）熟悉当天的特色菜肴。

2. 迎宾服务

（1）宾客到达餐厅时，迎宾员应主动上前欢迎，问清是否预订了餐位。“晚上好，欢迎您来我们西餐厅！请问您订座了吗？”（Good evening，welcome to the restaurant，have you made a reservation？）

（2）如果宾客已订座，迎宾员应热情地引宾客入座。如果没有订座，而餐厅已满座或空台还没有收拾好，迎宾员应主动将其引至公共区域稍等，并推销饮品。“请到我们的酒吧喝饮品好吗？如有座位我马上来请您。”（Would you like have a drink？ I'll call you as soon as the table is ready.）

（3）迎宾员领宾客入座，并与餐厅服务人员合作帮助拉椅子，帮宾客打开餐巾。迎宾员离开时，向宾客说：“请享用您的晚餐。”（Enjoy your dinner.）

3. 席间服务

（1）宾客入座后，迎宾员回到迎宾岗位。看台服务人员向宾客问好，为其打开餐巾，斟倒矿泉水（有时放进一小片柠檬），为宾客推销饮品。“请问您餐前喝些什么饮品？我们有各种啤酒、鸡尾酒和果汁。”（Would you like some drinks before your dinner，Beer，cocktail or fruit juice？）

（2）推销完餐前饮料后，服务人员从宾客的右侧递送菜单，并介绍当日餐厅的特色菜。站在宾客的右侧点菜，先女士后男士。点菜时说：“请问您现在点菜吗？”（May I take your order？）在点菜过程中，要重复宾客所点的菜的名称和数量，离开前应当说：“谢谢您。”（Thank you.）

在宾客点下列菜肴时，管家或接受点菜的服务人员应注意下述事项：① 点牛排、羊排，问生熟程度。按照惯例，牛排生熟程度分为全熟、七成熟、五成熟、三成熟和一成熟五个层次。② 点沙拉问配何种沙拉汁，如油醋汁、法式汁、千岛汁等。③ 在宾客前制作恺撒沙拉时，要将装有各种调料的盆子端给宾客看，征询宾客是否要放全每种调料。

（3）餐厅服务人员送上所点的餐前饮品，在宾客的右侧上餐前饮品，并介绍饮品的名称。从宾客的左边上黄油，放在面包碟上方，将面包篮放在宾客的左手边的适当位置。餐厅服务人员根据点菜单，摆上适当的餐具，根据需要准备烹调车、服务用具、调味品、用料等。

（4）从宾客的右侧递上酒单，并根据宾客所点的菜主动介绍和推销佐餐酒（各种白葡萄酒和红葡萄酒）。递上酒单时说：“这是我们的酒单。”（Here is our wine list.）然后介绍餐酒：“先生，您要一瓶红葡萄酒配上您的牛排吗？”（Would you like to order a bottle of red wine to go with your steaks？）“您要一瓶白葡萄酒配上您的海鲜吗，先生？”（What about a bottle of white wine to go with your seafood，sir？）

（5）从宾客的右侧上红、白葡萄酒。如宾客已订座，则在其未到之前摆上红、白葡萄酒杯。红葡萄酒用银制的酒架或藤制的酒篮盛装，白葡萄酒则用冰桶冷藏，并带上一条餐巾。为宾客服务葡萄酒时将酒拿到餐桌边，把葡萄酒的标签出示给宾客，待其认可后再开启葡萄酒，并用餐巾抹干净瓶口，将瓶塞给宾客鉴赏。

（6）斟少许葡萄酒给主人品尝，待主人认可后再给其他宾客斟酒。斟酒时，酒液不得超酒杯高度的2/3，逆时针方向斟酒，先女士后男士。斟完酒后将红葡萄酒瓶连酒架或酒篮一起放在桌面适当的位置上，酒的标签朝向主人。白葡萄酒斟完后酒瓶放回冰桶冷藏，冰桶放在桌子旁边适当的位置上。斟酒完毕，酒水员离开前说：“请您慢用。”（Enjoy your dinner.）

（7）西餐上菜的顺序是开胃菜、汤、沙拉、主菜、甜品。上菜时重复宾客所点的菜名，并且应将所有的主菜一起揭开盘盖说：“请您慢用。”（Enjoy your dinner.）

（8）宾客酒杯里的酒少于1/3时，要随时斟上。如酒瓶已空，要出示给宾客并主动推销酒类。待主人认可后，方可将空酒瓶或酒具拿走。勤向杯里斟冰水，水杯里的水不能少于 1/3。宾客吃面包时，当黄油盅里的黄油已少于 1/3 时，应当添黄油。收撤空饮品杯时可推销其他饮品。宾客用完每道菜肴后，撤去用过的餐具并斟倒酒水。

（9）撤餐具时，放在宾客左手边的餐具应从左侧撤下，右手边的餐具应从右侧撤下。不可在餐桌上当着宾客的面清理盘内剩菜，或将盘子在餐桌上垒起撤走。在撤下主菜盘上甜品和水果之前，用一块叠好的干净餐巾把撒落在桌子上的菜和面包屑等扫进一个小盘里，同餐桌上用过的餐具一并撤下，保留水杯、饮料杯、烟灰缸、花瓶、蜡烛等，以保持桌面整洁。

（10）有时宾客在点菜时，没有一次将菜肴点齐，通常仅仅点到主菜为止，再根据用餐的情况点甜品。这时服务人员应主动向宾客推销甜品，适时推上甜品车或从宾客的右边递上甜品单，并推荐时令水果、雪糕、奶酪、各式蛋糕、特式咖啡、茶等。根据宾客需要的甜品摆上相应的餐具。从宾客右侧送上甜品，摆在餐位的正中，报上甜品的名称，礼貌地请其享用。宾客用完甜品后，除留下酒水杯外，将其他餐具撤去。

4. 结账服务

当宾客用完主菜后，服务人员应主动上前询问菜肴和服务质量。全部菜肴上完后，服务人员应准备好账单，待你看餐毕要求结账时，问清付款方式，马上送上账单。此前要检查账单是否正确，账单用账单夹夹好，从主人的右边递上，并说："这是您的账单，非常感谢。"（Here is your bill. Thank you very much.）此时无须读出账单金额。

5. 送客服务

当宾客准备起身离开时，应为其拉开椅子，迅速检查是否有遗留的物品，将顾客送出餐厅门外，向宾客道别并欢迎其再次光临。道谢时说："多谢光临，欢迎再来。"（Thank you. Please come again.）

送走给宾客后，服务人员应使用托盘，按照撤台的标准程序清理台面。将餐椅摆放整齐，更换台布，重新摆台。

三、烧烤服务

烧烤是指将肉、蔬菜等食物置于木炭或电加热装置中烤制的食品加工方式。

（一）烧烤的操作步骤

1. 选料

先根据宾客的口味选用颜色新鲜的鸡、鹅、猪、牛、羊、蛙、蔬菜、水果等可食用性食品。

2. 腌泡

将各种调味料放入以上选好的食品中拌匀，腌泡一定的时间。

3. 穿串

将应烤的肉、蔬菜等原料用竹签穿成串以备烤制。

4. 烤制

（1）先将烤炉清理干净，加入木炭（粟炭）点燃，等炭充分燃烧后，再把炭火用火钳刨开铺成 1.5 ~ 2 厘米厚的火层。

（2）将食品串放在炉面上，凡是肉、排骨类的直接刷油（两面都刷）烤制，再翻来覆去地烤。食物串看上去油泡翻滚，颜色变白、变黄表示成熟；鸡爪等应烤到有炸响声，鸡翅烤至焦黄大泡状态；鸡腿边烤边用小刀破口刷油烤至焦黄，里面没有血水溢出表示烤熟。烤制时间长短应根据火候大小、食物品种而定，但千万不能烤焦。边烤边刷油，待食物烤到九成熟时及时撒上辣椒粉、孜然粒或其他调料，刷上油，稍烤一下既可起炉。

（3）蔬菜类的食物应放在炉面上后，再加入蔬菜香粉，用油刷均匀，将其烤软、烤黄即可撒上辣椒粉、孜然粒，再烤几秒钟起炉。

（4）刷子醮上油后应在油缸上擦去多余的油，以刷在串上不落入火中冒油烟为准。

（二）烧烤服务的流程

烧烤服务的流程为：了解预订客清单、接待前准备、接待服务、发放用具服务、宾客退用具服务、结算服务、清洁场地，如图 4–4 所示。

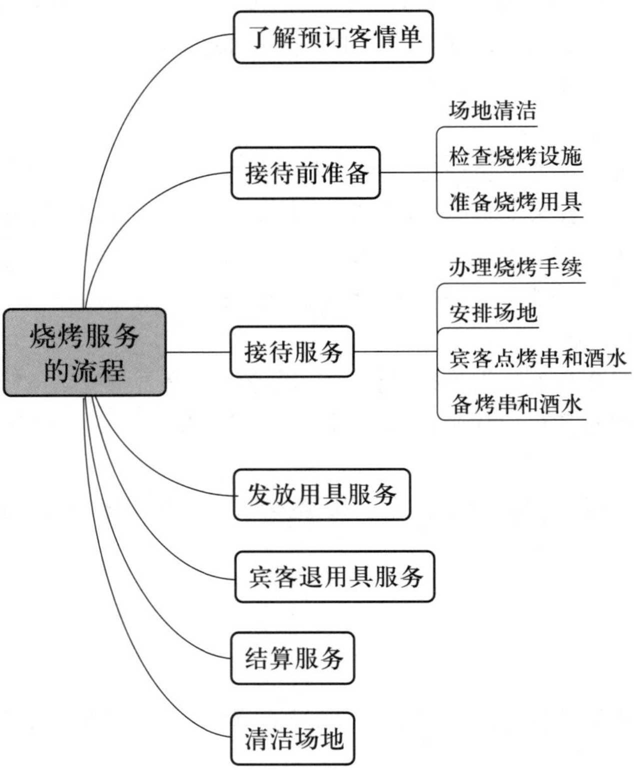

图 4–4　烧烤服务的流程

【知识拓展】

中国八大菜系

中国菜历史悠久，品种丰富，精美绝伦，举世闻名。其特点主要为：选料广泛、刀工精细、配菜巧妙、烹法多样，调味丰富，火候得当，造型美观、讲究盛器。

一、山东菜系（鲁菜）

山东菜系由济南和胶东等地的地方菜发展而成。济南菜包括济南、德州、泰安一带的菜肴，精于制汤；胶东菜包括福山、青岛、烟台一带的菜肴，以烹制海鲜见长。

山东菜的特点是选料精细、刀法细腻、味道清淡、突出鲜味、讲究吊汤、花色多样。其代表菜有清汤燕菜、奶汤鸡脯、红烧海螺、德州扒鸡、糖醋黄河鲤鱼、锅烧肘子、九转大肠等。

二、江苏菜系（苏菜）

江苏菜系由扬州、南京、苏州等地方菜发展而成。扬州菜又称淮扬菜，是指扬州、镇江、淮安一带的菜肴，以烹制江鲜、家禽见长；南京菜以制作鸭菜著名；苏州菜是指苏州、无锡一带的菜肴，擅长烹制河鲜和蔬菜。

江苏菜的特点是选料严谨、制作精细、因材施艺、四季有别、讲究造型、味感清鲜、保持原汁、南北皆宜。其代表菜有煮干丝、三套鸭、水晶肴蹄、清炖蟹粉狮子头、盐水鸭、金陵烤鸭、黄焖鳗鱼、松鼠鳜鱼等。

三、四川菜系（川菜）

四川菜系以成都为代表，各地又各有特色。四川俗称“天府之国”，物产丰富，为四川菜的发展提供了极为丰盛的物质基础。四川菜素以味多、味广、味厚著称，享有“一菜一格”“百菜百味”之誉。

四川菜的特点是选料严谨、刀工精细、烹调考究、注重调味、花色多样、地方色彩浓厚。其代表菜有宫保鸡丁、麻婆豆腐、回锅肉、水煮牛肉、樟茶鸭子、夫妻肺片、鱼香肉丝、水晶腰花、怪味鸡、香酥鸭、干烧鱼翅等。四川火锅也享誉海内外。

四、广东菜系（粤菜）

广东菜系由广州菜、潮州菜及东江菜发展而成。广州菜选料广、配料多、善变化、季节性强；潮州菜以烹制海鲜见长，精于制作汤菜；东江菜以肉禽、野味为主要原料，下油重，口味偏咸，但独具乡土风味。

广东菜的特点是选料广泛、刀工精细、精工细作、花色繁多。其代表菜有烤乳猪、烧雁鹅、蚝油牛肉、冬瓜盅、烩蛇羹、龙虎斗、东江盐焗鸡、滑炒虾仁、咕咾肉、梅菜扣肉等。

五、浙江菜系（浙菜）

浙江菜系由杭州、宁波、绍兴三种地方风味组成。杭州菜是浙菜的代表，以制作精细、富于变化著称；宁波菜擅长烹制海鲜，强调鲜咸合一，注重保持原味；绍兴菜以烹制河鲜、家禽见长，极富乡土气息。此外，温州、台州等地区的海鲜类菜肴也有一定的特色。

浙江菜的特点是讲究刀工、制作精细、应时而变、简朴实惠、富有乡土气息。其代表菜有西湖醋鱼、龙井虾仁、干炸响铃、东坡肉、油焖春笋、西湖莼菜汤、宋嫂鱼羹、咸菜大汤黄鱼、冰糖甲鱼、清汤越鸡、干菜蒸肉、荷叶粉蒸肉等。

六、福建菜系（闽菜）

福建菜系由福州菜、厦门菜发展而成。福州菜擅烹肉禽原料，讲究吊汤；厦门菜以烹制海鲜原料闻名。

福建菜的特点是制作细巧、讲究刀工、色调美观、调味清鲜。其代表菜有佛跳墙、太极明虾、干炸三肝花卷、淡糟炒鲜竹蛏、雪花鸡、福寿全、菊花鱿鱼球、鸡汤氽海蚌、小糟鸡丁、八宝龙珠等。

七、安徽菜系（徽菜）

安徽菜系由皖南、沿江、沿淮三种地方风味发展而成。皖南菜又称徽州菜，以烹制山珍野味著称，并善于保持原汁原味；沿江（长江）菜以烹调江鲜、家禽见长，善用糖调味；沿淮（淮河）菜以肉禽、河鲜为主要原料，咸中带辣，习惯用香菜佐味。

安徽菜的特点是讲究刀工、口重色浓、烹调考究、朴素实惠。其代表菜有火腿炖甲鱼、清蒸石鸡、毛峰熏鲥鱼、蜂窝豆腐、符离集烧鸡、无为熏鸭等。

八、湖南菜系（湘菜）

湖南菜系由湘江流域、洞庭湖区、湘西山区三种地方风味发展而成。湘江流域的菜以长沙、衡阳、湘潭为中心，是湘菜的主要代表；洞庭湖区以烹制河鲜和肉禽见长；湘西山区擅长制作山珍、熏肉、腊肉等，颇具山乡风味。

湖南菜的特点是用料广泛、制作精细、咸辣香软、讲究实惠。其代表菜有霸王别姬、东安仔鸡、腊味合蒸、红煨鱼翅、金钱鱼、发丝百叶、冰糖湘莲等。

【实训项目】

一、为散客提供中餐零点服务

1. 教师课前准备好托盘、菜单、酒瓶、酒杯、餐碟、汤碗、摆台用具、点菜单、供分菜的蔬菜丁。
2. 讲解中餐零点服务流程及要领。
3. 学生复述服务流程及要领，两人一组进行情景演练，一人扮演宾客，一人扮演服务人员。
4. 教师现场指导、纠正。
5. 学生分组轮流练习。
6. 教师总结点评。

二、西餐正餐服务接待

1. 教师课前准备好托盘、菜单、酒瓶、酒杯、刀叉、摆台用具、点菜单。
2. 讲解西餐正餐服务的流程及要领。
3. 学生复述服务流程及要领，两人一组进行情景演练，一人扮演宾客，一人扮演服务人员。
4. 教师现场指导、纠正。
5. 学生分组轮流练习。
6. 教师总结点评。

【任务思考题】

1. 餐厅服务人员在向宾客介绍菜肴典故和菜点营养特点时，应该注意哪些事项？
2. 对民宿提供的各类酒水进行分类并说明其特点。

任务三　调 酒 服 务

【引导案例】

莫　吉　托

“麻烦给我的爱人来一杯Mojito，我喜欢阅读她微醺时的眼眸……”周杰伦的一曲《mojito》刷屏了朋友圈，让莫吉托（Mojito）成了一个网红词汇。莫吉托其实是一种古巴传统鸡尾酒的名字，由淡朗姆酒、甘蔗汁/白砂糖、青柠汁、苏打水和留兰香组成，通常色彩艳丽、口感刺激。炎热的夏天，来一杯带着夏日甜美气息的莫吉托，光看着就觉得清爽了。

【案例分析】

鸡尾酒（cocktail）色、香、味兼备，盛载考究，装饰华丽，有圆润、协调的味觉，观色、嗅香，更有享受、快慰之感。其独特的载杯造型，简洁妥帖的装饰点缀，增添了餐饮中的诗情画意和独特韵味。

【问题】

1. 为什么说鸡尾酒是一种非常具有个性的饮料？

2. “鸡尾酒”诞生已逾两百余年，魅力不减，如何让其成为民宿经营中的亮点？

鸡尾酒是一种混合饮品，是由两种或两种以上的酒或饮料、果汁、汽水混合而成，有一定的营养价值和欣赏价值。通常以朗姆酒、金酒、龙舌兰、伏特加、威士忌、白兰地等烈酒或葡萄酒作为基酒，再配以果汁、蛋清、香精、牛奶、咖啡、糖等辅助材料，加以搅拌或摇晃而成的一种混合饮品，最后还可用柠檬片、水果或薄荷叶作为装饰物。

一、调酒原材料

（一）基酒

酒吧常用的基酒除白兰地、威士忌、伏特加、朗姆酒、金酒、中国白酒等蒸馏酒外，酿造酒中的葡萄酒和配制酒中的开胃酒、利口酒也会作为基酒使用。

1. 白兰地

白兰地（brandy）是一种以水果（如葡萄、樱桃、苹果等）为原料，经过蒸馏、橡木桶陈酿，再勾兑而成的烈性酒。

白兰地色泽金黄透亮，呈琥珀色，具有优雅细腻的葡萄果酒香和浓郁的陈酿酒香，口感甘洌，余香留杯，常见酒精度为40%。

白兰地原产于法国干邑地区。目前，世界上生产葡萄酒的国家都生产白兰地。但是，白兰地以法国生产的为最好，法国白兰地则以干邑和雅文邑为最佳。

调酒时选用的白兰地品种主要以酒吧通用牌号的法国白兰地为主，一般除宾客指定牌号调酒外，很少选用高档名贵的干邑来作为鸡尾酒的基酒使用。

2. 威士忌

威士忌（whisky）是以大麦、黑麦、燕麦、小麦、玉米等谷物为原料，经发酵、蒸馏后放入橡木桶中陈酿、勾兑而成的一种酒精饮料。

威士忌色泽棕黄带红，酒液清澈透明，气味焦香，略带烟熏味，口感甘洌醇厚，酒精度以40% 居多。

威士忌的主要生产国为英语国家。依照生产地和国家的不同，可将威士忌分为苏格兰威士忌、爱尔兰威士忌、美国威士忌和加拿大威士忌四大类。其中以苏格兰威士忌最为著名。

由于不同的威士忌具有不同的口味特点，传统的鸡尾酒配方当中常常指定威士忌酒的种类。

3. 金酒

金酒（gin）是以大麦、玉米、裸麦等谷物为原料，经过发酵、蒸馏后，加入杜松子和其他植物香料二次蒸馏而成的一种烈性酒。也音译作“琴酒”或“毡酒”，还以其香味称为“杜松子酒”。

金酒色泽透明、清亮，有“鸡尾酒心脏”之美称，是调制鸡尾酒使用最多的基酒。分有荷兰金酒和英国干式金酒两大类。前者产于荷兰，杜松子香味明显，微甜。后者则是所有清淡型金酒的代名词，含糖量极低，口味甘洌。

荷兰金酒常见酒精度为 37% ~ 43.5%。英国干式金酒是酒吧必不可少的基酒之一，在调酒中的使用量是其他任何酒水都无法比拟的。

4. 朗姆酒

朗姆酒（rum）是一种以甘蔗汁、糖蜜等为原料，经过发酵、蒸馏、陈酿而成的烈性酒。

朗姆酒最主要的生产国集中在加勒比海地区和拉丁美洲地区，是当今世界上产量和销售量最大的蒸馏酒。

朗姆酒颜色多样，或无色透明，或金黄透亮，或色泽深棕，但无论呈现何种颜色，都有明显的酒香。朗姆酒的常见酒精度为 37.5% ~ 40%。根据口味和色泽的不同，通常分为淡朗姆酒、金朗姆酒、黑朗姆酒和调味朗姆酒。调酒使用的朗姆酒以无色透明、香气淡雅的淡朗姆酒为主。

5. 伏特加

伏特加（vodka）是一种以谷物（如高粱、玉米、黑麦、小麦等）、土豆或甜菜糖浆等为原料，经过发酵、蒸馏、再过滤而成的烈性酒。

伏特加源于 12 世纪俄国的“生命之水”，是俄罗斯的国酒。

市面上的伏特加分为两大类，一类是原味伏特加，无色透明，口感干爽，无其他气味；另一类是加入各种香料的调香伏特加，其颜色、口味多样，具有所加入的草药、香料、水果的颜色和香味。在鸡尾酒基酒的选择上以原味伏特加为主，一般不选择调味型的伏特加。伏特加酒精度一般为 38% 以上。

6. 特基拉

特基拉（tequila）是一种以龙舌兰为原料，经过发酵、蒸馏、陈酿而成的烈性酒。

特基拉呈无色透明或金黄色，口味浏洌，香气独特。依据特基拉的颜色，将其划分成两个品种：银色特基拉和金色特基拉。银色特基拉在生产时，未经陈酿而直接装瓶，这种酒无色透明，口感辛辣，酒质较粗劣；金色特基拉生产时经过橡木桶陈酿一段时间，色泽金黄，酒质醇厚，口感柔和。特基拉的常见酒度为 35% ~ 55%。

7. 开胃酒

开胃酒（aperitif）是指在餐前饮用的酒，以葡萄酒或蒸馏酒作为酒基，以植物的根、茎、花、叶、皮等为调香原料经过浸渍或蒸馏等酿制方法调制而成的混合酒。能够刺激肠胃蠕动，产生胃液，增加食欲。

国际上通常将开胃酒分为味美思（vermouth）、比特酒（bitter）和茴香酒（anise）3 种类型。

8. 利口酒

利口酒（liqueur）又称香甜酒或力娇酒，是以蒸馏酒或食用酒精为基酒，加入水果、草根、树皮，经过浸泡、蒸馏等工艺制成的混合酒。由于利口酒具有缤纷的色彩、宜人的香气、甜腻滑爽的口味，所以是酒吧经常使用的酒水类型。

根据香料物质不同，利口酒可分为水果利口酒、香草利口酒、种子利口酒、其他香料利口酒 4 种。

9. 甜食酒

甜食酒是在西餐就餐过程中配合甜食饮用的一种酒品，属于特殊葡萄酒类的强化葡萄酒。甜食酒一般酒精含量在 15%～22%，几乎是一般葡萄酒酒精含量的 2 倍。较高的酒精度数使得甜食酒具有了在开瓶后仍能进行保存的特点。

甜食酒以西班牙和葡萄牙出产的最为著名，常见的品种有雪利酒（sherry）、波特酒（port，又称波尔图酒）、马德拉（madeira）、马萨拉（marsala）等。

10. 葡萄酒

葡萄酒（wine）是采用新鲜葡萄的果汁，经过发酵酿制而成的一种低酒精含量饮料。葡萄酒具有抗氧化、防衰老、预防冠心病、防癌和抗癌的作用。葡萄酒由于酒精度数低、营养价值高而深受人们的喜爱，成为人们的日常饮品。世界葡萄酒主要产地有意大利、法国、西班牙、美国、智利、澳大利亚、南非等。

按葡萄酒的颜色，可分为红葡萄酒（red wine）、桃红葡萄酒（rose wine）和白葡萄酒（white wine）3 种。但葡萄酒作为基酒的不多，香槟酒（champagne）是其中比较常见的一种。

（二）配料

1. 调味料

（1）柠檬苦精（bitter lemon concentrate）。必要时加一点柠檬苦精在苏打水中，可代替汤力水使用。

（2）乳饮料（milk）。将牛奶添入饮品，可以改善饮品口味，增加饮品的香滑度。可添加的除食用鲜牛奶外，还有奶油和炼乳。

（3）黄油（butter）。黄油是西餐常用的一种乳制品，多在调制红茶等饮品时使用。

（4）丁香（cloves）。丁香的干燥花蕾具有温中降逆、补肾助阳的作用。使用丁香调酒时，一定要注意不要将其花苞弄碎，应整朵放在热饮类鸡尾酒中，以起到增香调味的作用。

（5）豆蔻（nutmeg）。豆蔻是姜科植物白豆或爪哇白豆蔻的干燥果实，具有行气、暖胃、消食的作用。

（6）肉桂（cinnamon）。肉桂为樟科植物肉桂的干燥树皮或枝皮，具有温中补阳、除冷积、通血脉的作用。西方常用来调制花式咖啡。

（7）胡椒（pepper）。胡椒未成熟果晒干后果皮皱缩变黑的为黑胡椒，成熟果实脱去皮后色白的为白胡椒，主要供调味和药用。胡椒的主要作用是供调制一些特殊口味的鸡尾酒。

（8）食盐（salt）。酒吧用食盐来为某些酒水增添味道以及在挂霜杯时使用，以细粉盐为佳。

（9）辣酱油（worcestershire sauce）。辣酱油一种综合酱油、醋、蒜等的餐食调味品，偶尔也用来调制一些特殊口味要求的鸡尾酒。

（10）奎宁精（quinine concentrate）。奎宁别名金鸡纳霜，是从金鸡纳树皮中提得的一种生物碱，口感较苦，过去是治疗疟疾的主要药物。奎宁精用来调浓奎宁水，奎宁水是酒吧夏季常备的解暑去热的饮料。

另外，还有薄荷叶（mint leaf）、辣椒油（tabasco sauce）、香草（vanilla）等香料都可以作为酒水调制的调味料使用。

2. 果汁

（1）柠檬汁（lemon juice）。调酒使用频率最高的果汁，一般备有瓶装和鲜榨汁两种类型，一般急用时才使用瓶装制品。

（2）苹果汁（apple juice）。调制伏特加时常用的配料，一般冰镇瓶装苹果汁备用。

（3）葡萄汁（grape juice）。调制伏特加时常用的果汁制品，一般冷藏备用。

（4）莱姆汁（lime juice），也称青柠汁。青柠是一种小型的柑橘类水果，口味微酸中带有清爽的芳香。

（5）苹果西打（cider）。一种经过部分发酵和高温杀菌处理的苹果饮料。

（6）西柚汁（grapefruit juice）。西柚含大量维生素 C、钙质和钾质，是营养丰富的水果。一般使用时不加糖，因为西柚自身含果糖，也含热量，若加糖饮用，热量会更高。

（7）菠萝汁（pineapple juice）。它具有很浓郁的甜香味，色泽金黄、味道甜美，是调制热带口味鸡尾酒经常使用的果汁品种之一，一般使用前应冷藏。

（8）西番莲汁（passionfruit juice）。西番莲又称百香果，是著名的热带水果之一，多用来调制朗姆酒。

（9）番茄汁（tomato juice）。调制“血腥玛丽”最主要的辅料之一，一般使用罐装的纯番茄汁。

（10）姜汁啤酒（ginger beer）。含有较浓姜汁味的一种啤酒，除具有啤酒营养丰富、热量高的特点外，还有治疗感冒的作用。

3. 碳酸饮料

在鸡尾酒的调制过程中，加入碳酸饮料可以改善鸡尾酒的口味，增加酒的杀口力，创造鸡尾酒品所特有的风味。调制鸡尾酒常用的碳酸饮料包括以下几种。

（1）苏打水（soda water）。它是指富含二氧化碳气体的包装水，分瓶装和听装两种，用于一些长饮调配时使用。

（2）汤力水（tonic water）。起源于英国的一种饮料，无色透明，在清爽中带有淡的苦涩口味。因含有奎宁（金鸡纳霜）成分，欧美地区也称它为奎宁水。

（3）姜汁汽水（ginger ale）。它是以姜为原料，加入柠檬等香料制成的一种碳酸饮料，酒吧常用的调酒辅料，可以与白兰地、威士忌等基酒混配使用。

（4）柠檬汽水（lemon soda）。我国酒吧最常用的碳酸饮料之一，具有柠檬的清香、甜爽的口味和适度的口力。

（5）可乐（coke）。销量最大的碳酸饮料，除纯饮外，也可用于调制鸡尾酒。

4. 糖浆

（1）红石榴糖浆（grenadine syrup）。调酒时经常使用的一种糖浆制品，颜色红艳，口味酸甜。

（2）糖浆（sugar syrup）。多为调酒师自制，用于增添饮品的味道。

（3）蜂蜜（honey）。主要用于改善某些鸡尾酒的口味，增加酒液的甜度，一般选用颜色较淡一点的比较适合。

（4）糖（sugar）。可分为方糖、粒状砂糖、棉砂糖、咖啡糖等多种类型，红糖多用于调制热饮酒。

（5）番石榴酱（guava jelly）。番石榴又称“鸡矢果”，呈球形、卵形或梨形，果皮光滑，肉质软滑，味道清甜，具有较高的营养和药用价值。通常使用番石榴酱来调制朗姆酒为基酒的饮品。

此外，常用的还有杏仁糖浆（almonds syrup）、木瓜糖浆（papaya syrup）、草莓糖浆（strawberries syrup）、黑莓糖浆（cassis syrup）等糖浆品种。

5. 其他

（1）咖啡（coffee）。常备有烘焙咖啡和速溶咖啡两种。

（2）柠檬茶（lemon Tea）。可以是现场调制的，也可以用购买的固体饮料冲泡。

（3）蛋（egg）。在调制某些鸡尾酒或滋补保健饮品时使用。同时，蛋清也是非常好的调酒用泡沫剂。

（4）泡沫精（frothed creamy head）。它是一种专门用来增加鸡尾酒泡沫含量的材料，使用非常方便，但效果比不上蛋清。

（5）水果。多用来榨汁或切片装饰酒水时使用。

（6）冰块。分为碎冰、块冰、刨冰等。

二、常用调酒器具

调酒常用的器具有调酒壶（shaker）、吧匙（bar spoon）、调酒杯（mixing-glass）、滤冰器（strainer）、量酒器（jigger）、搅酒棒（stirrer）、冰铲（ice scoop）、冰桶（ice bucket）、冰夹（ice tong）、砧板（cutting-board）、酒吧刀（bar-knife）、糖盅（sugar bowl）、奶盅（milk jar）、开瓶器（bottle opener）、鸡尾酒签（cocktail stick）、吸管（drinking straw）、杯垫（coaster）、酒嘴（pourer）、碾棒（muddle）等。

三、常用调酒酒杯

调酒常用的酒杯有古典杯、白兰地杯、鸡尾酒杯、香槟杯、洛克杯、玛格丽特杯、特饮杯、利口酒杯、雪利酒杯、波特酒杯、柯林斯杯、海波杯、白葡萄酒杯、红葡萄酒杯、果汁杯、潘趣缸、啤酒杯等。

四、鸡尾酒的调制

鸡尾酒调制的方法一般有摇和法、调和法、兑和法、搅和法 4 种。

（一）摇和法

摇和法也称摇荡法，是把酒水与冰块按配方规定的量放进摇酒壶摇晃混合，摇匀后把酒水过滤冰块或连冰块一起倒入杯中。此种方法主要用来调制配方中含有鸡蛋、糖、果汁、奶油等较难混合的原料。

1. 调制用具

调制用具有调酒壶。

2. 放料顺序

先在调酒壶中放入适量的冰块，然后按照鸡尾酒的配方要求依次放入材料。

3. 操作技法

摇和法在操作手法上分为单手摇和双手摇两种。摇和法的特点是通过快速、剧烈的摇荡，使酒水能够达到最充分的混合，且不会使冰块过多地溶化而冲淡酒液。在摇酒的时候，保持身体的稳定，剧烈摇动酒壶而不是身体。摇妥之后，马上将酒滤入事先备好的酒杯。

（1）单手摇。主要用右手，右手食指卡住壶盖，其他 4 指握住壶身，依靠手腕的力量用力摇晃，同时，小臂轻松地在胸前斜向上下摇动，使酒充分混合。摇和时，手心不与壶身接触，以免手温加速壶内冰块融化的速度。

（2）双手摇。左手中指托住壶底，食指、无名指及小指夹住壶身，拇指压着滤冰器；右手的拇指压着壶盖，其他手指扶住壶身，双手协调用力将酒壶抱起，在胸前成 45° 角用力摇晃。注意，要用力均匀，以使酒液充分混合。

4. 斟倒酒液

（1）斟倒时机。在摇荡过程中，当调酒壶的金属表面出现霜状物时，则证明壶内酒水已经充分混合并且已经达到均匀冷却的目的，此时达到斟倒时机。

（2）斟倒方式。右手持壶，左手将壶盖打开，同时右手食指下移按压住滤冰器，将酒壶倾斜，将壶内摇荡均匀后的酒液通过滤冰器滤入载杯之中。

5. 操作实例

表 4–1 为白兰地亚历山大鸡尾酒的调制方法。

表 4–1 白兰地亚历山大鸡尾酒的调制

项目	中文	英文
酒名	白兰地亚历山大鸡尾酒	alexander
基酒	白兰地酒 2/3 盎司（1 盎司 =28.35 克）	brandy 1/2 oz
辅料	棕可可香甜酒 2/3 盎司、鲜奶油 2/3 盎司	brown cocoa sweet wine 2/3 oz，fresh cream 2/3 oz
酒杯	鸡尾酒杯	cocktail glass
装饰物	豆蔻粉	nutmeg
调制方法	摇和法	shake
操作过程	将原料按分量加入含有冰块的摇酒壶，充分摇匀后，将酒液滤入鸡尾酒中，将豆蔻粉洒在杯子的中心	

（二）调和法

调和法是一种借助吧匙调匀酒水原料的方法。

1. 调制用具

调制用具有调酒棒或吧匙。

2. 放料顺序

先在调酒壶中放入适量的冰块，然后按照鸡尾酒的配方要求，依次放入调酒轴料和配料，最后放入基酒。

3. 操作技法

在调酒杯中加入数块冰块，加入酒水原料，左手拇指与食指捏着调酒杯底部，右手中指与无名指夹着吧匙，将匙背贴着杯壁顺时针方向搅动 10 圈左右，切忌随意乱搅。

4. 斟倒酒液

按照不同的出品要求，调和法分为：调和与滤冰法——在调酒杯中把冰块与酒水原料调匀后再滤去冰块倒入杯中的方法；连冰调和法——在酒杯中直接把冰块与酒水原料调匀出品的方法。

5. 注意事项

（1）用调和法调制的一般为短饮，多适用鸡尾酒杯、阔口香槟杯等。

（2）搅和酒水时，吧匙背应贴着调酒杯的杯壁顺时针搅动。

（3）搅拌时间不宜太长，一般搅拌 10 ~ 15 次即可，以防冰块过分融化，冲淡酒味。

（4）操作时动作不宜太大，以防酒液溅出。

6. 操作实例

表 4–2 为干马天尼鸡尾酒的调制。

表 4–2　干马天尼鸡尾酒的调制

项目	中文	英文
酒名	干马天尼	dry martini
基酒	金酒 1.25 盎司	gin 1.25 oz
辅料	干味美思 1/4 盎司	dry vermouth 1/4 oz
酒杯	马天尼杯或三角形鸡尾酒杯	martinai glass/cocktail glass
装饰物	酿青水橄榄	stuffed green olive
调制方法	调和法	stir
操作过程	先冰杯，再将原料量加入有冰块的调酒杯中，搅匀后滤入三角形鸡尾酒杯中，最后用酒签穿酿青水橄榄投入杯中装饰	

（三）兑和法

兑和法也称漂浮法，调制的鸡尾酒主要是指漂酒和彩虹酒。其方法是将各种调酒原料按比重的不同，使用吧匙的匙背依次倒入酒杯中，使酒液在载杯中形成层次。

1. 调制用具

调制用具有调酒匙或长柄匙。

2. 放料顺序

依据鸡尾酒配方的分量，将酒水按照其糖度含量的高低（糖度越高，比重就越大）依次倒入载杯中，先倒糖度含量高的（比重大的），再倒入糖度含量低的酒水。

3. 操作技法

使用兑和法调酒，调酒师必须熟练掌握各种酒水不同的含糖量（比重的大小）。在进行调制时，尽量避免手的颤动，以防影响酒液的流速冲击下层酒液，使酒液色层融合。

4. 倒酒水

将吧匙的匙背或茶匙的匙背倾斜放入杯中，以匙尖轻微接触酒杯内壁，将酒水轻轻倒在匙背上，使酒水沿匙背顺着酒杯内壁缓缓流入载杯中。

5. 操作实例

B–52 鸡尾酒的制作方法如表 4–3 所示。

表 4–3　B–52 鸡尾酒的制作

项目	中文	英文
酒名	B–52 鸡尾酒	—
基酒	咖啡利口酒 1/3 盎司	kahlua 1/3 oz
辅料	百利甜酒 1/3 盎司、君度酒 1/3 盎司	bailey’s 1/3 oz，cointreau 1/3 oz
酒杯	利口杯	shot glass
装饰物	无	nil
调制方法	兑和法	build
操作过程	先将上述原料按顺序用吧匙滗着倒入利口杯中，产生分层效果，再点燃该酒	

（四）搅和法

搅和法是指把酒水与碎冰按配方规定的量放进电动搅拌机，利用高速旋转的刀片将原料充分搅碎混合。此法适用于以水果、雪糕等固体原料调味或为达到产生泡沫、冰沙等效果的饮品。

1. 调制用具

调制用具有电动搅拌机、滤冰器。

2. 放料顺序

依据鸡尾酒配方要求将冰块与辅料及酒水依次放入搅拌杯。

3. 操作技法

注意在投料前应将水果去皮切成丁、片、块等易于搅拌的形状，再将原料放入搅拌杯。将原料投放完毕后，将搅拌杯的杯盖盖好（以防止高速搅拌时酒液四溅）。开动电源使其混合搅拌，注意，使用电动搅拌机进行调酒时，搅拌的时间不宜过长，一般控制在 10 秒以内，以防止损坏电机。

4. 斟倒酒水

待搅拌机马达停止工作，整个搅拌过程结束后，将搅拌杯从搅拌机机座上取下，将搅拌混合好的酒液倒入准备好的载杯中。

5. 注意事项

（1）水果装饰物要选用新鲜的水果，切好后用饰物盒装好，隔夜的水果装饰物不能使用；固体原料要切成 1 ~ 2 厘米大小的粒状。

（2）使用碎冰。

（3）电动搅拌机开启前要加盖。

（4）出品后要马上清洗搅拌杯，以避免产生异味。

6. 操作实例

香蕉得其利鸡尾酒的调制方法如表 4–4 所示。

表 4-4　香蕉得其利鸡尾酒的调制方法

项目	中文	英文
酒名	香蕉得其利	banana daiquiri
基酒	百家地朗姆酒 1.5 盎司	bacardi rum 1.5 oz
辅料	橙味甜酒 1/2 盎司、柠檬汁 1 盎司、香蕉半只	triple sec 1/2 oz，lemon juice 1 oz，banana 1/2 slice
酒杯	鸡尾酒杯	cocktail glass
装饰物	红樱桃、搅拌棒、吸管	red cherry，stirrer，straw
调制方法	搅和法	blend
操作过程	将上述原料放入搅拌机，加入碎冰，以中速搅拌 10 秒，将搅拌混合好的酒液和碎冰一起倒入阔口香槟杯中，用红樱桃挂在杯口装饰	

【知识拓展】

鸡尾酒调制的原则和注意事项

调制一款味美可口、色泽诱人的鸡尾酒必须注意以下事项。

（1）调制前，应选择好载杯并擦拭干净，调制冷饮类酒水时注意载杯必须冰镇。

（2）按照配方的步骤逐步进行操作。

（3）调制时必须使用量器，以保证调出的酒水口味一致。

（4）使用摇和法调酒时，摇荡的动作要迅速、有力，姿势应自然、美观。

（5）调酒时如使用水果，应选择新鲜、个型饱满的。切割后的水果应用洁净的湿布包裹放入冰箱中冷藏备用。

（6）如使用新鲜的柠檬、橙子、柑橘榨汁，榨汁前应用热水浸泡，这样可以产生更多的汁液。

（7）调酒时使用鸡蛋清的目的是增加酒液的泡沫，因此，摇荡时必须用力均匀。

（8）碳酸类饮品不可放入调酒壶中摇荡，以防酒液四溅。

（9）鸡尾酒调制完成后，应立即滤入载杯中，并服务给宾客。

（10）鸡尾酒调制完成后，应养成立即将酒瓶盖拧紧并将酒水复位的工作习惯。

（11）调酒中所使用的糖块、糖粉，要先在调酒器或酒杯中用少量水将其溶化，然后再加入其他材料进行调制。

（12）使用糖浸樱桃罐头装饰时，使用前应用清水漂洗。

（13）倒酒时，注入的酒也不可太满，应以八分满为宜。太满会给人的饮用造成一定的困难，太少又会显得小气。

（14）所有需要挂霜的鸡尾酒载杯在使用前应将其润湿。

（15）在调酒中，“加满苏打水或矿泉水”这句话是针对容量适宜的酒杯而言的，根据配方的要求最后加满苏打水或其他饮料。对于容量较大的酒杯，则需要掌握加的多少，一味地“加满”只会使酒味变淡。

【实训项目】

按表 4–5 的要求进行实训操作。

表 4–5　调制鸡尾酒

项目	特基拉日出（tequila sunrise）	新加坡司令（singapore sling）
材料	特基拉酒　1 盎司 白橙皮利口酒　1/2 盎司 柠檬汁　1/2 盎司 橙汁　3～4 盎司 红石榴糖浆　1/2 盎司	金酒　2/3 盎司 柠檬汁　1 盎司 石榴糖浆　1/3 盎司 苏打水　适量 黑樱桃白兰地　1/3 盎司
装饰物	柠檬角、樱桃	柠檬片、樱桃装饰，吸管和搅棒
制法	将特基拉酒、白橙皮利口酒、柠檬汁加冰块摇匀后滤入酸酒杯中，加入橙汁，用吧匙沿杯边倒入红石榴糖浆，用柠檬角、樱桃装饰	将适量冰块加入柯林杯中；将金酒、柠檬汁、石榴糖浆加冰，用摇酒壶摇匀后滤入柯林杯中，兑满苏打水，将黑樱桃白兰地淋入杯中；用柠檬片、樱桃装饰，并在杯中放入吸管和搅棒

评分标准如表 4–6 所示。

表 4–6　评 分 标 准

项目	要求和评分标准	分值	扣分	备注
服务礼仪（10 分）	操作过程中举止大方、注重礼貌、保持微笑	5		
	仪容仪态、着装等符合行业规范和要求	5		
调制过程（90 分）	准备工作规范、干净、卫生	10		
	调酒材料和酒杯选配正确、合理	20		
	操作程序正确，动作规范、卫生安全	20		
	酒品颜色协调、口感舒适、味道纯正	20		
	装饰物制作合理，搭配有致	10		
	酒水使用完毕复归原位	10		
合计		100		
操作时间：　分　秒　超时　秒 物品掉落每件扣 3 分、物品碰倒每件扣 2 分 斟倒酒水时每滴一滴扣 1 分，滴洒一滩扣 3 分（最多扣 9 分）		扣　分 扣　分 扣　分		
备注				
实际得分				

【任务思考题】

1. 鸡尾酒冰杯的方法有哪些？
2. 鸡尾酒出品服务时的注意事项有哪些？

任务四　茶 艺 服 务

【引导案例】

一盏炉火，一杯清茶，一抹禅意。守一段岁月悠悠，安然静美，月照明辉；借一盏时光煮茶，心静如水，静若子兰。品茗的乐趣在于茶，也在于境。古往今来，爱茶之士无不在茶境上下功夫。素朴、宁静、悠然的心境，禅韵或悠然的物境，悠闲的情境，便构成完美的品茶境界，是独特而高雅的精神享受。有这样一处民宿，家具陈设采自山上的原木，随处透露着闲云野鹤的自然气息。房间里摆放着素净典雅的花束，破旧的土陶罐和从山上捡来的枯树枝，稍微改造一下就成了家里精美的装饰物。5间客房，分别名为“寻”问”“品”“敬”“醉”，其名起源于茶。寻茶，亦有寻找、发现之意；问茶，茶之本色，唯有亲去问茶方可悟出；品茶，人生如茶，茶如人生，均要细细品味；敬茶，相敬如宾，以茶会友；醉茶，书能香我不须花，茶也醉人何必酒。故以饮茶之五韵来命名。后边有一片茶园，在春天采茶、制茶的季节，宾客可以跟茶农结伴而行，体验采茶、制茶的乐趣。每位来这里住宿的宾客，老板都会亲自为其泡一壶自家种的茶。主人一边用心经营着民宿，一边煮诗烹茶会友。

【案例分析】

茶，在手中是风景，在口中是人生，是焦躁忙碌的现代人私心崇拜纯净优雅常用的托词。而民宿，是民宿主人灵魂的投射所，体现了主人的情怀，是所有美好生活理念的集中地。茶与民宿相遇，会生出怎样的美好？宾客临门，一杯香茗，推杯换盏，谈笑甚欢，一幕幕待客敬茶的画面跃然纸上，至今仍被视为待人接物的一种礼仪。

【问题】

1. 民宿茶舍的茶境如何彰显特色？
2. 你还知道哪些关于茶的故事？

俗语称：“开门七件事，柴、米、油、盐、酱、醋、茶”。茶在人们日常生活中起着十分重要的作用，茶最初是作为药用，后来，饮茶逐渐成为人们生活的一部分。

一、茶的基本知识

（一）茶文化简介

1. 茶字的由来

“茶”字由“荼”字简化而来，“荼”字始于汉代，到了中唐，其音、形、义趋于统一。公元765年，陆羽在《茶经》中提出将“荼”字去掉一横改为“茶”。人在草木间，组成一个“茶”字。“茗”字为茶的雅称。

茶字由三部分组成：草字头，说明茶树的芽叶部分；人字，说明茶树枝叶繁茂的冠状部分；木字，说明茶树是木本植物。

2. 茶文化的发展

饮茶在我国有着悠久的历史。据说4 000多年以前，我们的祖先就开始饮茶了。秦汉之际，民间开始将茶当作饮料，这始于巴蜀地区。东汉以后，饮茶之风向江南一带发展，继而进入长江以北。至魏晋南北朝时期，饮茶的人渐渐多起来。饮茶方法在经历含嚼吸汁、生煮羹饮阶段后，至魏晋南北朝时，开始进入烹煮饮用阶段。当时，饮茶的风尚和方式，主要有以茶品尝、以茶伴果而饮、茶宴、茶粥4种类型。

经过几个世纪的发展，到了唐代，茶已“比屋皆饮”。饮茶风气已普及全国，上至王公贵族，下至三教九流、士农工商，都加入了饮茶者之列。人们待客以茶蔚然成风，并出现了一种新的宴请形式——“茶宴”。茶道层出不穷，在唐代形成的茶道有宫廷茶道、寺院茶道、文人茶道。

茶兴于唐、盛于宋。宋代的茶叶生产空前发展，饮茶之风非常盛行，既形成了豪华极致的宫廷茶文化，又兴起了趣味盎然的市民茶文化。宋代茶文化有3个显著的特色：第一，以“龙凤茶”为代表的精细制茶工艺；第二，“斗茶”习俗的形成和“分茶”技艺的出现；第三，茶馆的兴盛。

唐代和宋代都以制作团饼茶为主，宋代之后，散茶代替饼茶，在茶叶的制作中占据了主要地位。到了明代，绿茶、红茶、黄茶、白茶、黑茶这些基本茶类已经出现。清代，乌龙茶出现，构成了我们今天所饮用的六大基本茶类。

（二）茶树的基本知识

1. 茶树的类型

中国是茶树的原产地，中国西南的云南、四川和贵州是原产地的中心地带。有文字记载的茶树历史已有3 000多年。

茶树是一种多年生的木本常绿植物。可分为乔木型、半乔木型和灌木型三类。

（1）乔木型茶树。乔木型茶树生长于高温、多雨、炎热的热带，树形高大，主干明显，分支部位较高，一般叶片大、叶色淡、抗寒性弱。多分布在云南、海南等省。由于茶多酚含量高，适宜制作红茶和黑茶。

（2）半乔木型茶树。半乔木型茶树也称小乔木型茶树，喜温、喜湿，生长于亚热带地区，如我国的云南、广西、广东、台湾等地区。该类茶树主干较明显，分枝部位比乔木型低，植株高度适中，一般适宜制作乌龙茶。

（3）灌木型茶树。灌木型茶树生长于温带气候的产茶地区。我国长江中下游地区种植的茶树多属此类。灌木型茶树树形较矮，在根茎部位分枝，主干不明显，叶片小、叶色深、抗寒性强。灌木型茶树为我国种植面积和数量最大的茶树，比较适宜制作绿茶。

2. 茶树的生长环境

茶树的生长环境离不开光、热、气、土壤等条件。茶树适生环境归纳起来有“四喜四怕”的特点，即“喜酸怕碱、喜光怕晒、喜暖怕寒、喜湿怕涝”。茶树喜酸性土壤，适宜生长在pH值为4.5~5.5的土壤中。温暖、湿润、雨量充沛、土层深厚等皆是种茶树的基本条件。《茶经》中提出，茶树应生长在向阳山坡，并最好有林木遮挡。

二、茶的分类及名品

（一）茶叶的分类

1. 基本茶类

（1）绿茶。国家标准对绿茶规定为：“用茶树新梢的芽、叶、嫩茎，经过杀青、揉捻、干燥等工艺制成的初制茶（或称毛茶）和经过整形、归类等工艺制成的精制茶（或称成品茶）保持绿叶、绿汤的特征，可供饮用的茶均称为绿茶，属于不发酵茶类（发酵度为 0）”。

绿茶是我国分布最广、品种最多、消费量最大的茶类。绿茶可细分为炒青绿茶、烘青绿茶、晒青绿茶、蒸青绿茶 4 类。

（2）红茶。通过萎凋、揉捻、充分发酵、干燥等基本工艺程序生产的茶叶称为红茶。红茶属于全发酵茶类（发酵度为 100%），其品质特点是“外形红、汤水红、叶底红”。红茶收敛性很强，性情温和，具有很好的兼容性，能和牛奶、果汁、糖、柠檬、蜂蜜等物质相互交融，相得益彰，深受人们的喜爱。

红茶是世界上消费量最大的茶类。红茶按照生产工艺可以分为小种红茶、工夫红茶和红碎茶 3 类。

（3）乌龙茶。乌龙茶又名青茶，属于半发酵茶（发酵度为 10% ~ 70%），是介于不发酵的绿茶和全发酵的红茶之间的一大茶类，主要产区为福建、广东、台湾三省。乌龙茶既有绿茶的清香，又有红茶的浓醇，并有绿叶红镶边的美称。

根据产地不同，可将乌龙茶分为闽北乌龙、闽南乌龙、广东乌龙、台湾乌龙 4 类。

（4）黄茶。黄茶属于轻微发酵茶（发酵度为 10%），黄茶的制作与绿茶有很多相似之处，不同点是多了一道闷堆工序。这个闷堆过程是黄茶制作的主要特点，也是它和绿茶的根本区别。成品黄茶多数芽叶细嫩，色泽金黄，汤色橙黄，香气清高，叶底嫩黄，具有“黄叶、黄汤”的特点。

黄茶按照茶叶的嫩度和芽叶的大小可以分为黄芽茶、黄小茶和黄大茶三类。

（5）白茶。白茶属于轻微发酵茶（发酵度为 10%），是我国茶类中的精品。

白茶分为白芽茶和白叶茶两类。采用单芽加工而成的芽茶称为银针；采用完整的一芽一叶加工而成的叶茶称为白牡丹。

（6）黑茶。黑茶属于后发酵茶类，是通过杀青、揉捻、渥堆发酵、干燥等工艺程序生产的茶，因其渥堆发酵时间较长，成品色泽呈油黑色或黑褐色，故名黑茶。

黑茶按照产地不同可分为湖南黑茶、湖北老青茶、四川边茶、广西黑茶 4 类。

2. 再加工茶类

以基本茶类为原料经过进一步加工，在加工过程中茶叶的某些品质特征（形态、饮用方式、饮用功效等）发生了根本性变化的茶叶统称为再加工茶类。如花茶、紧压茶、萃取茶、药用保健茶等。

（二）名品茶介绍

我国的名品茶主要有西湖龙井、洞庭碧螺春、信阳毛尖、太平猴魁、黄山毛峰、六安瓜片、安溪铁观音、凤凰水仙、君山银针、祁门红茶等。

三、茶的冲泡服务

（一）品茶用具

“茶具”一词最早在汉代出现。西汉辞赋家王褒《僮约》有“烹茶尽具，酺已盖藏”之说，这是我国最早提到“茶具”的一条史料。

资料：茶叶的保健功效与贮藏方式

1. 瓷质茶具

瓷质茶具按所用釉料的不同可分为青瓷茶具、白瓷茶具、黑瓷茶具和彩瓷茶具。江西景德镇所产的薄胎瓷器素有“白如玉、明如镜、薄如纸、声如磬”的美誉。

2. 陶土茶具

陶土茶具中的佼佼者首推宜兴紫砂茶具，成陶火温较高，烧结密致，胎质细腻，既不渗漏，又有肉眼看不见的气孔，长久使用，还能吸附茶汁，蕴蓄茶味；且传热不快，不致烫手；若热天盛茶，不易酸馊；即使冷热剧变，也不会破裂。

3. 玻璃茶具

玻璃质地透明，光泽夺目，外形可塑性大，形态各异，用途广泛。用玻璃杯泡茶，茶汤的鲜艳色泽，茶叶的细嫩柔软。茶叶在整个冲泡过程中的上下穿动，叶片的逐渐舒展等，可以一览无余，呈现一种动态的美。

4. 竹木茶具

竹木茶具因其取材容易、做工简易、轻便实用，制品多受寻常百姓喜爱。

（二）品茶用水

水为茶之“体”，茶的色、香、味必须靠水才能显现。“龙井茶、虎跑水”“扬子江心水、蒙山顶上茶”，是茶与水的最佳组合。

一般泡茶用水都使用天然水。天然水可分为硬水（泉水、江河之水、溪水、自来水和一些地下水）和软水（雨水、雪水）两种。凡含有较多钙、镁离子的水称为硬水，硬度单位是度，1 度相当于每升水中含 10 毫克的氧化钙，硬度在 8 度以上通常称为硬水。不含或含少量钙、镁离子的水称为软水。如果水的硬度是由含碳酸氢钙或碳酸氢镁引起的，这种水称暂时硬水；如果水的硬度是由含钙和镁的硫酸盐或氯化物引起的，这种水叫永久硬水。暂时硬水通过煮沸，碳酸氢盐分解，生成不溶性的碳酸盐而沉淀，这样硬水就变成软水了。

水的硬度与茶汤品质有密切关系。首先，水的硬度影响水的 pH，而 pH 又影响茶汤色泽。当 pH 大于 5 时，汤色加深；当 pH 达到 7 时，茶黄素就向会自动氧化而损失。其次，水的硬度还影响茶叶有效成分的溶解度。软水中含其他溶质少，茶叶有效成分的溶解度高，故茶味浓；而硬水中含有较多的钙镁离子和矿物质，茶叶有效成分的溶解度低，故茶味淡。如水中铁离子含量高，茶汤就会变成黑褐色，甚至浮起一层“锈油”，这是茶叶中多酚类物质与铁作用的结果。所以泡茶用水要选择软水或暂时性硬水。

（三）茶水冲泡技巧

1. 绿茶的冲泡技巧

绿茶为不发酵茶，冲泡程序非常简单。冲泡之前需要烫杯，以利于茶叶色、香、味的发挥。绿茶在色、香、味上，讲求嫩绿明亮、清香、醇爽。在六大茶类中，绿茶的冲泡看似简单，其实极考验功夫。因绿茶不经发酵，保持茶叶本身的鲜嫩，冲泡时若有偏差，易使茶叶泡老焖熟、茶汤黯淡、香气钝浊。此外，又因绿茶品种最为丰富，每种茶由于形状、紧结程度和鲜叶老嫩程度不同，冲泡的水温、时间和方法都有差异。

绿茶具有绿叶清汤的品质特征。嫩度好的新茶色泽绿润、芽峰显露、汤色明亮。其代表品种有“龙井”“碧螺春”等。

（1）茶叶用量。茶叶用量并没有统一的标准，视茶具大小、茶叶种类和各人喜好而定。一般来说，冲泡绿茶，茶与水的比例为 1∶50～1∶60。严格的茶叶评审时，绿茶是用 150 毫升的水冲泡3克茶叶。

（2）冲泡水温。古人对泡茶水温十分讲究，烧水要大火急沸，刚煮沸起泡为宜，水老、水嫩都是大忌。水温通过对茶叶成分溶解的程度来影响茶汤的滋味和茶香。

绿茶用水温度应视茶叶质量而定。高级绿茶，特别是各种芽叶细嫩的名绿茶，以80℃左右为宜。茶叶越嫩绿，水温越低。水温过高，易烫熟茶叶，茶汤变黄，滋味较苦；水温过低，则香味低淡。至于中低档绿茶，则要用100℃的沸水冲泡。如水温低，则渗透性差，茶味淡薄。此外需说明的是，高级绿茶用80℃的水温，通常是指将水烧开后再冷却至该温度；若是处理过的无菌生水，只需烧到所需温度即可。

（3）冲泡时间及次数。绿茶的冲泡时间不宜过长，茶汤颜色为嫩绿色，如时间过长，则会变成老黄色，滋味也会大打折扣。此外，冲泡时间及冲泡次数可根据地域不同、宾客人要求进行调整。

2. 红茶的冲泡技巧

相对于绿茶（不发酵茶）的清汤绿叶，红茶（全发酵茶）的特点是红汤红叶，这是经过发酵形成的品质特征。干茶色泽乌润，滋味醇和甘浓，汤红亮鲜明。红茶有“功夫红茶”“红碎茶”和“小种红茶”型，品牌以“祁红”“宁红”和“滇红”最有代表性。

鉴别红茶优劣的两个重要感官指针是“金钢圈”和“冷后浑”。茶汤贴茶碗一圈金黄发光，称“金钢圈”。“金钢圈”越厚，颜色越金黄，红茶的品质就越好。所谓“冷后浑”，是指红茶经热水冲泡后茶汤清澈，待冷却后出现浑浊的现象。“冷后浑”是茶汤内物质丰富的标志。红茶既适于杯饮，也适于壶饮。红茶品饮有清饮和调饮之分。

（1）茶叶的用量。冲泡浓茶，每人2～3克的茶叶量，但是要想泡出好红茶，建议最好以2杯的红茶用量（约5克）来冲泡成1杯，这样较能充分发挥红茶香醇的原味，也能享受到续杯的乐趣。

（2）冲泡水温。红茶属于暖性，适合多类人群饮用，在冲泡时水温要高，一定要使用开水。茶叶也比绿茶放得多，有的红茶还需要煮，这种茶的喝法各地很不一样，但水温要求都是现沸水。

（3）冲泡时间及次数。红茶的冲泡时间是2～3.5分钟。如需要调饮，可以依个人口味加入适量的糖或牛奶；若是选择清饮，则注重的完全就是红茶的本色与原味。

3. 乌龙茶的冲泡技巧

乌龙茶亦称青茶，属于半发酵茶，色泽青褐如铁，故又名青条。乌龙茶做工精细，综合了红、绿茶初制的工艺特点，使之兼具红茶之甜、绿茶之清香。其味甘浓气郁，无绿茶之苦、红茶之涩，性和而不寒，久藏而不坏，香久愈精，味久益醇。加之“绿叶红镶边”的色泽，壮结匀整之外形，高级乌龙更有特殊“韵味”（如武夷岩具有岩骨花香之岩韵，铁观音之观音韵），使得乌龙茶特别引人注目，奇妙无比。乌龙茶的品饮特点是重品香，先闻其香后尝其味，十分讲究冲泡方法。以“铁观音”“大红袍”“冻顶乌龙”等最具代表性。

（1）茶叶的用量。根据喝茶人数选定壶型，根据茶壶的容量确定茶叶的投放量。若茶叶是紧结半球形乌龙，茶叶需占到茶壶容积的1/3～1/4；若茶叶较松散，则需占到壶的一半。

（2）冲泡水温。要求水沸立即冲泡，水温为100℃。水温高，则茶汁浸出率高、茶味浓、香气高，更能品饮出乌龙茶特有的韵味。

（3）冲泡时间及次数。乌龙茶多采用成熟叶片加工而成，较耐泡，一般泡饮5～7次仍然余香犹存。泡的时间要由短到长，第一次冲泡时间短些，约2分钟，随冲泡次数增加，泡的时间相对延长。使每次茶汤浓度基本一致，便于品饮欣赏。

4. 白茶的冲泡技巧

白茶的制法特殊，采摘白毫密披的茶芽，不炒不揉，只分萎凋和烘焙两道工序，使茶芽自然、缓慢地变化，形成白茶的独特品质风格，因而白茶的冲泡是富含观赏性的过程。白茶由芽叶上面白色茸毛较多的茶叶制成，满身白毫，形态自然，汤色黄亮明净，滋味鲜醇。代表品种有“白毫银针”“寿眉”“白牡丹”等。

下面以冲泡白毫银针为例讲解。为便于观赏，茶具通常以无色、无花的直筒形透明玻璃杯为好，这样可使品茶人从各个角度欣赏到杯中茶的形和色，以及它们的变幻和姿态。先赏茶，欣赏干茶的形与色。白毫银针外形似银针落盘，如松针铺地。将 2～3 克茶置于玻璃杯中，冲入 70℃的水少许，浸润 10 秒左右，随即用高冲法，同一方向冲入约 70℃的开水。静置 3 分钟后，即可饮用。白茶因未经揉捻，茶汁很难浸出，汤色和滋味均较清淡。

四、休闲茶饮

（一）花草茶

一般所谓的花草茶，其实不含“茶叶”成分。具体来说，花草茶指的是将植物之根、茎、叶、花或皮等部分加以煎煮或冲泡，而产生芳香味道的草本饮料。

花草的种类繁多，从花的形态特征入手，具体划分为干鲜花茶、花朵茶、香草茶、花果茶四大类。

1. 干鲜花茶

干鲜花茶是视觉与味觉的综合体，虽然它的外形干干瘪瘪，一旦入水，它就会舒展开来，绽放出绝美的姿态。缓缓入口，味不强烈，留下的只是一丝幽幽的清新气息。常见的干鲜花茶有菊花、玫瑰花、金银花、桂花等。

常饮菊花茶或菊花酒能“清净五脏、排毒健身”，起到延寿美容的作用。如果受风寒而引起头痛，冲泡菊花茶可以去头风。玫瑰花性温和，在冲泡时会散发香甜的气味，花中含丰富的维生素 A、B、E、K、P 和 C，特别是维生素 C 的含量最丰富，有非常好的养颜美容的功效，男女皆宜。可以缓和情绪、平衡内分泌、补血气、美颜护肤、对肝及胃有调理的功效，并可以消除疲劳、改善体质。桂花茶可以润肠通便、美白皮肤、解除体内毒素等。在冲泡时，可以用桂花 3 克、绿茶 5 克，加沸水冲泡。金盏菊性甘，能清湿热、能清凉火气，具有止痛、促进伤口愈合的功效，有助于治疗胃痛及胃溃疡，消炎、杀菌、促进血液循环、解经痛，在重感冒时饮用可利尿、退烧。金盏菊还富含矿物质磷和维生素 C，有助于治疗失眠，降低焦虑和神经衰弱。金盏菊以一大匙的干燥花瓣冲泡而成的，焖泡约 3～5 分钟即可，金黄色的茶映衬着漂浮着的金黄花瓣，清香袅袅，可适当加入蜂蜜调味。

2. 香草茶

常见的香草茶有绞股蓝、迷迭香、薰衣草、薄荷等。

例如，薰衣草茶的浓香使人愉悦，具有镇静、松弛消化道痉挛、清凉爽快、消除肠胃胀气、助消化、预防恶心晕眩、缓和焦虑及神经性偏头痛、预防感冒等众多益处。沙哑失声时饮用也有助于恢复，所以有“上班族最佳伙伴”的美名。

3. 花果茶

常见的花果茶有甘草、枸杞、柠檬片、罗汉果等。

甘草有调整体质、滋补强身的作用，能减轻身体的疲劳感，消除紧张和增加勇气。甘草性味平、味甘，具有祛痰止咳、调和诸药等功效。枸杞有滋肾水、益精气、润肺、清肝热、明目之功效。

（二）休闲茶饮的调制

1. 泡沫红茶

（1）梅子冰茶。原料：热水 150 毫升，冰块适量，杭州梅子汁 60～90 毫升，蜂蜜 15 毫升，绿茶 10 克，梅子 2～3 颗，果汁杯（350 毫升）制法如下：

① 将绿茶以热水泡成绿茶汁，果汁杯中先加蜂蜜。

② 雪克壶中加入四分满的绿茶汁，再加冰块至八分满。

③ 放入杭州梅子汁用力摇匀后倒入杯中。

（2）奶盖茉香绿茶。原料：茉莉绿茶包 1 个、淡奶油 20 毫升、纯净水 150 毫升、抹茉粉、蜂蜜适量。制法如下：

① 冲泡：首先在茶杯中放入茶包，加 60℃开水冲泡 6 分钟，将茶包取出。② 调味，再加入适量蜂蜜调味，搅拌均匀。③ 装饰：淡奶油打发，加在绿茶上，最后撒上适量抹茶粉装饰。

（3）柠檬冰茶。原料：热水 150 毫升，红茶 30 克，蜂蜜 15 毫升，果糖 30 毫升，冰块适量，柠檬片 1 片，柠檬浓汁 15 毫升，新鲜柠檬汁 45 毫升，果汁杯（350 毫升）。制法如下：① 将红茶以热水泡成红茶汁。② 取一个果汁杯，先加入 10 毫升蜂蜜。③ 雪克壶中加入四分满的红茶汁，再加冰块至八分满。④ 放入新鲜柠檬汁、柠檬浓汁、剩余的蜂蜜及果糖，用力摇匀后倒入杯中。⑤ 可放入柠檬片装饰。

2. 花草奶茶

（1）桂圆莲枣热茶。原料：开水 500 毫升，糖莲子 5 个，红枣 8 个，龙眼干 5 个，红茶 10 克，桂圆浓汁 15～30 毫升，果汁杯（350 毫升）。制法如下：① 用玻璃壶装满水，倒入手提锅中煮开，放入红枣煮 5 分钟（红枣用刀割开）。② 再加入龙眼干、糖莲子煮，直到味道出来。③ 将茶叶放入调料球中加热煮 1～2 分钟。④ 加入桂圆浓汁拌匀，倒入壶中即可上桌。

（2）普洱菊花茶。原料：陈年普洱茶块或茶球 1 块，菊花 15 朵，蜂蜜 15 毫升，红冰糖 1 匙，砂糖包 1 包，瓷壶（杯）一个。制法如下：

① 热水九分满壶，加入陈年普洱茶，共煮 5 分钟。

② 向壶中放入菊花，加红冰糖，加蜂蜜，附砂糖包、蜂蜜。

（3）杏仁奶茶。原料：鲜奶 90 毫升，砂糖包 1 包，蜂蜜适量，锡兰红茶 15 克，杏仁粉 2 匙，杏仁露或杏仁糖浆 30 毫升、鲜奶油 15 毫升，瓷壶（杯）一个。制法如下：

① 热水八分满壶，茶球（一大匙锡兰红茶或杏仁花草茶）先煮 2 分钟。

② 加奶精粉、鲜奶、鲜奶油、杏仁粉、杏仁糖浆或杏仁露，附砂糖包、蜂蜜。

（三）茶点与茶膳的制作

茶点是在茶道过程中食用的分量较小的精雅食物。

1. 花草茶点

以花草为主要原料的茶点以它清新可人的外貌、甜美的口味和健康的理念在茶点领域高居榜首。在工作和学习之余，泡杯茶、吃点茶点可驱赶倦意。

（1）杭菊西米盏。西米又叫西谷米，是一种加工米，形状像珍珠，经常被用于做粥、羹和点心。西米的主要成分是淀粉，有温中健脾，治脾胃虚弱和消化不良的功效，能使皮肤恢复天然润泽。用西米做甜品，材料简单，可搭配的东西很多，并且方便操作，成品后视觉效果很好。

原料：西米 250 克，果粉 50 克，糖 100 克，牛油 50 克，开水 500 克，杭菊花 25 克。

制法如下：① 先用清水将 250 克西米煮熟备用。② 将 500 克开水烫菊花后加入糖、牛油，再将果粉煮稀后慢慢加进已烫好的菊花水内拌匀，煮成菊花状后将已煮熟的西米倒进菊花糊内搅匀，逐个放入锡纸盏，放进冰柜冷冻后即成。

（2）桂花绿豆糕。绿豆中含有蛋白质、脂肪、碳水化合物、钙、铁、胡萝卜素、维生素 B1、烟酸等营养成分，能生津解暑，益气健脾。

原料：绿豆面 1 500 克，白砂糖 150 克，糖桂花 50 克，桂花酱 50 克。

制法如下：① 将绿豆面、白砂糖、糖桂花加适量清水混合拌匀。② 在蒸笼内衬蒸布或专用纸，然后将揉好的绿豆粉平铺，厚度约 3.5 厘米，上面盖上蒸布或专用纸，稍按实。③ 用旺火蒸约 30 分钟取出，待凉冷后切块，抹上桂花酱即成。④ 如果蒸制时间过长，糕上会有一层水，会影响美观。

2. 花草茶膳

花草茶膳是将花草茶作为菜肴和饭食的烹制与食用方法的总称。

（1）荷叶粥。具有清凉解暑、利湿气的作用，最适宜夏日服食，可生津解渴。原料：荷叶半张（干品），白米一杯，盐少许。制法如下：① 白米清水淘净，加 4 碗水煮粥，大火煮开后转小火约煮 15 分钟。② 荷叶用清水洗净，擦干，待粥快熟时，将荷叶覆盖在粥上，盖锅盖，焖约 5 分钟，即可取开荷叶喝粥。

（2）桂花糯米藕。原料：莲藕 2 节，糯米半碗，红枣 8 ~ 9 粒，红糖 45 克，甜桂花 1 大勺，冰糖 15 克。制法如下：① 糯米洗净后用清水浸泡 2 ~ 3 个小时。藕洗净去掉外皮。② 用刀在藕的一头连同藕蒂切掉两三厘米，留作盖子。将已经泡好的糯米填入莲藕中，一边填，一边用筷子捅结实一点。③ 藕眼里放满糯米后，把藕蒂盖子盖上，并用牙签固定封口。④ 准备好煮藕用的调料和红枣。⑤ 把灌好的糯米藕放入锅中，注入清水没过莲藕，在里面放入红糖和红枣，大火煮开后转小火再煮半小时。⑥ 半小时后放入冰糖再用小火煮一刻钟左右。⑦ 煮好的糯米藕捞出稍晾凉后便可切片食用，吃的时候在上面淋上糖桂花和蜂蜜调和的蜜汁，美味诱人。

【知识拓展】

泡茶的误区

茶叶是有益于身体健康的上乘饮料，是世界三大饮料之一，有“康乐饮料”之王的美称。但是饮茶还需要讲究科学，以达到提精神益思维、解口渴去烦恼、消除疲劳、益寿保健的目的。但有些人饮茶习惯不科学，常见的有以下几种。

一、用保温杯泡茶

沏茶宜用陶瓷壶、杯，不宜用保温杯。因用保温杯泡茶叶，茶水较长时间保持高温，茶叶中的一部分芳香油逸出，使香味减少，浸出的鞣酸和茶碱过多，有苦涩味，因而也损失了部分营养成分。

二、用沸水泡茶

用沸腾的开水泡茶会破坏很多营养物质，如维生素 C、维生素 P 等，在水温超过

80℃时就会被破坏，还易溶出过多的鞣酸等物质，使茶带有苦涩味。因此，泡茶的水温一般应掌握在70~80℃。尤其是绿茶，如温度太高，茶叶泡熟，变成红茶，便失去了绿茶原有的清香。

三、泡茶时间过长

茶叶浸泡4~6分钟后饮用最佳。因此时有80%的咖啡因和60%的其他可溶性物质已经浸泡出来。时间太长，茶水就会有苦涩味。放在暖水瓶或炉灶上长时间煮的茶水，易发生化学变化，不宜再饮用。

四、习惯于泡浓茶

有的人喜欢泡浓茶。茶水太浓，浸出过多的咖啡因和鞣酸，对胃肠刺激性太大。

【实训项目】

茶叶的冲泡——花草茶

1. 根据实际情况，教师课前准备好场地、茶叶、茶壶、茶具、泡茶工具等。
2. 学生选择一种茶叶，讲解该种茶叶的产地、特点、冲泡要领等，并选择好相应的茶具。
3. 教师根据学生的讲解做进一步说明，如有问题应及时指正，并讲解冲泡的步骤及操作要领。
4. 教师现场示范操作。
5. 学生分组练习。
6. 教师现场指导、纠正。
7. 教师总结点评。

【任务思考题】

1. 绿茶的品质特征有哪些？介绍一款绿茶的名品。
2. 红茶的饮用方式有哪几种？如何冲泡？

任务五　咖 啡 服 务

【引导案例】

从一杯咖啡开始的亲子咖啡之旅

你知道怎样做咖啡拉花吗？

你知道咖啡渣有什么妙用吗？

你知道怎么和孩子一起制作咖啡吗？

有这样一家民宿，开展了亲子咖啡体验活动。孩子可以体验磨制咖啡豆、打牛奶，还能学习制作简单的咖啡拉花，父母可以在这个过程中和孩子一起配合，制作出一杯完美的咖啡。咖啡制作对于孩子们来说，最大的体验应该是“新鲜感”和“成就感”。对父母而言，最大的收获应该是“感动”，一杯咖啡可以延续一份温情。在城市里没有时间和机会去体验这种亲子活动，但在这样的一间民宿中会把生活慢下来，把自己还给生活。

一杯咖啡＝满满的爱。

【案例分析】

当民宿遇见咖啡，每一杯都有属于它的故事。从山水间的肆意奔跑，到民俗活动的体验，民宿作为多元化生活方式的载体，希望所有的体验都可以被吸收，亲子之间的温馨互动可以从民宿的一场活动，一直延续到生活中。

【问题】

1. 如何理解“一杯咖啡＝满满的爱”这句话？
2. 如何让咖啡成为民宿的吸引点？

咖啡（coffee）是用经过烘焙磨粉的咖啡豆制作出来的饮料。作为世界三大饮料之一，其与可可、茶同为流行于世界的主要饮品。

一、认识咖啡

（一）咖啡的历史

“咖啡”一词源自希腊语“Kaweh”，意思是“力量与热情”。咖啡树属茜草科常绿小乔木，日常饮用的咖啡是用咖啡豆配合烹煮器具制作出来的，咖啡豆是咖啡树果实内之果仁用适当的烘焙方法制成的。

咖啡树原产于非洲埃塞俄比亚西南部的高原地区。据说 1 000 多年以前，一位牧羊人发现羊吃了一种植物后，变得非常兴奋，进而发现了咖啡。还有说法称是因野火偶然烧毁了一片咖啡林，烧烤咖啡的香味引起人们的注意。埃塞俄比亚的土著人经常把咖啡树的果实磨碎，再把它与动物脂肪掺在一起揉捏，做成球状的丸子。这些土著部落的人将这些咖啡丸子当成珍贵的食物，专供那些即将出征的战士享用。直到 11 世纪左右，人们才开始用水煮咖啡作为饮料。13 世纪时，埃塞俄比亚军队入侵也门，将咖啡带到了阿拉伯地区。coffee 这个词，就是来源于阿拉伯语 Qahwa，意思是“植物饮料”，后来传到土耳其，成为欧洲语言中这个词的来源。咖啡种植、制作的方法也经阿拉伯人不断地改进而逐渐完善。

（二）咖啡豆的品种

1. 阿拉比卡种

阿拉比卡种咖啡树茜草科咖啡属。叶子呈椭圆形、深绿色。果实也呈椭圆形，一般有两颗略微扁平的豆子，豆身小而浑圆，正面呈长椭圆形，中间裂纹窄而弯曲，呈 S 形，豆子背面的圆弧形较平整。阿拉比卡种是最传统的阿拉伯咖啡品种，原产于东非。

阿拉比卡种是最早被发现的品种，被认为是咖啡品种中最好的一种，也是目前世界上最主要的品种。阿拉比卡咖啡豆制成的咖啡比其他商业化种植的咖啡品种质量更高，咖啡因含量也较低。主要有以下特征：气味浓郁，没有苦涩味，咖油含量适中，酸度较高，咖啡因含量是罗布斯塔种咖啡的 30%～40%。

广为人知的蓝山咖啡、曼特宁咖啡等就是用阿拉比卡种咖啡豆制作而成的。

2. 罗布斯塔种

罗布斯塔种的咖啡树是一种介于灌木和高大乔木之间的树种，叶片较长，颜色亮绿；树最高可达 10 米，但树根却很浅；低海拔地区即可种植，抗病虫害能力强，不易遭受农害；每单位面积咖啡树的年产量较高，生产成本远低于阿拉比卡种咖啡；果实俗称粗壮豆，比阿拉比卡种咖啡豆略圆，也略小，豆身扁圆，中间坑纹直。

罗布斯塔种咖啡有独特的香味（被称为“罗布味”），有些人认为是霉臭味与苦味，如果取 2%～3% 比例的罗布斯塔种的咖啡混合到其他咖啡里，那整杯咖啡就都成了罗布味。罗布斯塔咖啡豆一般不作为单品咖啡豆使用，因其能够萃取出丰富且稳定的奶油，所以多半被用在意式拼配豆中，用以制作浓缩咖啡。

（三）咖啡豆的加工

除去咖啡果坚硬多汁的外果皮有两种方法——“水洗法”和“日晒法”。这两种方法会使咖啡形成不同的风味。

1. 水洗法

水洗法是目前最盛行的处理咖啡豆的方法。中南美洲除了巴西外几乎全用水洗法，水洗咖啡豆的酸香味和明亮感较佳，风味干净，是精品豆最惯用的处理法。但是使用水洗法的代价也不小，平均水洗 1 千克的咖啡浆果消耗 2～10 升的水，大概只能获得 200 克的豆子。

水洗法的咖啡豆干净，有不错的醇味、高度的香气和活泼的酸味。因杂味较少，适合滤泡式咖啡煮法。另外，水洗咖啡豆有不错的酸味，是浓缩咖啡里甜味的来源。

2. 日晒法

日晒法因使用自然阳光来干燥咖啡的果实和生豆，故又称为“自然干燥法”。由于日晒的过程中使用人工和自然的处理方法，所以，使用该方法加工的咖啡豆从外观上看来较不整齐，卖相并不好。

使用日晒法制作的咖啡豆有完整的自然醇味、温和的香气与较多的胶质。醇味是浓缩咖啡的重要因素，会产生如酒般浓烈的香醇与清润的感觉，浓缩咖啡的爱好者在制作咖啡过程中可加重日晒法咖啡豆的分量。

（四）咖啡与健康

1. 咖啡的成分

（1）咖啡因。咖啡因在咖啡所有成分中最受人瞩目，它属于植物黄质（动物肌肉成分）的一种，性质和可可内含的可可碱、绿茶内含的茶碱相同，烘焙后减少的百分比极小。咖啡因用途广泛，适量的咖啡因会刺激大脑皮层，促进感觉判断、记忆、感情活动，让心肌机能变得比较活泼，血管扩张，血液循环增强，并提高新陈代谢机能。咖啡因也可减轻肌肉疲劳，促进消化液分泌。还能促进肾脏机能，有利尿的作用。咖啡因不会像其他麻醉性、兴奋性物质一样积在体内，2 小时左右便会被排泄掉。咖啡风味中的最大特质——苦味，就是因咖啡因形成的。

（2）单宁酸。除了咖啡因，单宁酸算是咖啡中第二重要的成分了，单宁酸在医学上用于消炎解毒，它很容易溶于水，使咖啡产生酸味与甜味。

（3）脂肪。咖啡中含的脂肪有 40 多种，在风味上占极为重要的地位。其中最主要的是酸性脂肪和挥发性脂肪，酸性脂肪是指脂肪中含有的酸，其强弱会因咖啡种类的不同而各异；挥发性脂肪是咖啡香的主要来源。脂肪在新鲜烘焙的咖啡中含量较高，随着时间的推移，其含量会逐渐减少。烘焙过的咖啡豆所含的脂肪一旦接触到空气，会发生许多变化，味道、香味都会变差。这里的脂肪多数不会被人体吸收，相反，咖啡还会帮助人体消耗脂肪。

（4）蛋白质。咖啡中的主要热量来源于蛋白质。因为蛋白质在咖啡中所占的比例并不高，而且在冲泡咖啡时并不能完全溶于水，尤其是以滴滤式冲泡出来的咖啡，蛋白质多半不会溶出来，所以咖啡喝再多，摄取到的蛋白质也是有限的，这也就是咖啡会成为减肥圣品的缘故。

（5）糖分。咖啡生豆中的糖分在烘焙后会转变为焦糖，同时变成褐色，是咖啡的主要颜色，焦糖与单宁酸结合生成果酸味。很多人认为咖啡是苦的，不存在甜味，其实上等的咖啡不仅有甜味而且回甘还很强烈。

（6）矿物质。咖啡中含有人体所需的矿物质成分及微量元素，主要有铁、磷、碳酸钠、硫黄、硅等，这些比较复杂的成分形成了咖啡的涩味。

（7）粗纤维。咖啡豆中还存在一定的粗纤维，烘焙后豆中的粗纤维被炭化。在一定程度上，粗纤维会影响咖啡的风味，所以为防止粗纤维受潮或者被氧化，应尽量在泡之前对咖啡豆进行研磨。

2. 咖啡的功效

（1）提神醒脑。咖啡因可以刺激大脑皮层的神经细胞，使人进入短时间的兴奋状态，促进感觉记忆，头脑因此变得清醒，思维变得敏捷，思路变得清晰，甚至能激发人的灵感。

（2）促进消化。咖啡有促进消化、改善便秘的功效。因为咖啡可以刺激胃分泌更多的胃酸，一顿美食之后来一杯咖啡，不仅可以解除油腻，还可以保持身材。

（3）减肥塑身。黑咖啡能够减肥，饮用咖啡时能通过咖啡因刺激人体产生热量，加速新陈代谢，从而减轻体重（需要运动配合）。黑咖啡不仅几乎不含热量，用黑咖啡取代其他饮品（如碳酸饮料、鲜榨果汁等）是减少摄取卡路里的最有效途径。

（4）医疗保健。咖啡在医疗保健方面也有特效，因为咖啡里含有多酚化合物成分，具有抗氧化作用，可以延缓衰老，促进血液循环，预防心血管疾病。

二、咖啡的分类

（一）单品咖啡

单品咖啡，就是用原产地出产的单一咖啡豆磨制而成，饮用时一般不加奶或糖的纯正咖啡。单品咖啡有强烈的特性，口感特别，或清新柔和，或香醇顺滑，成本较高，因此价格也比较贵。

1. 蓝山咖啡

蓝山咖啡是咖啡中的珍品，因出产于牙买加的蓝山而得名。国际上公认只有种植在海拔 1 800 米以上的牙买加蓝山咖啡才是真正的蓝山咖啡。

因为牙买加的蓝山咖啡产量非常少，每年针对全球仅出产 4 万余袋，所以价格昂贵，一般人很难喝到真正的蓝山咖啡。绝大多数咖啡馆里所售卖的蓝山咖啡都是由味道近似的咖啡调制而成，但尽管如此，这些调制咖啡的价格也仍然要比一般的咖啡高。

2. 摩卡咖啡

在众多咖啡品类中，如果说蓝山咖啡是国王的话，那么摩卡咖啡一定是皇后。摩卡咖啡是世界咖啡贸易的鼻祖，因为第一批销往欧洲的优质也门咖啡是由摩卡港出口的，所以人们把这种美味而高品质的也门咖啡称为摩卡咖啡。

摩卡咖啡因为拥有全世界最独特而丰富的香气（原木香、红酒香、烟草香……），所以除了单独饮用之外，还常常用来调制综合咖啡。相比蓝山咖啡，摩卡咖啡的价格就要低得多，因此很受咖啡迷的推崇和喜爱。

3. 圣多斯咖啡

和摩卡咖啡一样，圣多斯咖啡的名字也来源于运输咖啡的港口名。圣多斯咖啡主要出产于巴西南部的圣保罗州。延续咖啡中蓝山是国王，摩卡是皇后的说法，咖啡迷把圣多斯誉为咖啡中的隐士。

因为圣多斯咖啡酸、甜、苦三种味道非常均衡，所以它属于中性咖啡。与此同时，圣多斯咖啡豆也是调制混合咖啡的最好调配用豆。

4. 哥伦比亚咖啡

哥伦比亚咖啡是世界上少数以出产国家名命名的咖啡之一，也称为翡翠咖啡。哥伦比亚咖啡蕴含着非常丰富的营养成分，同时，它也是最受喜欢清淡口味的人们追捧的单品咖啡。哥伦比亚咖啡的清淡丝滑使它成为世界最知名的软咖啡（硬咖啡的特点是醇厚浓烈）。

哥伦比亚咖啡最适宜单饮，如果用来调制混合咖啡的话，哥伦比亚咖啡也通常用来制作高级的混合咖啡。

5. 曼特宁咖啡

曼特宁咖啡产自苏门答腊，被称为咖啡中的恺撒大帝，被公认为是世界上最醇厚的咖啡。

曼特宁咖啡豆被认为是最丑陋的咖啡豆，但丑陋的外表下却拥有美丽的内涵。曼特宁咖啡豆的外形越丑，做出来的咖啡味道却越好、越醇、越滑。所以资深的咖啡迷在购买曼特宁咖啡豆时，都会专挑那种外形较丑的。

6. 康娜咖啡

康娜咖啡也称科纳咖啡，产自美国夏威夷。夏威夷是美国唯一一个生产咖啡的州，康纳咖啡出产于夏威夷岛上科纳地区的西部和南部，它以香醇微酸而闻名世界。

曼特宁咖啡豆的外形是出了名的丑，而康娜咖啡豆则被誉为是世界上最美丽的咖啡豆，因此，康娜咖啡被称为咖啡中的大家闺秀。

（二）花式咖啡

意大利人发明了蒸汽压力萃取咖啡机。由蒸汽压力咖啡机做出来的浓缩咖啡，就是意式浓缩咖啡（espresso）。意式浓缩咖啡量很小，味道很苦，表面浮着一层厚厚的油脂。

可以选择“Single 单份”或者“Double 双份”，双份是指用双倍的咖啡粉萃取，会更苦。以意式浓缩咖啡为基底，配合牛奶、奶沫、巧克力、冰激凌等，各种配搭组合出来的花式咖啡叫创意咖啡。

1. 维也纳咖啡

维也纳咖啡乃奥地利最著名的咖啡，它以浓浓的鲜奶油和巧克力的甜美风味迷倒全球人士。雪白的鲜奶油上，洒落鲜艳的七彩米，扮相非常漂亮，隔着甜甜的巧克力糖浆、冰凉的鲜奶油啜饮滚烫的热咖啡，更是别有风味。

2. 皇家咖啡

皇家咖啡是拿破仑最喜欢的咖啡，故以“Royal”为名。上桌时用皇家咖啡钩匙横放杯口，上放方糖，以白兰地淋湿方糖后点火，其味道甘、醇，具有白兰地醇美的酒香。皇家咖啡最适合的饮用时间是夜晚。

3. 拿铁咖啡

拿铁咖啡是咖啡与牛奶交融的极致之作，由浓缩咖啡与热鲜奶按一定比例调制而成。杯底先倒入少量浓缩咖啡，然后加入大量牛奶，顶端是浓密的一层泡沫，还可以在奶泡上拉出各种各样的图案。

4. 卡布奇诺

卡布奇诺是一种泡沫咖啡，由浓缩咖啡加上搅出泡沫（或蒸汽打发）的牛奶制成，有时还依需求加上肉桂或香料或巧克力粉。

5. 摩卡咖啡

摩卡咖啡是指加了热巧克力、鲜奶油的热咖啡。有些洒上可可粉、肉桂粉，别有一番风味。因为巧克力和奶油都有甜味，所以摩卡咖啡是苦甜结合的典范。

6. 爱尔兰咖啡

爱尔兰咖啡是一种含有酒精的咖啡，是由热咖啡、爱尔兰威士忌、奶油和糖混合搅拌而成，具体制作方法是在咖啡中加入威士忌，顶部放上奶油。

7. 玛奇朵

玛奇朵又被很多咖啡馆译为“玛奇雅朵”，其制作方法是浓缩咖啡中里舀入几勺奶泡，不但咖啡味道依旧浓烈，还能享受到细腻绵密的奶泡。

8. 美式咖啡

美式咖啡是最普通的咖啡，是指使用滴滤式咖啡壶所制作出的黑咖啡，又或者是在意式浓缩咖啡中加入大量的水制成。美式咖啡口味比较淡，因为一般的萃取时间相对较长（4～5分钟），所以咖啡因含量较高。

三、咖啡的制作

（一）滴滤式萃取——滤杯手冲咖啡

1. 器具与比例

所需器具：滤杯、分享壶、滤纸、手冲壶、电子秤；咖啡粉：水 =1∶16。

2. 制作步骤

（1）将滤纸折好撑开，装入滤杯。用热水顺时针画圈浇注滤纸，让滤纸与滤杯更紧密黏合，贴在一起，防止产生通道效应。可以去除滤纸味，温热下壶，让咖啡更美味。

（2）将磨好的咖啡粉放入滤纸，轻轻摇平。

（3）以滤杯中间为圆心顺时针一圈一圈地画圆，缓缓注入热水，注意控制速度和水位，当注水量到咖啡粉的1.5～2.5倍时，闷蒸25～35秒，观察粉层，等没有气泡冒出，开始第二次注水。

（4）第二次注水时与之前一样，以滤杯中间为圆心，顺时针一圈一圈画圆，水流不要冲到咖啡粉与滤纸相连的地方，以免产生通道效应，咖啡粉冲到最外圈留出一圈即可，然后再一圈一圈地往中间冲泡。

（二）浸泡式萃取——虹吸壶冲煮咖啡

浸泡式萃取——虹吸壶冲煮咖啡的步骤如下：

（1）给烧杯注适量热水，把酒精灯放在烧杯底部正中，然后点燃酒精灯。

【小贴士】

使用热水会缩短操作时间，使用酒精灯加热可加速这个过程。

（2）将过滤器平放入上瓶，拉出链条弹簧勾住漏斗，将过滤器固定在漏斗中央，如果位置偏了，可用竹匙拨正。

【小贴士】

滤布每次使用过后，一定要洗干净，如果滤布上残留有咖啡粉，会影响往后煮咖啡时下流的速度，造成萃取过度。如果觉得滤布已经没用了，就换一个。

（3）将适量的中细咖啡粉放入虹吸壶的漏斗中。

【小贴士】

使用浸泡式萃取——虹吸壶冲煮咖啡时，咖啡馆里一般使用18～22克咖啡粉，配上110毫升的水，但一般的做法，有15克咖啡粉就可以了。

（4）当烧杯中的水开始冒小水泡时，将虹吸壶的漏斗插入烧杯。

【小贴士】

虹吸壶的漏斗插入烧杯时，要注意不要等水煮沸再放上壶，否则沸水容易溅出来烫伤操作人员。

（5）等水开始上升到一手指高时，用竹匙由上向下轻点咖啡粉，使其全部浸湿，当烧杯的沸水上升到漏斗时，开始读秒数，50～60秒后，虹吸壶煮咖啡结束。

【小贴士】

当熄火让水位下降时，从伸入下座中的上座玻璃管吐出来的是大泡泡，那就证明咖啡油脂和胶状物充分，因为咖啡不是水，而是不被冰水稀释的胶凝物质，口感是圆润滑口的；泡沫细小甚至浮着一层泡沫的则是油水混合；咖啡强苦、强酸、辛烈刺激，则是萃取及火候不足。

（6）烧杯的水会沿着虹吸壶的中管上升，用竹匙将漏斗中的咖啡粉和水搅均匀，搅拌需要10秒，搅拌有如下3种方法，选用其中一种搅拌方法即可。

① 正十字法。由外向内下压，左右前后正十字拨动。

② 搅拌法。顺时针方向转动水面，手抓搅拌棒转圆圈。

③ 旋转法：手抓住下座的台架把手，顺时针方向绕小圆圈转动（会产生离心力）时间、火候同上。

【小贴士】

搅拌棒只在水刚上升及熄火时使用，焖煮过程中不要一直搅拌，以免破坏“焖”的过程。

（7）搅拌 10 秒后，把火调小，维持 20 ~ 30 秒静止状态，这个过程是“焖”。漏斗的咖啡和水会形成三层的现象，上层是泡沫，中层是发泡的咖啡粉，下层是未成熟且将会成为标准咖啡颜色的水。

（8）静止 20 ~ 30 秒以后，把火调大，这时进行第二次搅拌，搅拌的方法要与第一次搅拌相同，同样搅拌 10 秒，搅拌完成，马上撤火。

【小贴士】

要使咖啡液快速下降，可以用冷湿布贴在烧瓶底部。熄灭酒精灯时，要扣盖两次。

（9）烧瓶遇冷后，咖啡液快速下降，回落在烧瓶中，虹吸壶冲煮咖啡完毕。

【小贴士】

虹吸法又被称作真空过速方法。先使烧瓶内呈真空状态，利用蒸气压力，用滤网过滤后即提取出咖啡。

四、咖啡饮品

（一）椰子卡布奇诺

1. 材料

盎司杯，浓缩咖啡 1 杯，鲜奶 300 毫升，奶泡少许，椰子糖浆 10 毫升，柠檬丝少许，细砂糖适量。

2. 制作步骤

（1）在浓缩咖啡里倒入椰子糖浆。

（2）随后倒进牛奶。

（3）取适量奶泡铺在咖啡表面。

（4）撒上柠檬丝作为装饰，依个人喜好添加细砂糖。

（二）抹茶咖啡

1. 材料

滤纸，滤杯，挤花器，水壶，咖啡粉 12 克，发泡鲜奶油适量，抹茶粉少许，糖 1 茶匙。

2. 制作步骤

（1）先用开水将杯子冲几次，让杯子的温度提高。

（2）把滤纸沿着接缝线折叠后，放入滤杯固定，把 12 克的咖啡粉倒进覆有滤纸的滤杯中间，并轻弹一下使咖啡粉平坦放在滤纸里，把盛好咖啡粉的滤杯放在咖啡杯上。

（3）在滤杯中央注入少量的热水，等咖啡液开始滴落、咖啡粉膨胀至最高点的时候（35 ~ 40 秒），再用画圆圈的方式将热水分别注入第二次、第三次，七八分满的时候就可以停止。

（4）在煮好的咖啡里加入少量的抹茶粉及糖，稍搅拌一下。

（5）用画圆圈的方式在杯子里挤上像小山丘般的鲜奶油。
（6）在满盈鲜奶油的杯中撒上少量的抹茶粉就完成了。

（三）薄荷拿铁

1. 材料

热咖啡 100 毫升，薄荷酒 30 毫升，热牛奶（70℃）60 毫升，奶泡（50℃）适量。

2. 制作步骤

（1）将热咖啡注入杯中。
（2）将薄荷酒注入杯中。
（3）将热牛奶慢慢地注入杯中，至杯子八分满时加入奶泡直至满杯。
（4）可在奶泡表面挤少许巧克力酱，利用牙签画出图形。

【知识拓展】

如何正确饮用咖啡

虽然咖啡有这么多的好处，但也并非人人都适合饮用，而且喝咖啡也不是多多益善。过量喝咖啡或者不适宜的人喝咖啡，都会产生副作用。

一、不要过量饮用咖啡

有些人非常喜欢喝咖啡，上班时间或者晚上熬夜时会一杯接着一杯地喝，虽然咖啡能起到提神的作用，但如果过量饮用，则会使人焦躁不安、心跳加速、血压上升、头痛、恶心、失眠。若长期下来，还可能会影响神经系统的正常功能，产生反应迟钝、记忆力减退等副作用。咖啡因本身并非绝无害处，而在于摄取量是否适宜。通常每天摄取的咖啡因不应超过 20 毫升，是 2～3 杯咖啡所含的量，在这个范围内不会产生副作用。

二、注意饮用咖啡的时间

喝咖啡最好在餐后进行，因为这样不仅可以帮助消化，还可以帮助消除多余的脂肪，特别是在一顿饱餐之后喝咖啡就更好了。空腹是不适合喝咖啡的，因为空腹喝咖啡对肠胃的刺激比较大。睡觉之前也不要过量饮用咖啡，因为咖啡会影响睡眠质量，甚至会导致失眠。熬夜的时候也不建议喝咖啡，因为通常这时候会不知不觉地饮用过量。

三、不适宜饮用咖啡的人群

咖啡会加剧高血压病情的恶化，因为咖啡因可以使血压上升并持续长达 12 小时，所以高血压患者不仅应避免喝咖啡，还应该避免喝含有咖啡因的饮料。咖啡还会加重胃病，因为咖啡对肠胃刺激较大，胃病患者应该忌饮咖啡。另外，咖啡会加快人体中钙的流失，所以，经常喝咖啡的人还要注意补钙。患有骨质疏松的人、老年人及更年期的女性都不适合喝咖啡，因为他们更需要补充钙质。孕妇也不适合饮用咖啡，因为咖啡有可能影响胎儿的发育，并增加流产的风险。儿童与处于生长发育期的青少年也不适合饮用咖啡，特别是儿童，他们的肝、肾发育还不够健全。

我们常看到许多人只喝咖啡，这种喝咖啡的方式是不益于健康的。应该在品咖啡时配搭一杯白开水，这样做有两个好处：第一，在品咖啡前先喝一口白开水，冲掉口中异味，再品才会感受到咖啡的香醇；第二，由于咖啡具有利尿功能，多喝白开水，提高排尿量，可促进肾代谢系统循环。这样，既品味了咖啡的美味，又不必担心上火，可谓一举两得。

【实训项目】

焦糖玛奇朵

焦糖玛奇朵是在香浓热牛奶上加入浓缩咖啡、香草，再淋上纯正焦糖而制成的饮品，口味层次很丰富。Macchiato 是意大利语，意思是“烙印”和“印染”，中文音译“玛奇朵”。Caramel 的意思是焦糖。焦糖玛奇朵，寓意为“甜蜜的印记”。

1. 教师课前准备好场地、咖啡、焦糖糖浆、鲜牛奶、咖啡机、咖啡杯等。

2. 教师讲解制作焦糖玛奇朵的步骤及操作要领步骤。

（1）萃取浓缩咖啡。

（2）在咖啡杯中加入一勺焦糖浆，倒入浓缩咖啡搅匀。

（3）牛奶加热到温热，用打泡机打出奶泡，捞出铺满在咖啡上。

（4）在奶泡上以焦糖酱来拉花，视个人口味喜好酌量增减焦糖酱。

3. 教师现场示范操作。

4. 学生分组练习。

5. 教师现场指导、纠正。

6. 教师总结点评。

【任务思考题】

1. 用滤纸滴漏式的方法冲泡咖啡，要注意什么？

2. 为什么倒入水后咖啡粉会膨胀？若没有膨胀，是因为咖啡粉不新鲜吗？

任务六　餐 饮 管 理

【引导案例】

木制饭盒分成六格，分别装着一小份玉米、馒头、面包、咸菜、水果和白灼青菜。这是前天上午上海宾客王新涵在东钱湖心宿福泉民宿吃到的“一人份”早餐。“这种早餐方式在宋朝被称为‘定食’，既丰盛，又节约。”民宿投资人徐恒勇告诉笔者。“我们一开始尝试过自助餐这种形式，但浪费太大了，所以才想到‘一人份’定量供应方式。”徐恒勇说，这种仿宋式“定食”，不但让大家吃得饱，还很有文化和仪式感，绝大多数人能一顿吃完。以往，为了体现热情好客，许多民宿的早餐参照酒店自助式，中午和晚上的桌餐不摆满一桌子菜不罢休。“也就是图个面子，其实每次看到大盘的剩菜是很心痛的。”象山“朝山暮海”民宿主人聂文华告诉笔者，他已经把餐食供应形式全部换成了“一人份”方式。

在宾客预订房间时，聂文华就问清入住的具体人数和口味喜好，精打细算配置早餐，做到小份多量、吃完再添；午餐和晚餐取消点菜制，按照每人 100 元的标准统一配置。“八个人、十个人的，通过‘八仙过海’这种围炉方式，让大家品尝虾、梭子蟹、蛏子等‘一锅鲜’，而不是像往常那样一道菜、一道菜地做；对于两三个人的，我们推出订制服务，四个海鲜、六道菜，让他们能尝到地道的象山海鲜。”聂文华说，从上周起，民宿每天的食材采购成本与餐厨垃圾量同比均呈下降趋势。

（资料来源：根据网络资料整理）

【案例分析】

宁波民宿餐饮推出“一人份早餐”“午晚餐定制服务”，既丰富，又节约的菜肴供应模式就是典型的民宿餐饮菜单管理技巧的灵活应用，不仅让宾客吃的满足，同时又节约了餐饮成本。

【问题】

1. 民宿餐饮运营中如何控制成本，以做到食物不浪费？
2. 民宿取消点餐制，改用每人统一价格的标准统一配置的做法是否值得推广？为什么？

一、菜单管理

菜单是民宿餐厅提供给宾客的一份带价目表的菜肴清单，也是餐饮部为宾客服务和提供菜肴的依据。菜单设计是民宿餐饮经营管理的首要工作，也是餐饮业务的起点。菜单是为满足目标市场的餐饮需要而设计的，因此必须了解目标客源市场的消费特点和餐饮需求，例如，掌握不同年龄、性别、职业、民族和宗教信仰的宾客的餐饮习惯和需求，并以此为基础设计适合目标宾客的需要，从而确定民宿餐馆经营类型、规格、餐饮内容和特色，并据此选购设备和配备工作人员。

（一）菜单的种类

由于各民宿餐饮部的经营类型、档次及经营项目各不相同，因此对菜单的内容选择、项目编排以及外观设计均有不同的要求，从而形成了截然不同的餐厅菜单。

依据不同的分类标准，可将菜单分为多种类型。按照餐饮形式和内容，可分为早餐（茶）菜单、正餐菜单、宴席菜单、团队菜单、冷餐自助餐菜单、消夜点心菜单以及酒水单；按照市场特点，可分为固定菜单、循环菜单、当日菜单和限定菜单等；按照菜单的价格形式，可分为零点菜单、套餐菜单和混合菜单；按照民宿餐饮经营类型，可分为餐桌服务式餐厅菜单、自助式餐厅菜单和外卖送餐式餐厅菜单；按照中西餐就餐方式，可分为中餐菜单和西餐菜单。

1. 菜单的基本类型

综合考虑各类餐饮企业的经营类型、经营项目、就餐形式及服务对象等因素，菜单主要分为以下基本类型。

（1）零点菜单。零点菜单又称点菜菜单或散客菜单，是民宿餐厅中最基本、最常见也是使用最广泛的一种菜单。零点菜肴品位较高，种类丰富，宾客可根据自己的喜好按菜单点菜。零点菜单的基本特征主要如下：① 为兼顾宾客不同口味与层次的需求，零点菜单的菜品较多。② 菜品价格高、中、低档搭配适度，尤其是正餐零点菜单，使宾客有充分的选择余地。③ 反映餐厅经营特色与等级水平，突出主菜与特色菜。

（2）套餐菜单。套餐也称套菜、定菜，就是从各类菜品中选配若干菜品组合在一起，以一个包价销售的一套菜肴。套餐菜单按照餐别可分为中、西早餐套餐菜单和中、西正餐套餐菜单；按照服务人数可分为个人套餐菜单和多人套餐菜单。个人套餐菜单一般多见于中、西快餐厅；多人套餐菜单则常见于各类餐桌服务式餐厅。

民宿餐厅推出各种套餐菜单的目的有二：一是迎合不同宾客的需要；二是充分利用餐厅现

有资源增加收入。与零点菜单相比，套餐菜单具有以下基本特征。① 经济实惠。套餐菜单的计价是以每客、每套或每桌计价，每个套餐的包价通常比顾客单独零点加起来便宜。② 品种大众化。套餐菜单上选用的菜品大都是大众习惯享用且制作较简便的品种。③ 组合简单。每套菜肴的品种一般较少，便于宾客选择。④ 可循环使用。无论是中、西早餐套餐菜单还是中、西正餐套餐菜单，除快餐厅外，每次提供给宾客选择的套数不宜太多，一般为 3～5 套，但这些套餐菜单可循环使用，如每周循环一次。⑤ 在节日或特殊场合，套餐菜单中也可选用部分制作精细、档次较高的菜品。

（3）自助餐菜单。自助餐菜单与套餐菜单的主要区别是：套餐菜单无论是以人还是以桌为计价单位，总是以一定品种和数量的菜品进行包价销售，自助餐菜单则是提供一定品种的菜品，任宾客随意选用，无论数量多少，都按每位宾客定价收费。也就是说，宾客选择消费套餐，是以一定价格将套餐菜单上的菜品全部购买，吃不完可打包带走；选择消费自助餐只能在餐厅提供的菜品中任意享用，不能打包带走。自助餐菜单主要运用于经营自助餐、自助餐宴席及自助式火锅的餐厅。由于自助餐需要将菜品提前备好，供宾客自由选用，因此自助餐菜单菜品的选择具有以下特点。① 一般选用能大量生产、出品快速并且放置后质量下降慢的菜品。热菜要选用易于加温、保温的品种。② 无论是中式自助餐还是西式自助餐，餐饮企业一般都将菜品进行合理编排与搭配，形成多套自助餐菜单，循环使用。③ 品种风味一般要大众化，避免使用只有少数人群喜爱的风味菜。④ 品种数量一定要合理预测与安排，如果盲目制备，极易造成浪费。

2. 按照菜单更换的频率分类

按照菜单更换的频率，可将菜单分为以下几种类型。

（1）固定性菜单。固定性菜单的内容与形式一般相对固定，不常变换。这种菜单主要适用于宾客流动性很大的民宿餐饮。

（2）循环性菜单。循环性菜单是民宿餐厅准备在一定时期内循环使用的几套菜单。常见的循环周期为一周，即一周后再从第一套菜单开始循环使用。有些餐厅根据不同季节准备 4 套菜单，以解决不同季节原料的供应问题。

（3）即时性菜单。即时性菜单是民宿餐厅根据某一较短时间内原料的供应情况和生产能力制定的菜单。其特点是菜单菜品不固定，菜单使用时间短或每天更换。

（二）菜单装帧设计要求

许多经营者都特别重视餐厅的整体装修，在装修上投入大量的时间和精力，却忽略了菜单的设计。其实，菜单设计直接展现出餐厅的实力，是宾客前来就餐的消费指南，宾客到餐厅就餐，正是通过菜单判断餐厅提供的菜是否满足自己的需要。因此，经营者在设计菜单时应注意以下事项。

1. 菜单的形式

设计菜单时，首先要弄清楚设计哪种形式的菜单，因为菜单的形式不同，设计需要的素材也不相同。菜单可以分为悬挂式菜单和桌式菜单，其中的悬挂式菜单是一种非常好的菜单制作形式。可以选用适当的材料，在餐厅内的明显位置悬挂或粘贴这种菜单。一般的餐厅都在墙上张贴一张大菜单，比较有创意的餐厅则选择使用灯箱或电子显示屏的形式。为了突出美感，让菜单看上去更有艺术感，可以搭配一些色彩、花纹或线条，给单调的菜单一些点缀。

2. 制作菜单的材料

餐厅菜单因使用周期不同，其制作材料也不同。一般情况下，餐厅制作的菜单有两种使用周期，其中一种是使用周期特别短，一周甚至一天之内就要更换；另外一种使用周期则比较长，能连续使用几个月甚至几年。在制作使用周期比较短的菜单时，可以选用价格比较低廉的纸张。在制作使用周期比较长的菜单时，可以选用价格相对较高、质地比较好的纸张，如质量比较好的封面纸和绘画纸。

选择制作菜单的材料时，应该刻意避免使用塑料，因为塑料会给宾客一种造价低廉的印象。选择制作菜单的材料应该考虑全面，既要节约成本，又要防污耐磨、不易折断，同时还要有一定的观赏性。

3. 菜单的字体

通常情况下，设计菜单时，菜单的文字不能将整个菜单占满。有些高档餐厅经常会出现一些外国宾客，最好使用中英文相结合的形式，以照顾那些不懂中文的宾客。菜单名称要工工整整地印在菜单上，不能出现潦潦草草、不容易辨识的现象。菜单的字号不可太小，要保证让宾客看得清清楚楚。

4. 菜单色彩的选择

不同风格的餐厅，制作菜单时选用的色彩也各不相同。如果是要营造一种浪漫、幽静的气氛，制作菜单时可以选择天蓝色、米黄色和浅褐色；如果要用于普通的餐厅，可以选择色彩比较艳丽的颜色。色彩的搭配可以在不增加成本的前提下，让菜单看起来更美观。一些民宿餐饮店充分利用这一点，把菜单设计得非常漂亮，提升了宾客消费的欲望。

设计菜单时，餐厅可以把那些招牌菜、特价菜和比较受欢迎的菜肴设计成其他颜色，和普通的菜区分开，这样既增加了菜单的美观度，又方便宾客点餐。

相比文字说明，图片更直观一些，传达的信息更丰富。宾客看菜名通常无法做出决断，看图片却可以判断菜品是否满足自己的喜好。虽然为菜单配图片增加了菜单的制作成本，但是它能为餐厅带来更多的效益。所以，制作菜单时，应尽量在菜名附近配上图片。

二、成本管理

餐饮成本的控制直接影响到餐厅的营业收入和利润，进而影响到民宿的整体收入。餐饮成本控制范围包括食材调料费用、设备折旧费用等，为此，要从原料采购、库存、发放、粗加工、切配、烹饪、服务、结账收款等环节进行整体控制。在这个体系中，每一个环节都会影响到成本。

（一）控制好采购环节

首先必须制定合理的采购标准，采购者应熟悉食材及周边市场的动态变化。食材最好就地选购，减少运输成本。如果采购量大，应挑选合适的供应商，建立长期的合作关系，保证食材供应稳定及食材价格低于市场价格。

（二）做好库存管理

库存不当是指库存过多或过少都会影响民宿餐饮的正常供应。原料库存过多会延长使用周期引起食物变质，过少则不能及时供应所需食材。因此，根据民宿宾客的入住情况和用餐的预订情况合理采购，在生意清淡的情况下，做到当天定量采购，减少库存数量。下面以早餐为例，简单介绍几种解决库存问题的方法。

1. 确定种类

早餐提供的种类要灵活多变，在保证食物质量的前提下，根据季节及食物价格，灵活更新早餐提供种类。

2. 量化食物

尽可能做到某些食物供应量与宾客数量的对应。如为每位宾客提供一杯牛奶或两个鸡蛋。在准备早餐的时候，在定量的基础上，可以稍微多出一些，就可以做到既防止浪费、控制成本，又避免出现宾客不够吃的情况。

3. 温馨提示

在餐厅墙面、餐桌、地面、物品等处张贴“节约食物”“光盘行动”等宣传标语，提醒宾客不要浪费。

4. 定期分析

根据每天宾客剩余食物量做数据统计分析，选择更换食物种类及数量。例如，规定每天每人两个鸡蛋，几个月的数据表明，80% 的宾客只吃了一个鸡蛋，那么接下来就可以调整鸡蛋的供应量了。

三、卫生管理

（一）人员卫生管理

民宿从业人员应经过卫生培训和健康检查，持证上岗。健康检查每年进行一次。民宿服务人员应具有良好的卫生意识和习惯，做到“三勤”：勤洗手、剪指甲，勤洗澡、理发，勤换洗衣物、被褥。

（二）食品卫生管理

（1）食品原材料应保证安全、新鲜，采购食品原料遵守进货验收制度和索证索票制度，采用自家种植蔬菜为佳。

（2）民宿经营者的粗加工场所内应分别设置动物性食品（含水产品）和植物性食品的清洗水池，水池数量或容量应与加工食品的数量相适应。

（3）加工、存放食品应当做到生熟分开，肉类煮熟、煮透。

（4）农药、鼠药等有毒、有害物品应当远离厨房，妥善保管。

（5）不采购、使用腐败变质、过期食品或霉变、生虫的食品，病死、毒死或死因不明的禽畜类、水产动物等及其制品，以及食品和安全法规规定禁止生产经营的食品。

（6）不采摘有毒山野菜、蘑菇等食物，不得加工宾客采自山间的野菜等植物。

（7）腌制食品必须做到在使用前进行温水清洗。

（8）饮用水水质应符合饮用水水质标准。

（三）餐具卫生管理

1. 餐具、酒具清洗工作流程

餐具、酒具的洗刷消毒要求是：一刮、二洗、三冲、四消毒、五封闭（保洁），保证餐具无油腻、无污渍、无水迹、无细菌。

2. 餐具的消毒

对于盛放食物的餐具，需要及时进行清洗及消毒，保证餐具的健康卫生，避免食物受到污染而中毒。常用的消毒方法有煮沸消毒法、蒸汽消毒法、干热消毒法和化学消毒法。煮沸消毒法适用于小型烹饪器具、容器、餐具等。管道、厨房设备消毒一般采用蒸汽消毒法。

3. 操作卫生管理

服务人员在操作时应正确持握餐具，要求盘碗拿边，汤勺拿柄，水杯拿底部，茶杯拿柄。

四、民宿餐饮管理标准

资料：餐具消毒知识

（一）中餐零点服务标准

（1）安排宾客到干净、布置好的餐桌入座；当客满时，应尽快安排没有预订的宾客入座。

（2）提供毛巾、茶水、点菜服务，下单 10 分钟内，要有冷菜上桌；下单 15 分钟，第一个热菜上桌。

（3）上菜时使用托盘，在合适的位置上菜并报菜名。礼貌用语为："这是 ×× 菜，请慢用"等。

（4）正确使用公用具：颗、粒、条、片状类菜跟公勺，汤羹类跟汤勺，外宾征询刀叉，调味品跟调味勺；提倡使用公筷、公勺。

（5）上菜应注意：上火候菜和风味菜时，动作要迅速；上鸡、鸭、鱼菜时，注意"鱼不献脊，鸡不献头，鸭不献掌"。

（6）桌面摆放菜肴颜色搭配合理、高低错落，不可叠放菜肴；根据菜品及时撤换骨碟，始终保持桌面卫生、整洁。

（7）结账迅速，准确无误。

（8）宾客起身离座时，提醒宾客带好随身物品；迅速检查桌椅、地面有无遗留物品；与宾客礼貌道别，并目送宾客至门口。

（二）餐厅卫生标准

1. 墙面、天花板、空调通风口

墙面、天花板、空调通风口卫生标准：平整、无破损、无划痕、无脱落、无灰尘、无水迹、无蛛网、无缺口、无裂缝；无脱落瓷砖；制度、标识等张贴符合标准。

2. 门窗及窗帘

门窗及窗帘卫生标准：玻璃明亮无破损、无变形、无划痕、无灰尘；窗帘干净、无破损、无脱钩、无蛛网。

3. 地面

地面卫生标准：完整、无破损，无污渍，无饭粒、肉粒等垃圾，无积水。

4. 灯具

灯具类卫生标准：照明运转正常、无灰尘、无脱落掉线。

5. 家具

家具卫生标准：稳固完好、无变形、无破损、无烫痕、无脱漆、无钉头外露、无灰尘、无污染。

6. 餐具

餐具类卫生标准：无水迹、无污迹，清洁完好、保持光亮，按菜式习惯配套齐全。

7. 客用品

客用品包括台布、餐巾、面巾、餐具等，其卫生标准为：完好、无破损，清洁卫生、无灰尘、无污迹；布草熨烫平整、无污迹、无破洞。

（三）后台卫生标准

1. 垃圾处理

各岗点都配有足够数量的垃圾筒，加盖放置，并保持表面干净；及时更换垃圾袋，并将垃圾集中存放，及时处理；垃圾需分类摆放，对垃圾每日定时进行清理，夏季对垃圾处理要及时；对垃圾桶每日进行清洗、消毒卫生处理。

2. 日常卫生标准

（1）地面、天花板、墙壁、门窗应坚固美观，所有孔洞、缝隙应予填实密封，并保持整洁，以免蟑螂、老鼠隐身躲藏或出入。

（2）工作厨台及厨柜下内侧及厨房死角，应特别注意清扫。以免冲洗地面时，将面包碎片、碎肉、菜屑等冲入内遗留腐烂。

（3）厨房清洁扫除工作，每日数次，至少要做一次，清洁完毕，清扫用具应集中处置。消毒剂和洗涤剂不得与杀虫剂等放在一起，有毒的物质要标明放在固定场所及指定专人管理。

（四）后台食品安全标准

（1）食物应在工作台上料理操作，并将生、熟食物分开处理。刀和砧板及抹布等，必须分用并保持整洁。

（2）食物应保持新鲜、清洁、卫生，并于洗清后分类以保鲜袋包紧，或装在有盖容器内，分别储放在冰箱或冷冻室内，鱼、肉类取用处理要迅速，以免反复解冻而影响鲜度，要确实做到不要将食物暴露在常温中太久。

（3）凡易腐烂的饮食物品，应储藏在0℃以下的冷藏容器内，熟的与生的食物分开存放，亦防止食物气味在冰箱内扩散及吸收箱内气味，并备置脱臭剂或燃过的木炭放入冰箱，以吸净臭味。

（4）调味品应以适当容器装盛，使用后随即加盖，所有的器皿及菜肴，均不得与地面或污秽接触。

（5）工作时，应穿戴整洁工作衣帽。工作时避免让手接触或沾染食物与食器，尽量利用夹子、勺子等工具取用。

（6）在厨房工作时，不得在食物或食器的附近抽烟、咳嗽、吐痰、打喷嚏，万一打喷嚏时，要背向食物用手帕或卫生纸罩住口鼻，并随即洗手。

（7）厨房工作人员工作前、便后，均应彻底洗手，保持一双清洁的手。

（8）不得在厨房内躺卧或住宿，亦不许随便悬挂衣服及放置鞋屐，或乱放杂物等。

五、餐厅突发事件管理

餐饮服务过程中难免会出现一些突发事件，如处理不当会影响餐饮服务质量甚至是民宿的整体质量，这就是要求服务人员必须具备细致的观察能力、灵活的应变能力、良好的沟通表达等能力。

1. 宾客不小心将菜汁洒到身上如何处理

宾客若将菜、汤洒到身上时，服务人员要迅速将洒落物清除掉，把湿毛巾拿给宾客擦拭去污，并重新为宾客铺好餐巾，请宾客继续用餐。

2. 如何为心脏病患者提供点菜服务

心脏病患者要少食多餐，忌暴饮暴食。多吃一些对心脏有益的钾、镁、维生素丰富的食品，如蜂蜜、菌类、海带、紫菜等。

3. 如何为胃病患者提供点菜服务

胃病患者不宜吃含纤维素高的东西，如芹菜、韭菜、竹笋等，应吃含蛋白质、维生素丰富的食物，避免食用辛辣刺激性食物。

4. 发现宾客有醉酒迹象时，服务人员应如何处理

如在接待中发现宾客有醉酒迹象时，服务人员应主动给宾客介绍一些不含酒精的饮品或者帮宾客冲杯蜂蜜水等；如看到有宾客喝多了，可以给宾客泡杯浓茶解酒。

【实训项目】

民宿餐厅卫生质量检查

1. 准备好已收拾干净的餐厅一间，餐厅卫生检查表若干。
2. 教师讲解餐厅卫生检查的程序、方法、注意要点等。
3. 考核学生掌握情况：请学生复述餐厅卫生检查程序及方法。
4. 学生实地进行餐厅卫生自查训练。
5. 教师总结点评。

【任务思考题】

1. 如何向宾客提供安全、卫生的用餐环境和菜肴？
2. 如何处理宾客在民宿用餐过程中的突发事件？

模块小结

民宿餐饮服务与管理的主要任务是生产高质量的餐饮产品，并通过为宾客提供热情、周到、细致的服务，使其获得物有所值的就餐享受。根据宾客的多元化需求，本模块主要介绍了民宿的早餐服务、正餐服务、调酒服务、茶艺服务、咖啡服务等项目的规范操作流程和管理要点。在餐饮管理部分重点介绍了菜单设计、成本管理、卫生管理、民宿餐饮管理标准和餐厅突发事件管理。美食、美宿更需要懂得美学经营和管理的民宿主人，积累丰富的饮食文化，谙熟待客之道，为宾客开启一段难忘的民宿之旅。

课　业

1. 根据某民宿的实际情况，设计两款不同类型的早餐套餐，并说明其中的营养搭配技巧。
2. 以一家民宿或某一案例为例，谈谈特色餐饮经营及餐饮品质管理的思路。

真题演练

一、单项选择题

1. 装盘时，先用的物品摆放在（　　）。

A. 里面、上面　　B. 外面、上面　　C. 外面、下面　　D. 里面、下面

2. 中餐热菜上整鸡时，传统的礼貌习惯是（　　）。

A. “鸡不献头”　　B. 头部对正主位　　C. 头部向左　　D. 头部向副主位

3. 下列不属于个人卫生“三勤”要求的是（　　）。

A. 勤化妆　　B. 勤剪指甲　　C. 勤换衣服被褥　　D. 勤洗澡、理发

4. 为客人斟茶时，杯中茶水一般以斟（　　）满为宜。

A. 三至五分　　B. 五至七分　　C. 七至八分　　D. 九至十分

5. 服务人员拿盘子时，拇指只能接触盘子的（　　）部分。

A. 内壁　　B. 外壁　　C. 边缘　　D. 内壁和边缘

6. 清理台面的工作最好等宾客（　　）再动手，以表示尊重宾客。

A. 吃完　　B. 已离开餐厅　　C. 离开座位　　D. 付账后

7. 餐具的洗涤程序是（　　）。

A. 一刮、二洗、三冲、四消毒、五保洁

B. 一冲、二刮、三保洁、四冲、五消毒

C. 一保洁、二洗、三刷、四冲、五消毒

D. 一刮、二洗、三消毒、四保洁、五冲

8. 以下（　　）是瓷器餐具不正确的消毒方法。

A. 煮沸　　B. 蒸汽　　C. 干热、化学　　D. 药物、开水烫

9. 以下不是中式早餐餐前准备工作内容的是（　　）。

A. 分菜用具准备　　B. 环境准备

C. 餐具佐料和服务用品准备　　D. 个人卫生准备

10. 安徽铁观音的品质特点为：冲泡后，香气馥郁持久，有（　　）之誉。

A. 四泡有余香　　B. 五泡有余香　　C. 六泡有余香　　D. 七泡有余香

11. 下列花材中，不属于线状花材的是（　　）。

A. 唐菖蒲　　B. 月季　　C. 银柳　　D. 飞燕草

12. 观果类的枝材有（　　）。

A. 乳茄　　B. 银柳　　C. 红瑞木　　D. 牡丹

13. 美学中的黄金比例指（　　）。

A. 1∶1.5　　B. 1∶1.618　　C. 1∶2　　D. 1∶2.5

14. 中国插花崇尚（　　）。

A. 色彩　　B. 线条　　C. 构图　　D. 自然

15. 具有疏影横斜的线条为（　　）。

A. 水仙　　B. 风信子　　C. 梅花　　D. 竹

二、判断题

1. 健康检查是个人卫生制度中对新员工和临时工上岗的要求，老员工无须做健康检查。（　　）

2. 托盘时，一般重物、高物放在托盘外档，轻物、低物放在里档。（　　）

3. 男服务员不小心将菜汁溅到女宾客身上，他马上赔礼道歉，并用干净餐巾替宾客擦净衣上的污痕。（　　）

4. 餐厅棉织品的卫生要求是客用小毛巾无须消毒，台布必须消毒。（　　）

5. 发现宾客遗留物品时，要保管好，待宾客回来寻找时再交出来。（　　）

6. 上菜时若配有佐料，应先上菜后上佐料。 ( )
7. 女服务员站立时双脚分开与肩同宽。 ( )
8. 撤餐具时，从宾客的右侧撤餐具。不可在餐桌上当着宾客的面清理盘内剩菜。 ( )
9. 点菜时，为了节约时间，不需要向宾客复述所点的内容。 ( )
10. 茶分为茉莉花茶、绿茶、工夫茶、乌龙茶、紧压茶、普洱茶。 ( )
11. 透明度很高的玻璃容器，不宜使用花泥固定。 ( )
12. 花器不仅是盛水插花的器具，同时也是构思中不可缺少的一部分。 ( )
13. 东方传统插花所用花瓶，着色宜多彩华丽。 ( )
14. 焦点花最好插成圆形或方形。 ( )
15. 作品造型重心处花材宜密，远离重心处宜疏。 ( )

三、问答题

1. 点菜服务的基本要求有哪些？
2. 民宿服务人员在向宾客介绍菜肴典故和菜点营养特点时，应该注意哪些事项？

模块五　设施设备服务与管理

【学习目标】

【知识目标】

1. 了解民宿常用的设施设备，树立正确的设施设备服务与管理意识。
2. 熟悉民宿常用设施设备的性能和用途。
3. 熟悉民宿设施设备日常维护的工作内容、质量标准。

【能力目标】

1. 能结合民宿实际情况制定设施设备日常检查表。
2. 能结合网络点评信息制定设施设备改进方案。
3. 能对民宿进行设施设备日常检查和维护。

【重难点】

1. 认识到位，对民宿的设施设备管理工作有正确的认识。
2. 行动到位，能科学、有效地开展设施设备的日常维护工作。
3. 根据实际情况实施设施设备管理工作，确保民宿设施设备的完好性。

【思维导图】

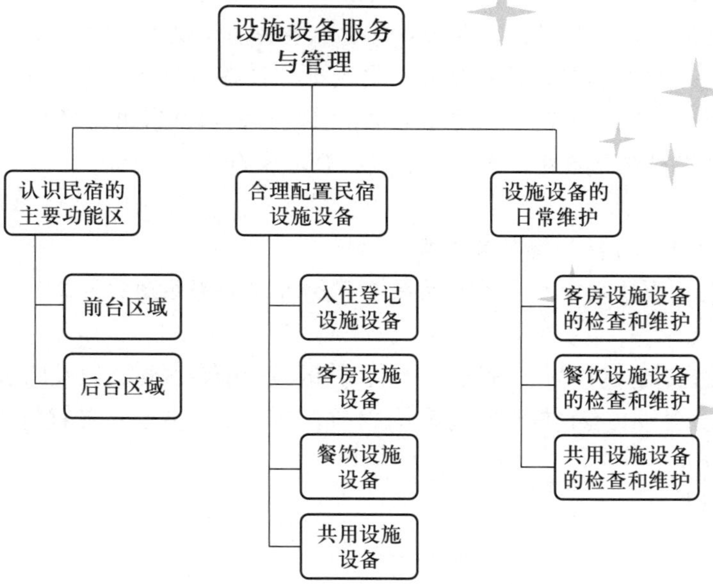

任务一　认识民宿的主要功能区

【引导案例】

旅馆停电烧坏空调耽误经营，谁来赔?

2018 年 3 月 5 日至 6 日凌晨，青岛崔先生经营的旅馆遭遇停电，停电持续几分钟后恢复，导致旅馆的两台中央空调主机烧毁。受其影响，该旅馆直至 3 月 20 日左右才恢复正常营业。崔先生认为停电之前，他并未接到任何通知，因此投诉青岛供电公司要求赔偿空调维修费用 19 000 元，以及无法营业 15 天，每天 3 000 元的经营费用。青岛供电公司则称只有在计划停电时，才会提前通知用户，而崔先生遭遇的停电是故障性停电，因此没有得到及时通知。同时，烧毁的空调外机可以赔偿，但根据供电责任保险条款的规定，用户要求的间接损失不给赔偿。

（资料来源：根据网络资料整理）

【案例分析】

电力供应是酒店、旅馆经营的生命线，稳定的电力供应保证设备良好运行，才能保障酒店、旅馆的正常经营。案例中由于突然停电及恢复供电后瞬间电流太大，导致空调室外机的主板和压缩机被烧毁，同时由于空调室外机更换配件需要时间，导致旅馆的经营受到影响。因此管理者应重视供电设施合理配置，在电力线路上配备浪涌电流或尖峰电压保护装置，空调采购时选择具有“断电保护功能”的设备型号，定期进行设备的维护保养，保障设备的正常运行。由于供电公司电力运行事故导致电能质量劣化，引起居民用户家用电器损坏时，可依据电力工业部令《居民用户家用电器损坏处理办法》进行合理索赔。

【问题】

1. 民宿经营中对电力供应需要考虑哪些问题?
2. 本案例中的问题主要有哪些? 电力安全保障可以做哪些预防性工作?

民宿中主要设置有客房区域、餐饮区域、公共区域等前台区域，以及厨房、布草间等后台区域，各功能区应划分合理，有良好的空间效果，民宿主人及家人居住区域宜与宾客区域相对独立。

一、前台区域

（一）客房区域

客房区域是游客休息睡眠、使用最多的地方，应根据气候特点、环境位置、景观条件，以及客房的数量、类型，确定客房的最佳位置，设置在朝向、景观较好的位置，兼顾便利性和私密性，并提供整洁卫生、安全舒适的客房设施。

为减少噪声对客房的影响，客房区域应与餐饮、娱乐等功能区、设备安装位置尽量隔离，如无法避免，应做好相应的楼板、墙体的隔音处理；民宿内应安排方便、舒适的民宿主人生活空间，当民宿主人房和客房在同一建筑中，应与客房区域保持相对独立，如果民宿主人房和客房在同一楼层，宜设置独立出入口。

1. 客房室内布局

民宿客房室内布局主要指的是对客房功能区域的设计划分。客房一般应具备睡眠、起居活动、储藏、盥洗（卫生间）等功能区域（见图 5–1）。

睡眠区域是保证宾客充分休息的重要区域，可通过家具分隔、地面落差、阁楼、屏风或植物等进行隔断，也可以通过不同地面材料、不同墙面色彩、灯光明暗等方法与其他区域合理分隔；起居活动区域一般设在客房窗前区域为好，放置椅子与小餐桌或沙发与茶几供宾客休息、会客或用早餐等；客房的储藏空间是壁柜，壁柜常位于客房小走道一侧、卫生间的对面，有时也可将壁柜设在客房的其他位置。客房空间较小时，也可简单设置落地式挂衣架、行李架等。

2. 卫生间布局。民宿应尽可能为每间客房设置独立卫生间（见图 5–2）。卫生间通常配置面盆、恭桶、沐浴（浴缸）等卫生设备，其面积宜综合考虑各卫生设备安装及人员洗浴活动所需空间而定，建议使用面积大于 4 平方米，净高不低于 2.2 米。面盆、台面应宽敞舒适，便于宾客摆放洗漱、化妆用品。恭桶安装区域宽度宜保证在 75 厘米以上，恭桶前方宜空出至少 45 厘米的空间，方便宾客蹲下后腿脚的摆放和站立时的通行。沐浴区域尺寸建议 100 厘米 × 80 厘米以上，以便于舒展和活动。卫生间宜干湿分区（见图 5–3），可以通过浴帘 + 挡水条、淋浴门、浴缸等方式进行分离；当卫生间面积有限时，也可在浴室外设置一个独立的洗手台，与恭桶和沐浴区域分离。卫生间应明亮、通风良好，淋浴门能关闭严密，有防滑措施。

图 5–1　客房

图 5–2　卫生间

卫生间上下水管道应集中设置，便于维修及更新，同时应设置通风及干燥装置。卫生间地面宜比相邻房间地面低 5 ~ 15 毫米，卫生间的地面应有坡度，坡向地漏，非浴区地面排水坡度不宜小于 0.5%，浴区地面排水坡度不宜小于 1.5%。地面及墙面应选用耐水、易洁面材，并应做防水层、泛水及地漏。

3. 阳台和露台

有条件的民宿宜为客房配置阳台或露台（见图 5–4 和图 5–5），作为客房起居空间的延伸，便于宾客休憩和观景。阳台一般有内阳台和外阳台两种，内阳台采用铝合金窗或塑钢窗与外界隔离，外阳台向外界敞开，不封闭。阳台布置应实用、美观，进行适当的美化、遮阳和防水。民宿建筑有屋顶平台或者无屋顶的大阳台，可以合理利用将其设置为露台，露台阳光充足，场地宽敞，更适宜观景和聚会活动，受到宾客的欢迎。露台花园是常见的做法，也可在其中设置一些灯具、茶几和遮阳伞。

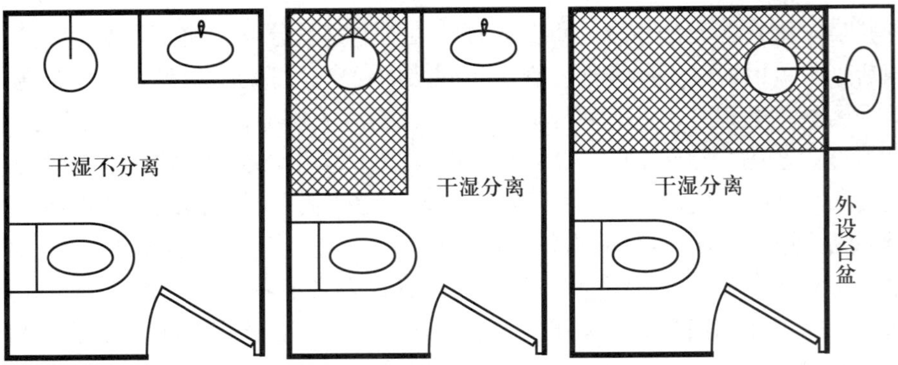

图 5-3　卫生间的布局

图 5-4　阳台

图 5-5　露台

（二）餐饮区域

如果民宿周边缺少相关餐饮设施或周边餐饮品质无法满足宾客的需求，民宿应配置整洁卫生、安全舒适的餐厅和厨房，餐饮区域（见图 5-6）应相对独立，方便宾客到达，也可考虑综合利用。餐座数量应与经营需要相匹配，餐桌间距、餐座空间舒适，桌椅符合人体工程学。餐饮区域的装修从色彩、光线、绿植、家具、陈设品、工艺水平等应协调统一。餐厅装修材料尽量选自当地，装修风格突出地方特色，空气流通，光线充足，无异味，创造良好的就餐氛围。

（三）公共区域

民宿公共区域包括室内公共区域和室外公共区域。

1. 室内公共区域

室内公共区域应满足接待、会客、餐饮、会议、休闲等功能，一般至少包括接待区和休憩区，可设置阅读区、游乐区等，也可以与餐厅、茶室、酒吧整合设置。公共空间装修应氛围协调和温馨、家具应舒适方便，摆放合理，体现民宿的文化主题和店主的趣味。

(a)　　(b)

图 5–6　餐饮区域

（1）休闲空间。室内休闲空间（见图 5–7）可以设置为茶室、会议室、阅读区、游乐区等。通常可以在大厅或餐厅一侧的窗旁设置采光良好、清幽的茶座或阅读区，也可以合理利用楼梯间、走廊、弧形墙的空闲区域，顺延空间定制书柜，或配合长度适宜的隔板，配以舒适的沙发等营造阅读及休闲空间。

(a)　　(b)

图 5–7　休闲空间

（2）公共卫生间。公共卫生间是指客房以外，设置在公共区域供宾客和员工使用的卫生间。公共卫生间应做到位置合理，注意私密性和便利性，卫生设施完善，有洗手盆、洗手液或肥皂、防滑措施等。应注意的是，公共卫生间不应布置于餐饮区内，公共卫生间、盥洗室、浴室（除住宅套内外）也不应布置在餐厅、食品加工、食品储存、设备间等有严格卫生要求和防潮要求用房的直接上层；楼地面、楼地面沟槽、管道穿楼板及楼板接墙面处应严密防水、防渗漏。

2. 室外公共区域

室外公共区域主要指庭院（见图 5–8），是民宿建筑主体外的休闲场所，通常设置草地、绿植、小径、山石、座椅、娱乐设施等，供宾客观赏、休闲、娱乐。庭院应种植一些能适应当地土壤气候的花草树木，可以通过绿色和灌木类趣味植物营造开阔的连续性景观，也可利用高的绿篱分割出一块秘密场所，视觉上遮挡了庭院边界。地面尽量多选用鹅卵石、透水砖、防腐木等生态材质铺设，变废为宝。为增加庭院的视觉效果，可利用废弃的石槽、酒坛、木头，闲置的瓦片、砖块等装点环境，辅以休闲娱乐设施，如凉亭、秋千、小水塘等营造氛围，也可设置石头、陶艺、玻璃、铁艺灯趣味小品。

(a)　　(b)

图 5–8　庭院

二、后台区域

1. 厨房

厨房布局中应注意：第一，合理布置流线，形成粗加工、切配、烹饪、传菜流线，洗碗、粗加工不能设置在宾客活动区域；第二，厨房通风、排气良好，排烟管道的位置在设计时要考虑风向的关系，避免油烟排出后飘向客房；第三，厨房配有垃圾桶并保持封闭；第四，洗涤池（见图 5–9）应分设，厨房地面宜有地漏沟（漕），并每日清洁。

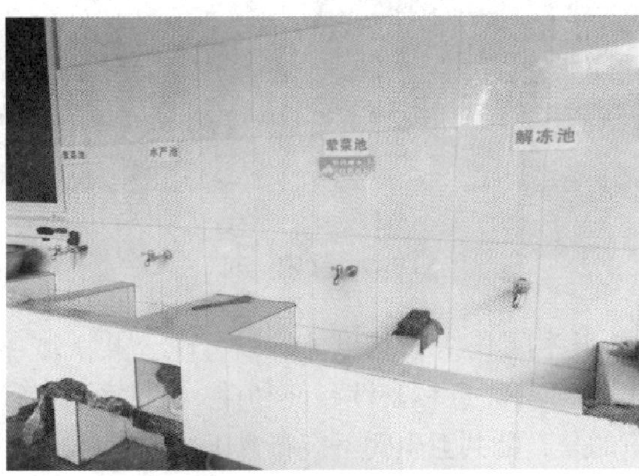

图 5–9　洗涤池

2. 布草间

民宿需合理设置布草间，保持布草的干燥、整洁，方便员工存取。布草间通风良好、避免潮湿，分为布草存放区及消耗品存放区。布草架及消耗品架应选用防霉、防潮材质。注意，布草间应与杂物间分设，保持独立洁净。

3. 消洗间

民宿需就近合理设置消洗间（见图 5–10），消洗间的位置应尽量远离客房，可设置在顶层，以免宾客受到洗衣机噪音及洗涤剂气味的影响。消洗间里主要设备有：清洗用的水池、浸泡池、清洗用品、用液、量具、消毒后的储存橱柜等，杯具消毒可以和餐具消毒共用，如有条件，消洗间可设置紫光灯之类的消毒设备。

4. 设备间

民宿的配电控制柜、监控设施、网络设备、消防警报设备等宜集中在相对独立封闭的空间中（见图 5-11），注意保持该空间的干燥和通风，并进行集中管理，避免宾客无意进入。

图 5-10　消洗间

图 5-11　设备间

【实训项目】

1. 参照表 5-1 调查分析某民宿经营区域（客房、餐厅、公共空间）的功能布局特点。

表 5-1　某民宿的分区

<table>
<tr><th colspan="2">功能区域</th><th>面积 / 平方米</th><th>布局特点</th></tr>
<tr><td rowspan="2">客房区域</td><td>客房</td><td></td><td></td></tr>
<tr><td>客房卫生间</td><td></td><td></td></tr>
<tr><td>餐饮空间</td><td>餐厅、茶室等</td><td></td><td></td></tr>
<tr><td rowspan="2">公共区域</td><td>会议、阅读等空间</td><td></td><td></td></tr>
<tr><td>庭院</td><td></td><td></td></tr>
</table>

2. 参照表 5-2 调查分析某民宿后台区域（厨房、布草间、设备间等）的功能布局特点。

表 5-2　某民宿的后台区域

后台区域	位　　置	设　　施	布局特点
厨房			
布草间			
消洗间			
设备间			

【任务思考题】

1. 客房内功能区布置有哪些要点？
2. 民宿后台功能区主要有哪些？

任务二　合理配置民宿设施设备

【引导案例】

2020年1月17日，王先生在新浪网的“黑猫投诉”平台发起投诉称：“××平台订的简壹民宿硬件设施有故障。大冬天，屋内没有暖气，空调也是坏的，冻的要死，根本没法住人，环境与描述极不符。最终，1月16日晚上根本没有住店，店家却不退全款。且该民宿属于无资质运营，没有向政府报备，偷税漏税。××平台没有审核资质，也需要承担责任。”要求“公平给出解释，加强对平台的管理，退款，解释，改善服务。”

（资料来源：根据网络资料整理）

【案例分析】

此案例中，由于宾客预订时无法了解民宿的全部情况，入住后发现设施设备无法满足住宿需要而提出退房，由此引起纠纷和投诉。因此，民宿不仅仅提供一个房间、一张床，配置的设施设备应该满足宾客多方面的需求，并保障设备的完好运行，保障住宿的舒适度。

【问题】

1. 民宿中通常有哪些设施设备？
2. 民宿中必须配置的设施设备有哪些？

设施设备是民宿物质技术装备的总称，包括建筑、庭院、停车场、客房、餐厅、供排水系统、供电系统、空调系统、防火系统、安保系统等。合理的民宿设计和良好运行的设备系统是民宿经营和服务的基础和保障，因此，民宿从业者应具备一定的设施设备知识和管理意识。

一、入住登记设施设备

（一）电脑

电脑用于办理入住登记、打印发票、网络宣传及销售。

（二）打印机

打印机配合电脑使用打印发票、宣传单、文件及资料。

（三）网络

应预装覆盖整个民宿的无线网络，并将用户名、密码张贴于室内的醒目位置，方便宾客使用。

二、客房设施设备

（一）电器

客房内应配置空调、除湿器、电热水器、电热水壶、吹风机、台灯等电器。空调应制冷（热）速度快，控温效果好。夜间中档风速时，噪声在 45 分贝以下，有加湿器或除湿器等湿度调节设备。电器应定期保养维护，保证其正常运行。

（二）家具

客房必备的家具有床、床垫、床头柜、衣柜、沙发、桌子、椅子等，具体可根据房间大小及规格选择。床可以有平板床、四柱床等类型，宽度可选 1 米、1.2 米、1.5 米、1.8 米、2.0 米，床垫厚度为 15～20 厘米，宜选择软硬适中、无变形、舒适度高的知名品牌。民宿在挑选家具时重视舒适度、合理性，方便宾客休憩，突出本土文化、民族特色及风格，不盲目追求豪华高档，同时应充分考虑宾客行李摆放的需求。

（三）安全设施

客房安全设施主要有消防设施、防盗设施、门窗等。

消防设施主要有烟感报警器、灭火装置、防毒面具、安全手册、安全通道出口示意图、请勿吸烟等提醒标志。

防盗设施主要有安全有效的门窗、门锁，通常门后设置防盗安全链（见图 5-12）。设置电子门锁、红外探测、门磁窗磁等高科技产品有利于增强客房的安全，但应注意房卡、开门密码的安全管控。

客房窗户设于首层临街、公共走廊、外露平台上时，需考虑增设防盗设施或在该区域安装监控设施，监控摄像头应覆盖每间客房的外窗，确保图像清晰。

（四）客用品

1. 布草

布草包括床上布草、卫生间布草及其他布草。床上布草包括床单、床笠、被套、枕套等；卫生间布草包括各类毛巾，如面巾、地巾、浴巾等；其他布草包括窗帘、床尾巾及其他装饰布草。床上布草、卫生间布草宜选择全棉布品，干净舒适，无霉斑、破损、污渍等。窗帘材料垂感好、遮光效果好，色彩风格与客房协调，其他布草也应注意材质、色彩、风格、使用效果等。

2. 其他用品

客房需要添置的用品有衣架、茶叶、咖啡、杯子、拖鞋、洗发水、沐浴露、香皂或洗手液、面巾纸、卫生纸等。注意环保要求，少用或不用一次性塑料杯或纸杯；拖鞋可用一次性拖鞋或重复使用的塑料拖鞋，也可两种都准备供宾客自由选择；洗发水、沐浴露等可选择普通品牌也可选择知名品牌。

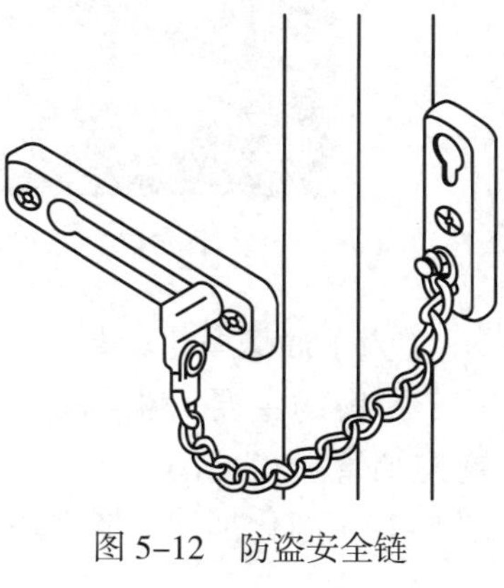

图 5-12　防盗安全链

三、餐饮设施设备

（一）厨具

选用燃气或电的卫生灶具，铁锅炒菜，木制案板（厚度不小于 50 毫米），汤锅、炖锅尽量选取陶瓷或不锈钢锅，操作台用砖砌，铺白色瓷砖或不锈钢台面。

（二）餐具

餐具主要包括碗、碟、筷、勺、酒壶、酒杯等。餐具使用上应选择陶瓷制品，花纹、颜色可选用清新、自然、朴实等元素，少用或不用塑料餐具和套装消毒餐具，避免使用一次性餐具。高品质民宿餐具应具地方特色，且与家具风格统一。

（三）家具

就餐区域的家具宜选用木头等材质，根据乡村生活习俗，宜选八仙桌、长条凳，或圆桌、靠背椅等，以及一定数量的儿童餐椅。高品质民宿的家具要突出地方特色，反映乡村生活。

（四）电器

厨房宜放置冰箱、冰柜，以储存原料及半成品，冷藏生熟分开；消毒碗柜（见图 5–13）用于消毒碗筷，保证卫生；餐厅安装空调或取暖设备用以避暑、保暖。

（五）厨房卫生设施

厨房天花板宜选用无异味、不吸水、耐腐蚀、浅色的材料装修，水蒸气较多地方的天花板要有适当坡度，减少凝结水的滴落，灶台区域上方天花板离地面最好在 2.5 米以上；厨房墙壁应该有 1.5 米以上的瓷砖或者由其他防水、防潮、可清洗材料做成的墙裙，地面铺设防水地砖或水泥，要有一定的坡度，容易清洗；厨房内要分开设置洗碗池、原料池，附近要放置相应的洗手液、消毒液和烘手器或擦手纸；应配置足够的照明、通风、排烟等装置，配置有效的防蝇、防尘、防鼠设施，排水沟、管道和垃圾桶应符合卫生要求；厨房宜设置油水分离器（见图 5–14），将厨房污水除渣、隔油后再排入市政污水管道。

图 5–13　消毒碗柜

图 5–14　油水分离器

（六）油烟净化设备

厨房的主要污染物是一氧化碳、二氧化碳、氮氧化物、炭黑颗粒物及热污染，通常设置排烟管道（见图 5–15）排除烹制过程中产生的油渍烟雾；宜安装静电油烟净化设备（见图 5–16）净化烟气，减少环境污染。

图 5-15　排烟管道

图 5-16　油烟净化设备

（七）厨房消防设备

厨房作为餐饮制作场所，存在大量燃气、电气设备，同时因为使用明火，油烟重，环境潮湿，存在较多火灾隐患，是火灾防范重点区域。由于厨房火灾多起因于灶台用火失控，引燃集油烟罩和排烟管道内的油垢酿成难以扑救的通天大火，这类火灾的特点为火势扩大速度快、热容量大，烟道火灾隐蔽性强，导致灶台着火扑灭难、抑制复燃和烟道火灾蔓延都很困难。厨房应配备灭火器、灭火毯（见图 5-17）等消防设施。有条件的民宿宜进行专业消防设计，配置厨房自动灭火系统、烟雾报警器（见图 5-18）、温感探测系统和水喷淋系统等以保证厨房的消防安全，快速、安全地扑灭火灾。

图 5-17　灭火器及灭火毯

图 5-18　烟雾报警器

四、共用设施设备

（一）合理设计，保证安全、稳定供电

1. 民宿的主要用电设备

（1）前厅主要用电设备：身份证扫描仪、打印机、计算机、空调、风扇、灯具、电暖气、

空气净化器、电壁炉等。

（2）客房主要用电设备：电视机、空调、电热水器、电吹风、电热水壶、台灯、顶灯、落地灯、床头灯、空气净化器、多用插座等。

（3）厨房主要用电设备：炉灶风机、电磁炉、电饭煲、电烤箱、电蒸箱、微波炉、榨汁机、抽油烟机、油烟净化器、冰箱、开水器、灯具等。

此外，还有为整个民宿提供服务的用电设备，如空气源热泵、中央空调、循环水泵、电梯、监控设备、火灾报警系统等。

2. 用电设备配置要点

（1）合理估算用电负荷，保证安全用电。民宿在设计和建设之前，应合理估算用电负荷，与供电部门沟通，进行变压器的增容和换线，保障供电电压稳定和用电安全。民宿配电箱中主电路上应设置 16A/20A 断路器和漏电保护开关（见图 5–19），以保证用电安全。

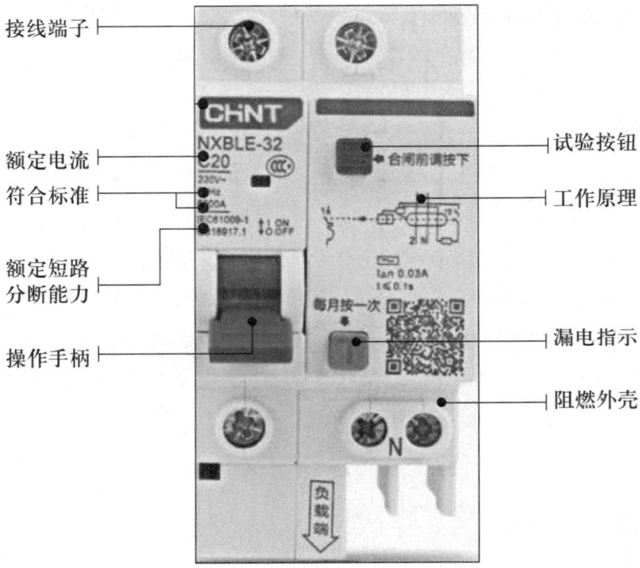

图 5–19　漏电保护开关

（2）使用节能灯具，营造温馨氛围。客房照明应满足功能照明、亮度合适、光线柔和、避免炫光，方便宾客的正常活动需要。宜采用节能灯具，灯光以暖色调为主。

（3）照明控制方式合理，方便宾客使用。民宿客房、餐厅、公共区域应设置方便宾客使用的开关，并有明显标志。

客房中顶灯宜设置双控或双回路控制，能同时在门边和床头控制。客房床头宜设置总控开关和床头灯具开关，总控开关面板与其他开关面板应有所区别，安装位置单列或有明显标志。排气扇、灯及排气开关宜设置在卫生间门外。

客房可设置插卡取电，宾客取卡离开房间后，系统延时关闭所有受控设备（包括卫生间照明、衣柜灯、电视、床头灯、台灯、落地灯及其他非不间断电源等）。客房中的灯具，除了床头灯、台灯外，其余灯宜设置成分组控制。床头附近宜设置总控开关，宾客可一键将客房内的一般照明全部熄灭。

（4）合理设置插座，数量应充足。民宿应根据宾客在各区域的活动规律合理设置充足的插座，满足宾客手机充电、使用计算机、小型会议、临时设备等的用电需要，注意宾客用电的安全性、舒适性、方便性、合理性。

客房通常设置电视机插座、床头插座、写字台插座、空调用插座，洗脸台面设置普通防水五孔插座。插座的位置应考虑美观、安全及便于宾客使用：床头附近应设置插座或 USB 插口，插座高出柜面 100 毫米。写字台插座位置应高于台面 50 ~ 100 毫米，不宜设置在桌子下方。休闲沙发处距地 300 毫米宜设置一个电源插座作为备用。电视机插座位置宜距地 800 毫米，可被电视机遮挡住，以利于美观。

（二）根据环境条件合理配置空调和采暖设备

1. 空调

民宿中通常安装普通壁挂式分体空调、户式中央空调，以及空气源热泵空调进行夏季制冷和冬季采暖。民宿位于山区或楼层较高时，冬季空调采暖效果不好，往往设置壁挂炉或者地暖来采暖。

空气源热泵（见图 5–20）可以采用风冷热泵式变流量（VRF）机组或者风冷热泵式冷热水机组，风冷热泵冷水机组由于室内采用风机盘管，舒适度较高。空调主机宜设置于室外隐蔽的设备平台区域，不影响建筑的美观。空调参数调速开关宜设置在靠近卧室区域，便于宾客使用。

2. 采暖设备

民宿的采暖设备可以采用壁炉或地暖。

壁炉（见图 5–21）包括壁炉架、壁炉芯和烟道，根据燃料的不同，有燃木壁炉、燃气壁炉和电壁炉。燃木壁炉适合有烟囱的别墅型民宿，一般多用于底层公共空间，使用中需要密切关注安全。燃气壁炉具有“真火假木”的外观，不需要储存和添加木材，更为方便和环保，为避免燃气泻漏，不宜在客房中使用。电壁炉是具有壁炉外观的电暖炉，主要为民宿添加温馨氛围，可以用在客房中，但取暖效果不佳，用电成本高。

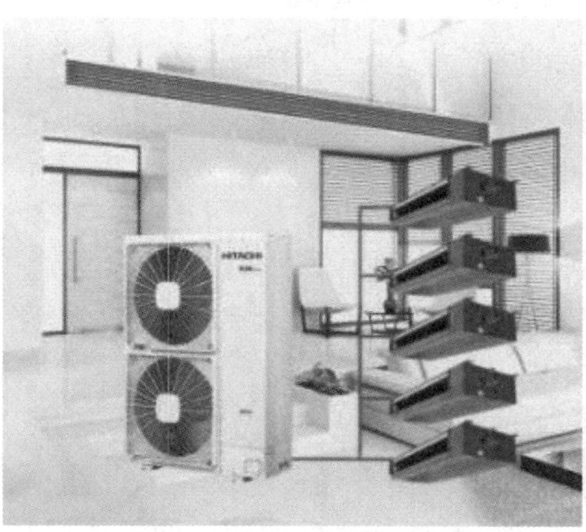

图 5–20　空气源热泵空调

图 5–21　壁炉

地暖采用地板从下而上辐射采暖，即通过地板中热水管等媒介，均匀加热整个地面，通过地板辐射实现采暖，舒适度高。地暖常用的有水地暖和电地暖两种，水地暖为在地板中布设循环热水管制热，其发热平稳，需要设置锅炉，可以与太阳能或空气源热泵生活热水系统综合设置。电地暖是把发热电缆埋设在地板中，设备安装简单，缺点是电能耗高。

（三）保证供水稳定，排水通畅

1. 给水管路设置增压泵保持稳定水压

普通民居改造为民宿时，尤其房间数大于6间时，建议进行供水管道改造，供水管管径宜大于50毫米，同时宜设置变频增压泵（见图5–22），设置最高一层龙头出水压力在0.25～0.35兆帕，保证用水高峰时的供水稳定。

图5–22　增压泵

2. 热水系统宜设置循环管路，实现快速出热水

民宿一般可在客房卫生间内设置电热水器，设备比较简单，热水供应较快，但电耗较高。也可以在室外安装太阳能或空气源热泵（见图5–23）来集中供应热水，比较节能，但设备相对复杂，同时受天气影响较大，建议选购具有电辅助加热功能的产品，以保证阴雨天或冬季的热水供应。

热水系统采用太阳能或空气源热泵系统等集中供水方案中，热水供应管路较长，如果未安装热水循环管，需要先将管道中冷水排放完才能有热水。改造方案可以是热水管末端接入回水管，回水管上设置水泵，使管道中持续有热水在循环，减少水龙头热水出水等待时间。

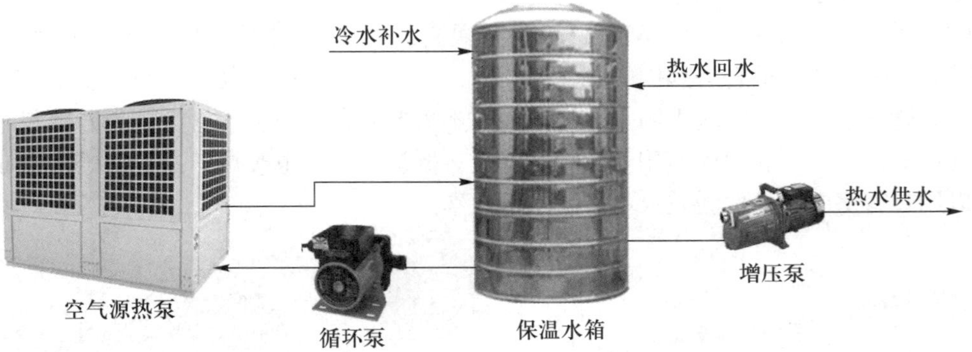

图5–23　空气源热泵热水系统

循环水的典型做法可以是由循环管路（包括冷水管、热水管和回水管）、循环泵、截止阀、热水器组成的一个水路循环流动系统，热水管串联上所有的用水点，然后在热水管路末端接入回水管。

3. 卫生洁具选用节水型设备

卫生洁具是建筑给排水的重要组成部分，民宿中主要使用有马桶、小便斗、台盆、浴缸、洗涤池等。卫生洁具一般采用不透水、无气孔、表面光滑、耐磨损、耐冷热、便于清扫并有一定强度的材料制造，如陶瓷、不锈钢等。宜选用冲洗功能强、节水、低噪声的产品。

4. 排水系统做好防臭管理

建筑排水系统的任务是能迅速、通畅地将污水排到室外；能保持系统气压稳定，同时将管道系统内有害、有毒气体排到一定空间而保证室内环境卫生。

卫生间臭气是民宿中的常见问题，应重点做好排水系统如存水弯、地漏的设置。

5. 合理设置污水处理设备，减少环境污染

民宿生活污水主要包括卫生间、洗涤以及餐饮废水，其中餐饮废水中由于油脂含量过高，应当根据当地污水排放标准和要求，合理配置污水处理设备，达标排放，减少对周边环境的污染。通常污水处理设备有化粪池、隔油池、污水处理设备等。

化粪池指的是将生活污水分格沉淀，及对污泥进行厌氧消化的小型处理构筑物。生活污水经化粪池处理后排入城市市政污水管网，污水中较重的杂质，如粪便、纸屑等在池中数小时后沉淀形成池底污泥，3 个月后污泥经厌氧分解、酸性发酵等过程后脱水熟化便可清掏出来。

餐饮废水主要有食物纤维、淀粉、油脂、洗涤剂等，需经隔油池或油水处理器预处理后达标排入城市市政污水管网。

民宿污水处理设备标准需要根据当地的环保要求进行选择，土壤净化槽、库塘湿地处理技术、生物转盘、MBR 膜生物反应器等都是比较实用的分散污水处理设备。

（四）完善消防治安设施，保障安全经营

1. 消防设施

民宿室内应合理配置消防设施（见图 5–24），包括灭火器、烟感探测器、消防应急照明、疏散指示标志、逃生用口罩、手电筒、逃生绳（梯）等，并定期检查灭火器是否完好、有效，如失效应及时更换。厨房还应设置灭火毯，摆放位置应合理，以方便取用。

图 5–24　消防设施

2. 安全通道

安全通道主要包括安全出口、疏散楼梯、疏散通道、疏散门、应急照明、安全指示牌。疏散楼梯和走道最小净宽度不能小于 1.1 米，每个客房门后必须张贴一张消防逃生路线图（见图 5–25），它是一张印有本楼层平面示意图的图纸，入住房间的位置和房号会做出清晰的标志，通常有一个红色箭头自入住房间的位置沿走廊指向最近的安全出口。外墙门窗上不能有影响逃生和灭火救援的障碍物。

3. 安全防范设施

治安防范除了传统的围墙、防盗门之外，可以在庭院围墙上安装电子围栏，有效防止小偷通过攀爬围墙闯入。室内防盗报警设备最为常见的是报警设备的配件，其中包括门窗磁、红外探测器，这些设备可以和报警主机相连。安全防范监控系统能够实现防盗报警、消防报警、气体泄露报警和紧急求助报警等功能。这些功能主要是靠安装在住宅周界和住宅内部各处的探测传感器进行信号采集的。由智能家居控制器或智能视频分析仪进行智能判别，如果发现异常情况发出声光报警，同时将报警信号通过网络传送到小区监控中心保存下来，为日后的破案提供更加精确的证据。

安全防范监控是智能安全防控的一个基本功能，民宿宜安装监控系统，围墙、出入口、停车场、屋顶平台等处合理布置摄像点，在不侵犯宾客隐私前提下，保证安全，画面应清晰。

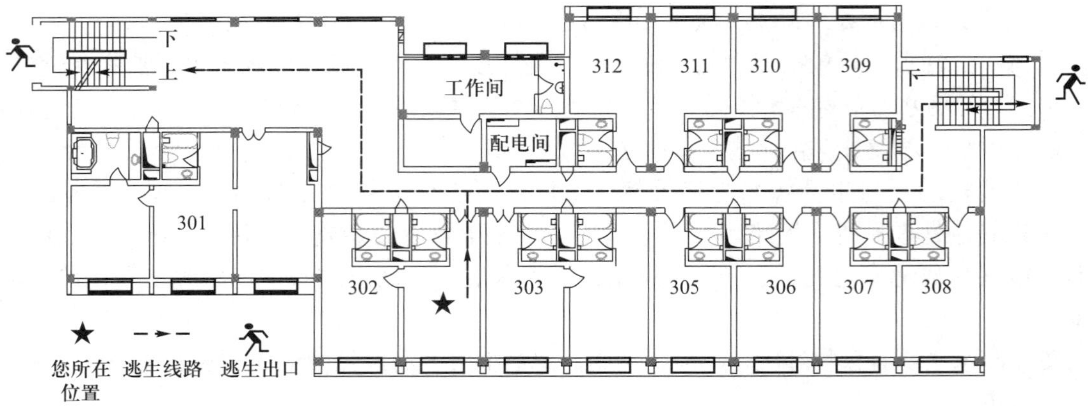

图 5-25　消防逃生路线图

【知识拓展】

常见的恭桶类型

恭桶是卫生间中用于收集大小便等生活污水，快速排入下水道的坐式排便器，自身带有存水弯防止臭气溢出，虹吸式恭桶比直冲式恭桶排污能力强，冲水噪音小，防臭效果好，更为节水。

恭桶（见图 5-26）根据排污方向分为后排式（横排式）和地排式（下排式），选购后排式恭桶应考虑排污口中心离地面的高度，一般为 180 毫米；地排式恭桶排污口在地面，则应注意排污口中心点离墙的距离，排污口离墙距离分为 400 毫米、305 毫米、200 毫米 3 种。恭桶选购前应先考虑楼面或墙面相应位置处是否设置有排污口。

智能恭桶（见图 5-27）一般具有盖板自动开合、座垫圈加热、自动冲水、臀部清洗按摩、暖风烘干、自动更换便洁垫等功能，体验感好，受到大众的欢迎。但由于智能技术及产品质量参差不齐，使用中可能出现自动冲水不能停止、坐垫圈不加热、水不热、自动感应不灵敏等问题，选购中应重点关注恭桶的耐热和耐燃、接地措施、输入功率和电流、结构、电源连接等和外部软线、螺钉的连接等方面的问题。

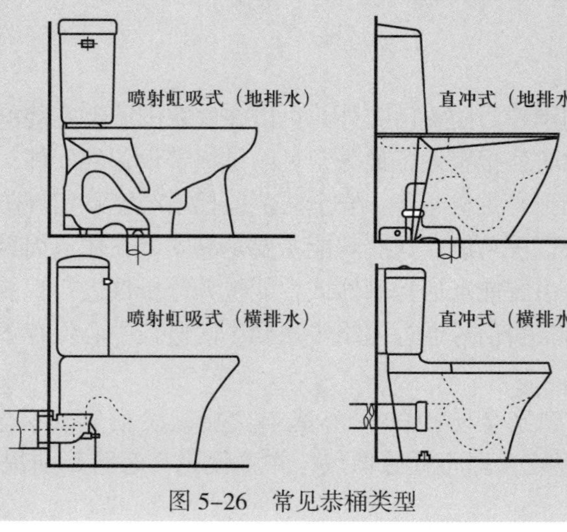

图 5-26　常见恭桶类型

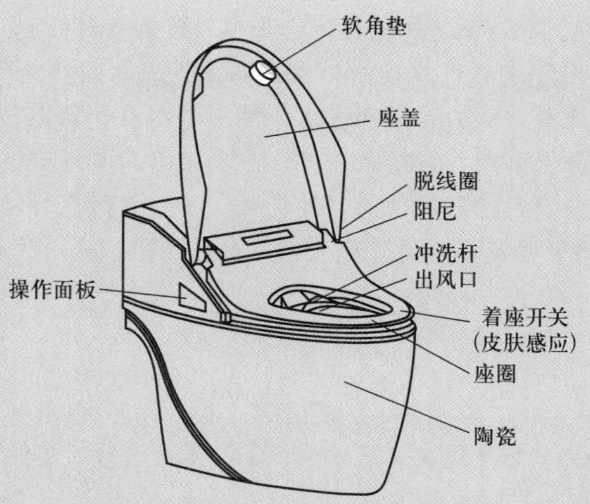

图 5-27　智能恭桶

存　水　弯

存水弯（见图 5-28）指在卫生器具内部或器具排水管段上设置的一种内有水封（见图 5-29）的连通配件，存水弯中的水封将下水道中的臭气与室内空气隔绝，防止臭气进入室内，是室内排水管道的主要附件之一。

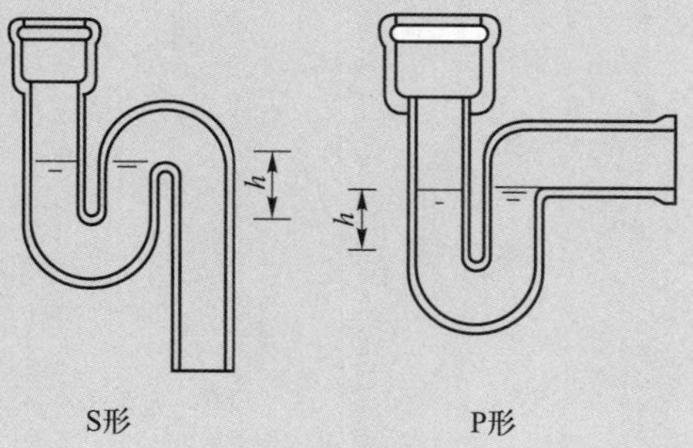

图 5-28　存水弯

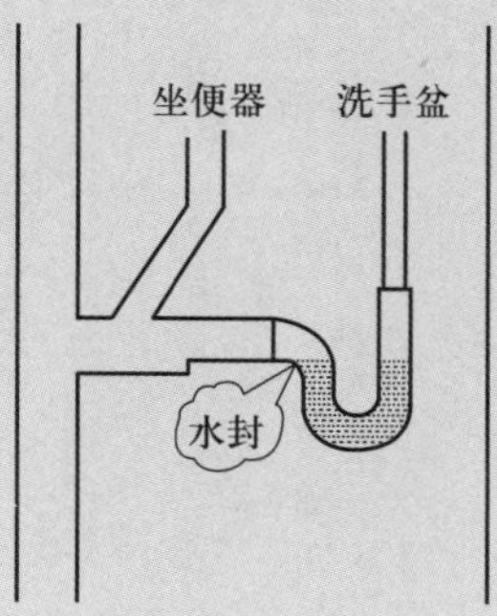

图 5-29　水封

按照形状不同，存水弯主要分为 S 形和 P 形。S 形存水弯用于与排水管垂直连接的场所，如洗脸台盆下水；P 形存水弯用于与排水横管或排水立管水平直角连接的场所，如蹲式大便器的排水。

水封高度（见图 5-30）通常为 50～100 毫米，若水封高度太大，污水中固体杂质容易沉积在存水弯底部，堵塞管道；水封高度太小，管内气体容易克服水封的静水压力进入室内，污染环境。

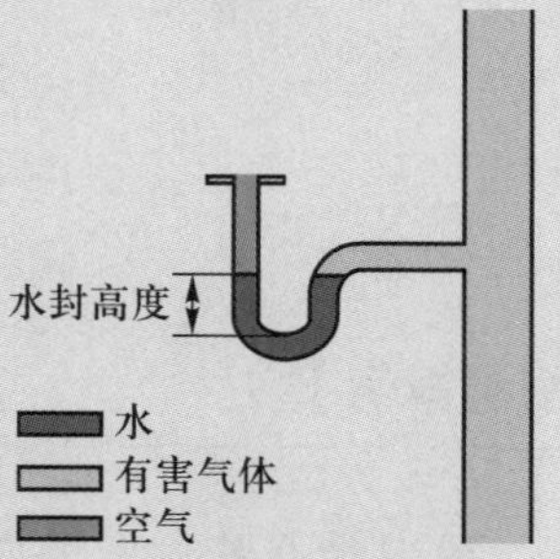

图 5-30　水封高度

因静态和动态原因造成存水弯内水封高度减少，不足以抵抗管道内允许的压力变化值时，管道内气体进入室内的现象叫水封破坏，这是导致卫生间臭气的主要原因。水封水量损失主要有 3 个原因，即自虹吸损失、诱导虹吸损失和蒸发损失。为了避免虹吸损失，排水管道应合理配置通气管；为避免水分蒸发过度，管理人员应定期向存水弯部分注水，保持一定的水封高度。

地漏是地面与排水管道系统连接的排水器具，可以起到防臭气、防堵塞、防蟑螂、防返水等作用。由于地漏排除的是地面污水，其中含水渍、固体物、纤维物、毛发、易沉积物等，因此，地漏应重点关注排水速度、防臭效果、易清理性、防堵塞的功能。地漏按防臭原理分为传统水封式、翻板式、弹簧式、硅胶密封式、双存水弯式。双存水弯式地漏是近年来出现的新型地漏，设置有两个存水弯环环相辅，产生更好的水封密闭性。

【实训项目】

1. 参考表5–3调查分析某民宿客房设施设备配置，进行实用性分析。

表5–3　某民宿客房设施设备配置

名　称	数　量	实用性评价		
		无　用	有　用	好　用

2. 调查分析某民宿的安全设备配置，进行合理性分析。

检查要点包括：

（1）灭火器数量、完好性、是否在有效期。

（2）消防逃生设施是否完好、足够。

（3）消防逃生图是否正确和显著。

（4）逃生通道是否畅通。

（5）公区监控是否完好，是否有盲区。

【任务思考题】

1. 为保证客房卫生间及时出热水，可采取哪些措施？
2. 民宿中可采用的智能安全防范产品有哪些？
3. 民宿用电设备配置有哪些要点？

任务三　设施设备的日常维护

【引导案例】

2020年6月，广州市某城中村1户2人感染新冠肺炎后，后续引发隔壁楼3户6人相继感染事件。广州市疾控专家现场调查后发现原因是排污管道破裂，粪水污染环境，引起周边居民感染。

（资料来源：南方日报.2020-06-12）

【案例分析】

为什么排污管道破裂会引起环境污染呢？因为首例病例家中二楼的排污管道排至室外时与地面接口处有个10厘米的破洞，未有效排入化粪池，导致带有病毒的粪水流到室外地面，之后更因下雨扩散，流向低洼区域，周边居民踩踏了污水后未做好清洁，将病毒带入家中引起感染。污水中含有大量污渍、细菌及臭气，民宿经营者应引以为戒，注意查看和确保排污管道完好，有效流入化粪池，保持良好的卫生环境。

【问题】

1. 本案例中病毒的传播路径是怎样的？
2. 在疫情防控常态化的形势下，民宿应如何做好疫情防控管理？

一、客房设施设备的检查和维护

（一）客房设施设备日常检查

1. 房间设施设备的日常检查

（1）房门。房门及门牌安装端正、牢固，门及门框与合页连接紧固，开关无响声，油漆光滑、无损坏。门后的火灾疏散线路图安装端正、牢固与房间号对应。开门不费力，关门无大声响，能自动锁紧门锁。所有五金材料无锈蚀。

（2）墙面、天花。所有墙面、天花无污染，墙纸无破损、开胶、起泡现象。

（3）窗户。窗及窗框无破损、密封良好。窗帘开启省力，滑动自如。

（4）家具。家具油漆完好，防火板无破损，柜门无变形，开关自如、无声响，合页紧固。所有抽屉开关自如、拉手紧固。椅子、沙发无破损，不松垮。床头板安装端正、牢固。

（5）电器。所有电源插座外观完好，安装紧固，开关灵活，电视、音响音质良好；空调开关面板操作有效，出风口导风片及滤网清洁，出风正常，低噪音；风口附近区域无潮湿或滴水现象。

2. 卫生间设施设备的日常检查

卫生间洗手盆、云石边、浴缸边、马桶地座边、地角边等硅胶密封良好，无缺损，且美观、整齐。云石台、墙面、天花、地面无破损。面纸盒、卫生纸架、浴缸扶手、布草架、挂衣钩等安装牢固。龙头出水充分、柔和；热水出水及时，水温适宜；水龙头、混水阀使用及调节灵活；马桶、台盆上下水正常，低噪音，无渗漏、堵塞；各排水管、地漏排水正常，无返臭气现象；淋浴房玻璃无裂纹；电器电源、插座外观完好，安装紧固，开关灵活。

（二）客房设施设备的维护和保养

民宿店主或管家应懂得客房部设备的用途、性能、使用方法及保养方法，在日常清洁保养和维护中应注意以下要点。

1. 门、窗的保养

开关门窗养成轻开、轻关的习惯，雷雨天以及刮大风时，关好客房窗户，以防雨水溅入客房，或被大风吹坏窗户玻璃。

2. 墙面的保养

墙纸、墙布的清洁保养主要是除尘、除迹。对耐水的墙纸、墙布可用中性、弱碱性清洁剂和毛巾、软刷擦洗，擦洗后用纸巾或干布吸干。对不耐水的墙纸、墙布只能使用干擦的方法。平时要注意防止硬物撞击、摩擦墙纸和壁布。发现有的地方接缝开裂，要及时予以补贴。

3. 家具的保养

客房家具日常保养中应做好防潮、防水、防热、防蛀处理。木质家具受潮容易变形、开胶、霉烂。家具注意避免阳光暴晒，擦拭中避免使用腐蚀性清洁剂，定期打蜡上光，形成有效保护层。

4. 电视机的保养

电视系统线路维护，主要是注意电视连接的网线，不要轻易插拔，以免造成接触不良，出现电视系统重启等问题。电视智能系统网络设备维护，注意电视后面无线接入点的维护，应保证无线接入点的散热，避免因过热造成无线接入点故障，从而影响电视网络信号。

5. 空调设备的保养

小型空调注意防止水溅到开关上，以免发生漏电，造成触电事故。使用中发出异常声音，应立即关闭电源，请专业人员进行检查、修理。每隔 2 ~ 3 月清洗一次过滤网，保证通风流畅和清洁。

6. 灯具的保养

卫生间、浴室灯具应安装防潮灯罩，灯具擦拭时应注意使用干布，避免潮气入侵造成锈蚀或漏电短路现象，灯具使用中不要频繁开关，定期检查灯具和开关的灵活性和有效性。

7. 客房卫生器具的保养

注意查看水龙头和花洒出水口起泡器过滤网是否有积垢或堵塞现象，如有，应及时拆洗清理，保证出水均匀不分叉。调节热水龙头下方冷热水阀使出水压力平衡，保证热水出水及时，水温适宜、稳定。台盆下排水管应保持“S”形，定期补水，保证存水弯中水封高度，有效隔绝臭气。

二、餐饮设施设备的检查和维护

（一）餐饮设备的日常检查

餐饮设备种类众多，功能各异，厨房工作人员应当正确操作和使用各项设备，并做好日常清洁工作，可以参考厨房设施设备检查表（见表 5–4）进行相关检查。

表 5–4 厨房设施设备检查表

序号	项目	内容	检查标准	检查结果
1	燃气管道	外观	无锈蚀、无裂纹、完好无损伤	
2		阀门	无腐蚀、无暴晒、无漏气	
3	电气	配电箱	温度正常、无破损、无裸露、无潮湿、无松动、无异味	
4		插座、开关	无破损、无松动、无变色发热、无裸露、无潮湿	
5		电线	无裸露、无私拉乱接、规范整齐，附近 20 厘米外无易燃物品	
6		电话、信号线	布线整齐、美观	

续表

序　号	项　目	内　容	检查标准	检查结果
7	厨房炉灶	位置	端正、在工作面的正中央，无松动	
8		各连接接头	扎头无锈蚀、松动	
9		炉灶配件	点火装置、分火器、接水盘、锅架完好而齐全	
10			点火无回火现象，点火装置干燥、清洁	
11			停止使用时处于关闭位置	
12			炉面无破裂、无少炉脚现象	
13		燃气软管	无老化、破损，龟裂和烧坏现象	
14			无弯折、尺寸长短符合适中	
15	烟罩	烟罩内	无油垢积结现象	

炉灶使用前应检查并确保燃气不泄漏、阀门开关灵活，苗火头无堵塞，燃烧器完好无堵塞，风门调节合适，炉盘内无过多积油和垃圾。炉灶使用完后应立即用厨房油污清洁剂擦拭台面，以免长期积存脏污，日后清洗困难。每周将炉内感应棒擦拭干净，并定期以铁丝刷去除炉嘴碳化物，刺通火孔。清洗炉台时切勿用水冲洗电源开关及风机，以免其受潮而降低绝缘性能并损坏风机。燃气炉灶每天使用完毕应坚持关闭所有燃气管道阀门，各燃气开关、燃烧器、苗火头每月应检查设备绝缘程度，遇到炉火意外熄灭，应先关闭燃气阀，火种阀排除残气重新点火。

绞肉机、和面机、搅拌机、微波炉等小型电气厨房设备，开机前进行检查，保证没有杂物、设备完好、转动灵活、电机无异响、各控制开关功能完好、绝缘正常，使用完对设备进行清扫，保持干燥。

（二）餐饮设备的定期清洗

厨房使用过程中会产生大量油烟，长时间使用会导致油烟等物质聚集在排烟管道内，导致排烟不畅，存在火灾隐患，因此，厨房工作人员应重视排油烟设施的定期清洗。

清洗排烟风机时，应先拆开电机或电机扇叶，用铲刀铲干净风机扇叶上的油污及风机里面的油渣，用除油剂清洗后再用清水冲洗干净。油烟管道宜每隔一个季度清洗一次，清洗重点是排烟口和烟罩相连处，以及与烟罩平行的排烟管道内部。如果安装有油烟净化器，也需要进行相应的清洁工作，如更换滤料、清洁静电处理装置等。

三、共用设施设备的检查和维护

民宿中电气、空调、给排水等共用设施设备，应定期进行检修和专业维护。

（一）电气设备的检查和维护

为防止发生短路、触电、火灾等电气安全事故，应定期对电气线路及设备进行安全检查及整改，主要检查项目有：电气线路有无私拉乱接、陈旧老化、绝缘破损、线径过细、易燃易爆物埋压、接线头松动及接触不良、超负荷运行致发热或过热等现象；配电箱（柜）至用电设备的供电线路是否采用穿管暗敷的方式布线；用电设备是否安装漏电保护器，漏电保护器是否有效；配电箱内电器是否过热；电气连接部位是否紧密、是否过热；电缆桥架内是否有飞絮、灰尘，接地安装的桥架是否有易燃物覆盖；物品是否堆放太高触及照明灯具及线路；露出地面的电缆有无穿管保护，保护管是否锈蚀、牢固；电缆引入室内是否采取封堵措施，封堵是否严密、有效。

（二）空调设备的检查和维护

1. 空调的维护和保养

空调长期停用之后重新启用前，应该先进行试运行，首先开启风扇电机，听听是否存在噪声，然后开启制冷压缩机。开启时，从低、中到高档 3 个阶段试机，直到全机工作正常。同时注意查看吹出的风是否够冷（暖），空气吹出与吸入口是否有障碍物，遥控器的干电池有无及时更换，接地线有没有损坏或断开，排水管的出水口有无垃圾堵塞，室外机架有无松动等现象。

空调日常使用中的养护主要有：清除空调室内通风口、室外通风网罩内杂物，保证通风正常。清洗过滤网、室内外换热器表面，提高换热效率。清理冷凝排水管及接水盘，并进行消毒防止细菌滋生。检查供电线路、插头插板、开关、导风板等部件状况，确保空调状况良好，无异常。

空调长时间停用前，宜在制冷状态下运转 2 ~ 3 小时，以除去室内机的水分。停止运转后，拔出电源插头，并将遥控器内的干电池取出。可用空调罩包裹好室外机，防止被大风、风雪和灰尘损坏。

2. 空调使用中的常见问题及处理

空调使用中常出现的问题有空调不能运转、制冷或制热不足，或者空调不能接受信号等，通常可以通过逐步排查相关故障线索自行调整解决。

当出现空调不能运转时，可查看是否存在以下问题：电流断路器跳闸或保险丝断，电源插头是否从插座上松脱，电压是否正常。

空调不能有效制冷或制热时，注意查看温度是否设定妥当，空气过滤网是否脏堵，空气出风口及回风口是否受阻，门窗是否关闭。

空调不能接受信号或遥控器无显示时，注意查看电池电量是否微弱，电池正负极是否放正确，遥控器与空调信号接收器之间有无障碍物。

如果出现电路故障或空调设备问题，则需要请专业人员进行修理。

（三）给排水设备的检查和维护

给水系统常见的问题主要有水质污染、水龙头漏水、管道渗漏、阀门锈蚀，以及水泵故障等，民宿店主或管家应做好给水排水设施设备的日常检查和维护工作，降低问题出现的概率。设备出现故障则请专业人员检查和判别产生的原因，进行针对性排除。

1. 定期清洗水箱

民宿中如果设置了水箱，水箱盖应该锁起来，并将钥匙妥善保管，水箱定期进行消毒清洗，避免细菌在水箱内滋生。通常根据水质情况，每半年清洗一次，水箱清洗后要用清水冲洗干净，并根据水箱的体积放入适量的漂白粉进行消毒处理。半年进行一次水质化验，确保水质达到合格标准。水箱清洗应做好记录。

2. 做好水管阀门养护

做好阀门的维护保养可以有效延长阀门寿命和保证启闭可靠，日常管理应做好以下几点：第一，经常保持阀门的清洁，检查并保持阀门零部件的完整性；第二，定期拧紧螺栓，防止松动泄露；第三，定期加注润滑油脂，减少阀杆螺纹与阀杆螺母摩擦，保持开关灵活；第四，不经常启闭的阀门也要定期转动手轮，对阀杆螺纹添加润滑剂，以防锈蚀；第五，对于室外阀门，要对阀杆加保护套以防雨、雪、尘土的侵蚀。

3. 做好水泵检查养护

定期对水泵进行检查和养护可以延长水泵的使用寿命，保证水泵安全运行和供水质量。水泵定期检查主要包括对电机、联轴器、泵体的检查，应请专业人员进行。

4. 对屋面进行清扫

定期或雨期到来之前对屋面进行清扫，检查和清扫屋顶落水、雨水口、排水沟、污水井的积尘、污垢及杂物，检查雨水口、落水管、雨水管支架的牢固程度。

5. 做好防冻措施

极寒天气下应做好防冻措施，可用棉麻织物、塑料泡沫等对室外水管进行包扎保温；室内温度低于 0℃的还应对室内管件、阀门、喷头等部位做好保温，防止冻裂。

民宿应结合设施配置情况，对房屋情况、水电、空调等进行定期检查，保证设施设备处于完好、有效状态，重点对客房进行检查，可参照表 5–5 进行。

表 5–5　民宿设施检查表

设　施	检查标准	检查情况
房门	门牌安装端正、紧固，颜色均匀，字迹清晰	
	门后疏散图和提示图粘贴牢固、不松动	
	门及门框与合页连接螺丝紧固，合页无响声（定期注油）	
	门锁动作可靠，不松动；电池电量充足，指示灯、读卡正常	
	门缝标准，密封隔音良好，不变形；门和门框油漆光滑，无破损	
	防盗扣安装紧固、安全，无自挂现象，所有五金件无锈蚀	
墙、地面	所有墙面、地面及天花无开裂、破损和污染	
	墙纸无破损、开胶、裂缝和起泡现象	
	地板（毯）铺设平整，接缝平整、绷紧，无开胶	
窗户	窗台洁净，窗和窗框胶缝无脱落，密封良好	
	冷凝水排放通畅，通道无杂物，胶条无脱胶、隆起	
	玻璃面镀膜层无脱落、变色	
	窗帘安装牢固，开启省力，滑动自如，无污染	
家具	所有家具完好，无破损、松动、变形，开关轻松，无响声	
	沙发和床的弹簧无异常响声，弹力良好，弹簧不露出，无污渍	
	室内装饰画安装端正、牢固，镜框无破损	
	穿衣镜、梳妆镜镜面良好，无掉块、脱落、麻面等现象	

续表

设　施	检查标准	检查情况
空调	温控开关接触良好，动作正常，刻度指示与室温对应	
	空调风机运行良好，无异声	
	出风口安装端正，调整百页导风口，使其不直接吹向天花和墙壁	
	风机盘管、回风过滤网清洁	
	冷凝水节水盘排水畅通、无污染	
其他电器及开关	电视图像清晰、伴音正常，遥控器接触良好，电池电量足	
	电话无破损，接触良好，信号正常	
	灯具安装端正、牢固，开启正常，无闪动，无噪音	
	冰箱运行正常，压缩机无异常振动，冰箱门密封良好	
	冰箱定期除霜（关掉电源，用电吹风吹，融冰放马桶，用干布擦干）	
	开关、插座安装端正、牢固，清洁完好，使用正常	
	开关面板清洁、无破损、说明字迹清晰	
卫生设施	台盆、浴缸、马桶、淋浴、镜子等设施完好、无破损，安装紧固	
	吹风机、排风扇安装紧固，工作良好，无异常杂音	
	水龙头紧固，开关正常，不滴漏，冷热标志正确、无脱落	
	龙头出水正常，不四溅，过滤网无沙粒，热水升温快速	
	马桶完好，上水无过大噪音，上水量适中；下水畅通，水封回复正常	
	下水活塞严密，存水弯不滴漏，排水顺畅	
	台盆、浴缸边、地漏边、马桶底座密封硅胶无脱落、缺损、均匀	

【实训项目】

1. 参考表5–5对某民宿设施设备进行全面检查，撰写分析和改进报告。
2. 检查和分析某民宿卫生间排水和异味情况，撰写调查报告。

检查要点包括：

（1）卫生间排水是否通畅。

（2）卫生间是否存在异味，寻找异味的来源。

（3）台盆下排水管和地漏是否有存水弯或其他防臭措施。

【任务思考题】

1. 空调完好性检查应注意哪些要点？
2. 如何减少客房的异味？
3. 卫生间检查有哪些要点？

模块小结

本模块介绍了民宿设施设备维护的含义，民宿主要功能区的设置，设施设备的配置规律和要求，客房、厨房、公用设备的日常维护、定期检修的内容和方法。通过学习，能正确认识民宿设施设备服务与管理的要求，能根据实际情况科学、有效实施设施设备检查和维护工作，确保民宿设施设备的服务质量。

课　业

请对民宿进行一次全面的设施检查，并写出整改报告。

真题演练

一、单项选择题

1. 为防止厨房下水道堵塞，在洗涤池下方宜设置（　　）。

A. 排水管　B. 地漏　C. 隔油池　D. 化粪池

2. 厨房中设置的（　　）能有效减少烟气对环境的污染。

A. 排风机　B. 抽油烟机　C. 喷淋　D. 净化器

3. 通常使用（　　）清理灯具。

A. 湿纸巾　B. 干布　C. 鸡毛掸子　D. 软刷

4. 热水系统宜设置（　　）来实现快速供应热水。

A. 太阳能热水器　B. 空气源热泵　C. 循环水管　D. 智能控制系统

5. 空调注意每隔（　　）个月清洁一次进风过滤网，保证风通畅。

A. 4 ~ 5　B. 2 ~ 3　C. 6 ~ 7　D. 8 ~ 9

二、多项选择题

1. 卫生间通常配置（　　）等卫生设备。

A. 面盆　B. 恭桶　C. 沐浴

D. 浴缸　E. 吹风机

2. 卫生间干湿分区的做法可以是设置（　　）等方式。

A. 浴帘　B. 挡水条　C. 淋浴门

D. 浴缸　E. 洗手台外置

3. 民宿设备间中通常放置（　　）等设备。

A. 配电控制柜　B. 消毒柜　C. 网络设备

D. 消防警报设备　E. 监控设施

4. 消防设施主要有（　　）等。

A. 烟感报警器　B. 灭火器　C. 防毒面具

D. 逃生绳　E. 手电筒

5. 布草间宜设置应考虑（　　）。

A. 相对独立　B. 封闭　C. 干燥

D. 通风　E. 集中管理

三、判断题

1. 卫生间、浴室灯具应安装防潮灯罩。（　　）

2. 灯具擦拭时可以使用湿布。（　　）

3. 电视机保养中的电视系统线路维护，主要是注意电视连接的网线，不要轻易插拔。（　　）

4. 雷雨天以及刮大风时，应该用力关好客房窗户，以免关不上。（　　）

5. 客房检查时，房门及门牌应该安装端正、牢固，门及门框与合页连接紧固，开关无响声，油漆光滑、无损坏。（　　）

四、问答题

1. 民宿一般应配置哪些设备设施和用品？

2. 为了保障民宿设备设施的正常运行，需要进行常规维护保养，应如何设计民宿设备设施维护表单？

模块六　安全服务与管理

【学习目标】

【知识目标】

1. 熟悉民宿安全的基本要求，树立安全管理意识和理念。
2. 熟悉民宿日常安全、房屋安全、消防安全的要求和内容。
3. 熟悉民宿房屋安全自查、消防检查的流程，以及了解应急预案的内容。

【能力目标】

1. 能合理制定民宿安全指导手册。
2. 能进行日常安全检查、基本的房屋安全自查、消防检查。
3. 能组织进行消防安全学习、应急预案的演练。

【重难点】

1. 认识到位，对民宿的安全管理工作有正确的认识。
2. 行动到位，能科学、有效地开展安全检查和管理工作。
3. 根据实际情况实施安全管理工作，确保民宿安全经营。

【思维导图】

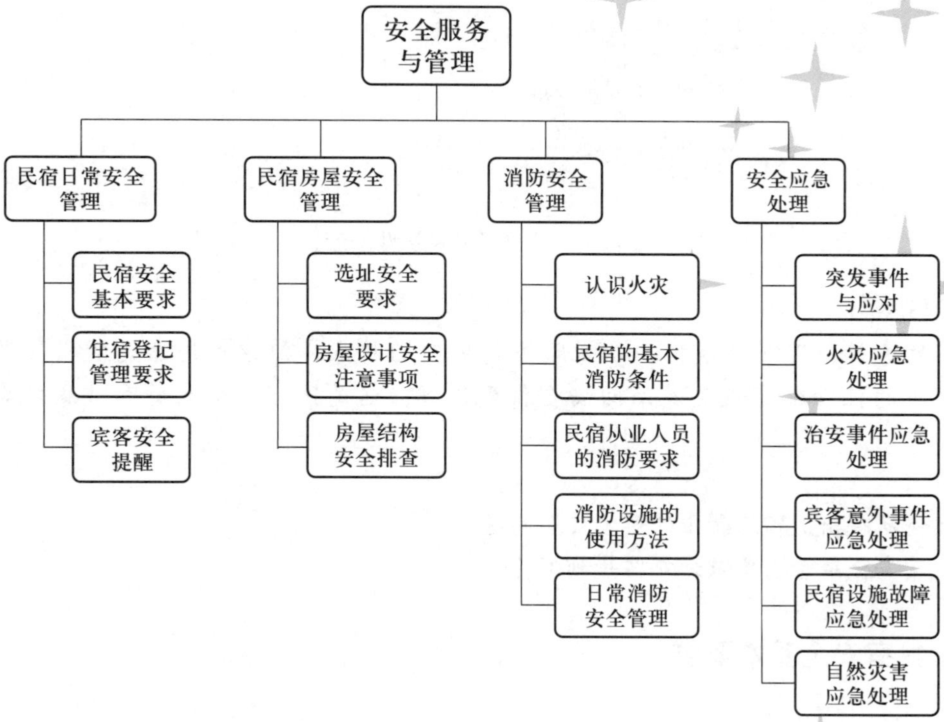

任务一　民宿日常安全管理

【引导案例】

安 全 管 理

2020 年 3 月 2 日，广州市消费者委员会发布了《广州地区民宿行业服务现状调查报告》，报告显示，消费者对广州地区民宿服务行业的满意度较高。其中，“风格特色”评价最高，为 75.1 分。不足方面，三成以上受访者认为广州民宿配套设施简陋；个别民宿运营与管理水平整体不高，八成以上受访民宿存在消防安全问题，具体见图 6–1。

（资料来源：中国质量新闻网 .2020–03–03）

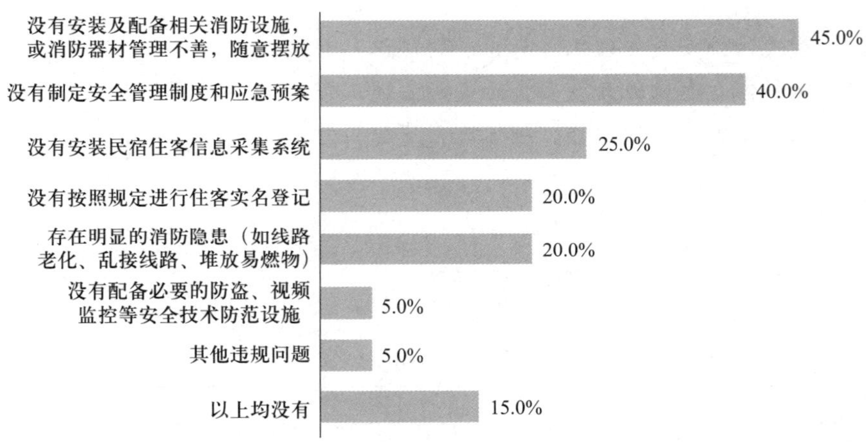

图 6–1　广州民宿服务调查统计

【案例分析】

新颖的设计、温暖的氛围、贴心服务是民宿的特点，但核心仍然是提供安全的住宿服务、完善的住宿配套设施及消防安全得到保障，这是民宿持续经营和健康发展的必要基础。

【问题】

1. 案例反映出民宿经营中的哪些安全问题？
2. 民宿安全经营需要做好哪些基础工作？

一、民宿安全基本要求

民宿安全是宾客、民宿经营者和民宿所在社区居民的安全和合法权益保障的基础，是宾客选择入住民宿考虑的首要因素。民宿应符合我国治安、消防、卫生、环境保护、安全等有关的规定与要求，取得当地政府要求的相关证照。

旅游民宿是开放经营类型的企业，安全系于大局，责任重于泰山，旅游民宿的安全直接关系到人们的生命财产安全，要求安全管理中做到重点照顾与分层对待。总体而言，民宿安全主要是在保障合法经营、房屋安全、消防安全的前提下，做好住宿登记、安全提醒和检查等日常安全管理工作，提供安全的住宿服务，保障宾客人身、财产、心理安全。

二、住宿登记管理要求

民宿在受到宾客欢迎的同时，也不时出现人身财产安全面临威胁等社会治安问题。一些不规范的在线住宿预订平台和民宿，不验证身份，只记录宾客的姓名和联系方式，经营者无法判断其是否有违法嫌疑，公安管理部门无法对流动人员进行有效管控，带来许多治安隐患。在网站预订民宿中，出现过发布不实房源、伪造虚假网站、违约赔付、信息被泄露等违法行为，宾客与网络平台之间容易因房源与现实描述不符而出现纠纷。因此，民宿的规范经营应严格执行住宿登记制度，主要做好下列事项。

（1）民宿应将从业人员（包括法定代表人、实际经营人，以及从事信息登记报送、安全保卫、客房服务等工作的人员）的个人身份信息，以合理方式报送公安机关。

（2）民宿工作人员应当查验住宿人员的身份证件，通过当地旅馆业治安管理信息系统（含人证核验设备）登记住宿人员姓名、身份证件种类和号码等信息，并实时报送公安机关。

（3）入住人员应当配合民宿工作人员进行入住登记，主动向民宿工作人员出示有效身份证件；未携带有效身份证件的，应当到民宿所在地的公安派出所开具相关身份证明。对身份不明、无有效身份证明材料或者拒绝查验的，不提供住宿服务。

（4）民宿内发现下列人员或者物品的，应当立即报告公安机关：违法犯罪嫌疑人员或者被公安机关通缉的人员；枪支弹药、管制器具、毒品、非法宣传品等违禁物品；爆炸性、毒害性、放射性、腐蚀性等危险物品；其他可疑的人员和物品。

三、宾客安全提醒

民宿经营者宜设计和制作安全管理小手册，做到服务人员熟知并能对宾客进行安全提醒。注意事项主要如下：

（1）询问入住人员是否有老人或小孩，提醒宾客注意相关安全事项，如窗户、阳台、楼梯等的安全问题。

（2）在入住时向宾客说明灭火器、烟雾报警器、医疗急救包、声控灯、手电筒等安全设施的位置，给宾客最全面、最及时的人身、财产及心理安全保护措施。

（3）提供必要的公共安全信息，如民宿管家联系电话，周边医院、派出所的位置及电话，以及其他在紧急情况下宾客需用的信息。

（4）制作电器使用说明，将说明书摆放在显眼位置，并提醒宾客认真阅读。

（5）提醒易发生危险的区域和设施，并设置相应的安全警示标志。

（6）提醒宾客周边游玩的安全注意事项。

【知识拓展】

民宿安全基本要求

我国《旅游民宿基本要求与评价》对民宿安全方面提出的基本要求主要如下：

（1）经营场地无地质灾害和其他影响公共安全的隐患。

（2）易发生危险的区域和设施应设置安全警示标志，安全标志应清晰、醒目；易燃、易爆物品的储存和管理应采取必要的防护措施，符合相关法规。

（3）应配备必要的防盗、应急、逃生安全设施，确保宾客和从业人员的人身和财产安全。

（4）应建立各类相关安全管理制度和突发事件应急预案，落实安全责任，定期演练。

（5）食品来源、加工、销售应符合相关食品安全国家标准要求。

（6）从业人员应按照要求持健康证上岗。

【实训项目】

一、对照民宿安全基本要求，对民宿进行基本检查，并撰写检查报告

检查要点包括：

1. 民宿周边环境是否有自然灾害隐患。
2. 民宿有哪些易发生危险的区域和设施。
3. 安全警示标志是否清晰、醒目。
4. 有哪些防盗、应急、逃生安全措施。
5. 是否有适用的安全管理制度、应急预案。
6. 民宿管理和服务人员是否有健康证。

二、结合民宿实际，制定一份宾客入住安全小手册

编制要点包括：

1. 必要的安全提示。
2. 民宿安全设施的位置和使用说明。
3. 必要的周边公共安全信息，安全警示提醒。
4. 周边资源介绍等。

【任务思考题】

1. 我国民宿基本安全要求有哪些？
2. 宾客入住登记的要点有哪些？
3. 宾客安全提醒要点有哪些？

任务二　民宿房屋安全管理

【引导案例】

2020年8月29日，山西省临汾市襄汾县陶寺乡陈庄村聚仙饭店宴会厅发生坍塌事故。聚仙饭店已经营了十几年，该饭店的建筑包括前后两座两层小楼，几年前在其中一层房顶上加盖了彩钢房作为宴会厅。事发时有群众在饭店办寿宴，宴会厅的屋顶突发坍塌，混凝土板、石块及钢架掉落，大量人员被压，最终造成29人遇难、7人重伤、21人轻伤。

（资料来源：根据网络资料整理）

【案例分析】

近年来，房屋改造后发生坍塌的事件时有发生，其根本原因在于经营者对房屋的安全性重视不足。民宿经营前常常会对原有普通民居进行拆改结构、加大荷载的装修改造，为了保证房屋使用安全，防止发生坍塌和人员生命、财产损失，务必通过正规设计施工，保证房屋的正常使用和维护。对于房屋存在结构性损伤，整体或局部倒塌或柱、墙体、梁存在破坏风险的，需经过房屋安全检测和鉴定，并进行有效加固和修缮，达到当地政府行政主管部门要求后才可投入使用。

【问题】

1. 本案例中房屋坍塌的主要原因是什么？
2. 民宿房屋改造中应注意哪些方面？

一、选址安全要求

民宿房屋选址应尽量选择无地质灾害和其他影响公共安全隐患的区域，应避开地质灾害多发地段和次生灾害隐患区，如洪水淹没、滑坡、山洪、泥石流、地震断裂等自然灾害的地段；应避开各类保护区、有开采价值的地下资源和地下采空区；避开重度污染区域。民宿与森林边缘应并保持一定的安全距离，自然隔离，防止民宿火灾与森林火灾相互危害。

二、房屋设计安全注意事项

（一）设置安全护栏，防止高空跌落

低层、多层建筑的阳台栏杆不应低于1.05米，外窗窗台距楼面、地面的高度低于0.9米时，应有防护设施。阳台、外廊、室内回廊、内天井、上人屋面以及室外楼梯等临空处应设置防护栏杆，栏杆应以坚固、耐久的材料制作。

（二）合理设置凸窗，保证安全

寒冷地区建筑中南向房间可设置凸窗，但北向的房间不宜设置凸窗。凸窗凸出（从外墙面

到窗外表面）不宜大于 0.4 米，开向走道、无障碍坡道的窗底高度不小于 2 米。

（三）使用安全建材，避免食品污染

存放食品、食料或药品的房间，其存放物有可能与地面直接接触者，严禁采用有毒性的塑料、涂料或水玻璃等做面层材料，以免污染食品，引起食物中毒。

（四）管道分设，避免交叉影响

排烟和通风不得使用同一管道系统，在安全、防火和卫生方面互有影响的管道，不应敷设在同一竖井内。

三、房屋结构安全排查

民宿经营、居住功能混杂，尤其多为乡村原有自建自住房屋改造而来，应注意合理规范改造，充分保障房屋安全。我国自建房主要有砖混结构、钢筋砼框架结构（简称“框架结构”）、钢结构、底框—砖混结构 4 种结构类型。村镇中部分老建筑还有木结构、石结构和生土房屋 3 种结构类型。

我国乡村建筑主要采用砖混结构（含底框—砖混），即先砌墙再浇筑混凝土构造柱、梁、板的房屋，而近年来我国倒塌房屋中绝大多数也是此类建筑。倒塌的原因多为未经专业设计和施工，私自拆改主体结构，擅自改变使用功能导致荷载增加，施工质量差等。危房的表现主要有梁柱、墙体等承重构件出现裂缝、结构构造及连接损坏、房屋倾斜等，如图 6–2 和图 6–3 所示。

图 6–2　墙体出现斜裂缝

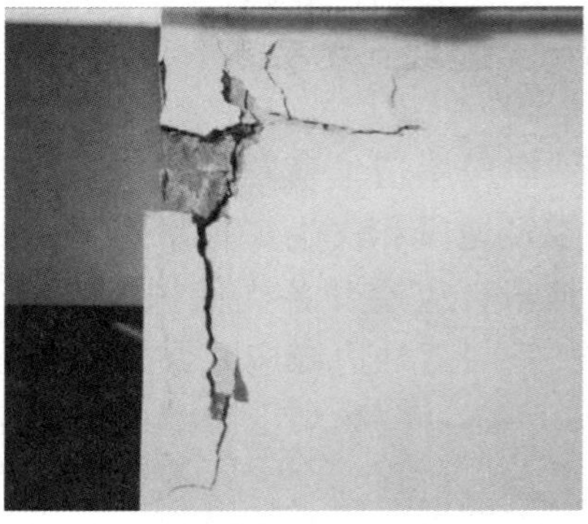

图 6–3　梁柱出现竖向裂缝，保护层脱落

民宿应根据不同的建筑结构类型特点定期进行安全隐患自查排查，判别房屋是否有重大危险、危险还是暂无危险的情况。针对经排查确定房屋有重大危险时，应立即撤离人员，并拆除建筑物或立即委托专业机构进行安全性鉴定后分类处置；危险房屋则应立即委托专业机构进行安全性鉴定，并根据鉴定结论分类处置；暂无危险的房屋可继续正常使用，但应进行定期检查与维护。房屋安全隐患自查可参照表 6–1 ~ 表 6–4 进行。

表 6–1　民宿房屋安全隐患自查排查记录表（木结构）

<table>
<tr><td>层　　数</td><td>共__层，地下__层、地上__层</td><td>建筑面积</td><td>平方米</td><td>建成时间</td><td></td></tr>
<tr><td>基础类型</td><td colspan="5">□条形基础　□独立基础　□其他：</td></tr>
<tr><td>设计情况</td><td colspan="5">□经有资质单位设计，设计单位：
□未经正规设计：□有施工草图　□无施工草图</td></tr>
<tr><td>改造情况</td><td colspan="5">□ 建成后未经改造
□建成后曾改造，改造时间：______，改造内容：□加层□扩建□拆改主体结构</td></tr>
<tr><td>自（排）查情况</td><td colspan="5">1. 重大危险：存在以下情形之一的为重大危险
□ 1.1 地基失稳，基础局部或整体塌陷，或木柱柱底出现超过 1/4 直径滑移到柱基础支承面外的严重错位
□ 1.2 连接方式不当，构造有严重缺陷，已导致节点松动变形、滑移、沿剪切面开裂、剪坏或铁件严重锈蚀、松动致使连接失效等损坏
□ 1.3 木柱、木梁已出现明显的斜纹裂缝
□ 1.4 木柱、木梁存在心腐、虫蛀且敲击有明显空鼓声
2. 危险：加层、扩建、拆改主体结构等但未经有资质设计单位设计，或存在以下 3 种及以上情形，或同种情形有 3 个构件（处）及以上的为危险
□ 2.1 木柱柱身出现严重歪斜，或木柱侧弯变形，其矢高大于 $h/150$，或柱顶劈裂、柱身断裂、柱脚腐朽等受损面积大于原截面 20% 以上
□ 2.2 木屋架产生大于 $L/120$ 的扰度或平面外倾斜量超过屋架高度的 1/120，或顶部、端部节点产生腐朽或劈裂，或屋盖支撑系统已失稳
□ 2.3 主梁产生大于 $L/150$ 的扰度，或受拉区伴有较严重的材质缺陷
□ 2.4 檩条、格栅产生大于 $L/100$ 的扰度，或入墙木质部位腐朽、虫蛀
□ 2.5 受压或受弯木构件干缩裂缝深度超过构件直径的 1/2，且裂缝长度超过构件长度的 2/3
3. 暂无危险：不属于重大危险或危险情形的</td></tr>
<tr><td>结　　论</td><td colspan="5">□重大危险：应立即撤离人员，并拆除建筑物或立即委托专业机构进行安全性鉴定后分类处置
□危险：应立即委托专业机构进行安全性鉴定，并根据鉴定结论分类处置
□暂无危险：可继续正常使用，但应进行定期检查与维护</td></tr>
<tr><td colspan="6">日期：　　年　月　日</td></tr>
</table>

注：在“□”中打“√”或打“×”，打“√”表示存在此种情形，打“×”表示不存在此种情形。本表的尺寸如宽度、厚度、长度等可用一般测量工具如钢卷尺、钢板尺等进行测量。

表 6–2　民宿房屋安全隐患自查排查记录表（砖木结构、土木结构）

<table>
<tr><td>层　　数</td><td>共__层，地下__层、地上__层</td><td>建筑面积</td><td>平方米</td><td>建成时间</td><td></td></tr>
<tr><td>基础类型</td><td colspan="5">□条形基础　□独立基础　□其他：</td></tr>
<tr><td>设计情况</td><td colspan="5">□经有资质单位设计，设计单位：
□未经正规设计：□有施工草图　□无施工草图</td></tr>
<tr><td>改造情况</td><td colspan="5">□建成后未经改造
□建成后曾改造，改造时间：______，改造内容：□加层□扩建□拆改主体结构</td></tr>
</table>

续表

<table>
<tr><td>自（排）
查情况</td><td>1. 重大危险：存在以下情形之一的为重大危险
□ 1.1 地基失稳，基础局部或整体塌陷，或木柱柱底出现超过 1/4 直径滑移到柱基础支承面外的严重错位
□ 1.2 房屋出现明显倾斜且墙体出现斜裂缝；木屋架、木梁入墙处连接方式不当，构造有严重缺陷，已导致节点松动变形、滑移、沿剪切面开裂、剪坏
□ 1.3 墙体出现斜裂缝，且裂缝宽度超过 10 毫米（仅单条裂缝时）或超过 5 毫米（多条裂缝时）
□ 1.4 墙体出现缝宽大于 1 毫米的竖向裂缝，且缝长超过层高的 1/2（仅单条裂缝时）或超过层高的 1/3（多条裂缝时）
□ 1.5 木柱、木梁出现明显的斜纹裂缝或木柱、木梁存在心腐、虫蛀且敲击有明显空鼓声
2. 危险：加层、扩建、拆改主体结构等但未经有资质设计单位设计，或存在以下 3 种及以上情形，或同种情形有 3 个构件（处）及以上的为危险
□ 2.1 墙体出现斜裂缝，但裂缝宽度未超过 10 毫米（仅单条裂缝时）或未超过 5 毫米（多条裂缝时）
□ 2.2 墙体出现缝宽大于 1 毫米的竖向裂缝，但缝长未超过层高的 1/2（仅单条裂缝时）或未超过层高的 1/3（多条裂缝时）
□ 2.3 纵横墙连接处出现竖向通缝
□ 2.4 支承梁或屋架处墙体或砖柱下方出现多条竖向裂缝，或裂缝宽度已超过 1 毫米
□ 2.5 墙体出现缝长超过 1/2 墙长的水平裂缝
□ 2.6 木柱柱身出现严重歪斜，或木柱侧弯变形，其矢高大于 h/150，或柱顶劈裂、柱身断裂、柱脚腐朽等受损面积大于原截面 20% 以上
□ 2.7 木屋架产生大于 L/120 的扰度或平面外倾斜量超过屋架高度的 1/120，或顶部、端部节点产生腐朽或劈裂，或屋盖支撑系统已失稳
□ 2.8 主梁产生大于 L/150 的扰度，或受拉区伴有较严重的材质缺陷
□ 2.9 檩条、格栅产生大于 L/100 的扰度，或入墙木质部位存在腐朽、虫蛀
□ 2.10 受压或受弯木构件干缩裂缝深度超过构件直径的 1/2，且裂缝长度超过构件长度的 2/3
3. 暂无危险：不属于重大危险或危险情形的</td></tr>
<tr><td>结　论</td><td>□重大危险：应立即撤离人员，并拆除建筑物或立即委托专业机构进行安全性鉴定后分类处置
□危险：应立即委托专业机构进行安全性鉴定，并根据鉴定结论分类处置
□暂无危险：可继续正常使用，但应进行定期检查与维护</td></tr>
</table>

日期：　　年　月　日

注：在“□”中打“√”或打“×”，打“√”表示存在此种情形，打“×”表示不存在此种情形。本表的尺寸如宽度、厚度、长度等可用一般测量工具如钢卷尺、钢板尺等进行测量。

表 6-3　房屋安全隐患自查排查记录表（砖混结构）

<table>
<tr><td>层　数</td><td>共__层，地下__层、地上__层</td><td>建筑面积</td><td>平方米</td><td>建成时间</td><td></td></tr>
<tr><td>基础类型</td><td colspan="5">□条形基础　□独立基础　□桩基础　☑ 其他：</td></tr>
<tr><td>设计情况</td><td colspan="5">□经有资质单位设计，设计单位：
□未经正规设计：□有施工草图　□无施工草图</td></tr>
</table>

续表

改造情况	□建成后未经改造 □建成后曾改造，改造时间：______，改造内容：□加层□扩建□拆改主体结构
自（排）查情况	1. 重大危险：存在以下情形之一的为重大危险 □ 1.1 房屋出现明显倾斜且墙体出现斜裂缝 □ 1.2 墙体出现斜裂缝，且裂缝宽度超过 10 毫米（仅单条裂缝时）或超过 5 毫米（多条裂缝时） □ 1.3 墙体出现缝宽大于 1 毫米的竖向裂缝，且缝长超过层高的 1/2（仅单条裂缝时）或超过层高的 1/3（多条裂缝时） 2. 危险：加层、扩建、拆改主体结构等但未经有资质设计单位设计，或存在以下 3 种及以上情形，或同种情形有 3 个构件（处）及以上的为危险 □ 2.1 墙体出现斜裂缝，但裂缝宽度未超过 10 毫米（仅单条裂缝时）或未超过 5 毫米（多条裂缝时） □ 2.2 墙体出现缝宽大于 1 毫米的竖向裂缝，但缝长未超过层高的 1/2（仅单条裂缝时）或未超过层高的 1/3（多条裂缝时） □ 2.3 纵横墙连接处出现竖向通缝 □ 2.4 支承梁或屋架处墙体或砖柱下方出现多条竖向裂缝，或裂缝宽度已超过 1 毫米 □ 2.5 墙体出现缝长超过 1/2 墙长的水平裂缝 □ 2.6 墙体（柱）明显变形或错位，或变截面处出现裂缝 □ 2.7 地基产生滑移，地面平行于边坡的缝隙量大于 10 毫米 □ 2.8 砌体风化达断面尺寸的 15% 以上 □ 2.9 人字屋架无下弦拉杆，或屋架明显侧倾且屋架间无支撑 □ 2.10 钢屋架节点焊缝、螺栓或铆接有拉开、变形、滑移、松动、剪坏等严重损坏 3. 暂无危险：不属于重大危险或危险情形的
结　论	□重大危险：应立即撤离人员，并拆除建筑物或立即委托专业机构进行安全性鉴定后分类处置 □危险：应立即委托专业机构进行安全性鉴定，并根据鉴定结论分类处置 □暂无危险：可继续正常使用，但应进行定期检查与维护
	日期：　　年　月　日

注：在“□”中打“√”或打“×”，打“√”表示存在此种情形，打“×”表示不存在此种情形。本表的尺寸如宽度、厚度、长度等可用一般测量工具如钢卷尺、钢板尺等进行测量。

表 6–4　民宿房屋安全隐患自查排查记录表（底框—砖混结构）

层　数	共__层，地下__层、地上__层	建筑面积	平方米	建成时间	
基础类型	□条形基础　□独立基础　□桩基础　□其他：				
设计情况	□经有资质单位设计，设计单位： □未经正规设计：□有施工草图　□无施工草图				
改造情况	□建成后未经改造 □建成后曾改造，改造时间：______，改造内容：□加层□扩建□拆改主体结构				

续表

自（排）查情况	1. 重大危险：存在以下情形之一的为重大危险 □ 1.1 房屋出现明显倾斜且墙体出现斜裂缝 □ 1.2 上部砖混结构墙体出现斜裂缝，裂缝宽度超过 10 毫米（仅单条裂缝时）或超过 5 毫米（多条裂缝时） □ 1.3 墙体出现缝宽大于 1 毫米的竖向裂缝，且缝长超过层高的 1/2（仅单条裂缝时）或超过层高的 1/3（多条裂缝时） □ 1.4 框架柱出现竖向受力裂缝，保护层剥落，钢筋外露 □ 1.5 框架柱一侧出现水平裂缝，另一侧混凝土压碎 □ 1.6 主梁跨中出现下宽上窄的竖向裂缝且裂缝向上延伸达梁高的 2/3，或宽度大于 1 毫米 □ 1.7 主梁端出现斜裂缝 2. 危险：加层、扩建、拆改主体结构等但未经有资质设计单位设计，或存在以下 3 种及以上情形，或同种情形有 3 个构件（处）及以上的为危险 □ 2.1 墙体出现斜裂缝，但裂缝宽度未超过 10 毫米（仅单条裂缝时）或未超过 5 毫米（多条裂缝时） □ 2.2 墙体出现缝宽大于 1 毫米的竖向裂缝，但缝长未超过层高的 1/2（仅单条裂缝时）或未超过层高的 1/3（多条裂缝时） □ 2.3 纵横墙连接处出现竖向通缝 □ 2.4 支承梁或屋架处墙体或砖柱下方出现多条竖向裂缝，或裂缝宽度已超过 1 毫米 □ 2.5 墙体出现缝长超过 1/2 墙长的水平裂缝 □ 2.6 墙体（柱）明显变形或错位，或变截面处出现裂缝 □ 2.7 地基产生滑移，地面平行于边坡的缝隙量大于 10 毫米 □ 2.8 砌体风化达断面尺寸 15% 以上 □ 2.9 柱、梁、板因钢筋锈蚀造成胀裂且缝宽大于 1 毫米 □ 2.10 阳台或雨棚等悬挑构件明显下挠，悬挑构件根部开裂或相连的墙体出现宽度大于 0.5 毫米的通长裂缝 □ 2.11 主梁跨中出现下宽上窄的竖向裂缝 3. 暂无危险：不属于重大危险或危险情形的
结　论	□重大危险：应立即撤离人员，并拆除建筑物或立即委托专业机构进行安全性鉴定后分类处置 □危险：应立即委托专业机构进行安全性鉴定，并根据鉴定结论分类处置 □暂无危险：可继续正常使用，但应进行定期检查与维护

日期：　　年　月　日

注：在“□”中打“√”或打“×”，打“√”表示存在此种情形，打“×”表示不存在此种情形。本表的尺寸如宽度、厚度、长度等可用一般测量工具如钢卷尺、钢板尺等进行测量。

【实训项目】

一、参考表 6–5 对民宿周边环境进行检查，记录可能存在的环境安全隐患。

表 6–5　环境安全隐患记录表

灾害主体	地质灾害现象	有 / 无	具体位置
地面	地面裂缝、塌陷、隆起、沉降		
山体	坡体下滑、坍塌、坠落、斜坡山沟沟口处大量土石堆积		

续表

灾害主体	地质灾害现象	有 / 无	具体位置
水体	地面突然冒水、泉眼井水变浑浊、水量突然变化		
植物	树木异常歪斜、弯曲等		
灾害历史	曾发生过洪涝灾害、泥石流等		
……	……		
小结	巡查情况		
	处理措施		

二、参照表 6–1 对民宿进行安全检查。

【任务思考题】

1. 房屋安全设计的要点有哪些？
2. 房屋主体出现哪些现象可能影响结构安全？

任务三　消防安全管理

【引导案例】

2018 年 9 月 30 日，广西桂林龙脊镇小寨村一家民宿中，老人在小木棚中使用木炭烘烤辣椒，之后拿到楼顶晾晒，但其离开时未检查火盆内木炭的燃烧情况，也未对对火盆采用任何防火措施，将火盆移至堆放有木料、塑料袋等易燃物品旁边，导致小木棚起火引发火灾并蔓延，最终导致 84 户木质结构房屋被烧毁，损失近千万元，责任人被判处 4 年有期徒刑。

（资料来源：根据网络资料整理）

【案例分析】

在小寨村的这场火灾中，起因为居民消防意识薄弱、用火不慎，火灾蔓延则是因为该村多为木质结构房屋，布局集中连片，防火间距小，消防设施不足，火灾发生后难以控制。因此，乡村民宿应加强消防知识培训，提高人们的消防安全意识和能力，加强消防设施建设，才能防患于未然。

【问题】

1. 民宿中可能引起火灾的原因有哪些？
2. 民宿中应配置哪些消防设施？

一、认识火灾

（一）火灾的原因

我国建筑火灾的原因主要有电气失火、生活用火不慎、违反安全规定操作、吸烟、放火、玩火、自燃等，其中，放火、电气失火、生活用火不慎等是引发火灾的主要原因。2018 年，全国火灾原因统计表明，我国建筑火灾最主要的原因是电气失火和生活用火不慎，所占比例分别为 34.6% 和 21.5%，应引起重视。

近年来民宿火灾频发，主要有下列原因。

1. 建筑布局不合理，耐火等级低，防火间距不足

原有的乡村民居大多聚集而居，房屋建设间距小，不设置消防通道，消防间距不足，使用木材等易燃建材，一旦出现火灾，极易快速向外蔓延。

2. 火灾隐患多

许多老旧民居存在线路老化、电线绝缘保护破裂、私接电线、接触电阻大、接头松散、无空气开关等问题，电气线路火灾隐患较大。许多乡村民宿使用液化石油气、沼气、木材、煤炭等燃料，院落中可能堆放木材等易燃物资，当民宿人员做饭用火或吸烟后未能有效掐灭火源时，极易引发火灾。乡村烟花爆竹燃放、清明祭奠扫墓燃烧纸钱、秸秆焚烧等原因也可能引发火灾。

3. 消防基础设施缺乏

部分乡村没有配置相应的消防蓄水池，火灾发生时，没有大量水源、消防泵、灭火器等专业灭火设施，难以短时间内有效扑灭火灾。

4. 消防安全意识薄弱，火灾应对能力不足

民宿经营者和员工大多为家庭闲余劳动力，知识水平有限，消防安全意识不足，缺乏发现消除火灾隐患和自防、自救能力，一旦发生火灾，难以自救及组织宾客有效疏散。

（二）火灾的分类

按燃烧特性，火灾主要分为 A、B、C、D、E、F 几类。A 类火灾是指固体物质火灾，这种物质通常含有有机物质，一般在燃烧时能产生灼热的余烬，如木材、干草、煤炭、棉、毛、麻、纸张等引发的火灾；B 类火灾是指液体或可熔化的固体物质火灾，如煤油、柴油、原油、甲醇、乙醇、沥青、石蜡、塑料等引起的火灾；C 类火灾是指气体火灾，如煤气、天然气、甲烷、乙烷、丙烷、氢气等引起的火灾；D 类火灾是指金属火灾，如钾、钠、镁、钛、锆、锂、铝镁合金等引起的火灾；E 类火灾是指带电火灾，物体带电燃烧引起的火灾；F 类火灾是指烹饪器具内的烹饪物（如动植物油脂）引起的火灾。民宿中的火灾多为固体类、电气类火灾。

（三）火灾发生的预兆

燃烧时通常会有烧焦、烟气、升温现象，日常生活中如遇到以下情况：闻到烧焦的味道，突然停电，见到烟或闻到烟味，听到有人喊“起火啦”，听到玻璃破碎声等应迅速做出反应。

（四）火灾的发展和变化

火灾发生后会经过初起阶段、发展阶段、猛烈燃烧阶段、熄灭阶段 4 个阶段。室内发生火灾后，最初只是起火部位及其周围可燃物着火燃烧，燃烧范围不大，室内温度差别大，在燃烧区域及其附近存在高温，室内平均温度低；发展阶段燃烧面积扩大，燃烧速度加快；猛烈燃烧阶段燃烧强度最大，热辐射最强；熄灭阶段火势逐渐减弱直至熄灭。初起阶段是灭火的最有利时机，也是人员安全疏散的最有利时段。因此，应设法把火灾及时控制、消灭在初起阶段。

（五）初起阶段火灾的扑救方法

低压线路和电器一旦起火，应立即断电（关闭电源），利用二氧化碳或干粉灭火器进行灭

火。在未断电的情况下，千万不可试图用水扑灭线路、电器火灾。

油锅起火的时候，不要端锅，应迅速关闭气源，用锅盖或灭火毯将锅盖上即可灭火，不得使用水或灭火器灭火。

煤气泄漏引起火灾时，一旦发现有漏气现象时，应立即关闭气源，熄灭所有火源，同时打开门窗通风，散掉可燃气体，人员迅速撤离。

二、民宿的基本消防条件

2017 年，住房和城乡建设部、公安部、原国家旅游局三部委联合发布的《农家乐（民宿）建筑防火导则（试行）》对预防民宿建筑火灾、规范防火改造措施、加强消防安全管理水平、降低火灾风险做出了明确规定。该导则适用于经营用客房数量不超过 14 个标准间（或单间）、最高 4 层且建筑面积不超过 800 平方米的农家乐（民宿）；超过上述规模或新建的农家乐（民宿），应符合《农村防火规范》（GB50039—2010）、《旅馆建筑设计规范》（JGJ 62—2014）、《建筑设计防火规范》（GB 50016—2014）的要求。

资料：农家乐（民宿）建筑防火导则（试行）

《农家乐（民宿）建筑防火导则》对民宿建筑消防、防火进行了细致、全面的引导和规范，其中要求民宿应具备的基本消防条件可以概括为“两不、一分隔、四配备”。

“两不”指不得采用金属夹芯板材作为建筑材料；休闲娱乐区、具有娱乐功能的餐饮区总建筑面积不应大于 500 平方米。

“一分隔”指位于同一建筑内的不同民宿房间应采用不燃性实体墙进行分隔，并独立进行疏散。

“四配备”指应设置独立式感烟火灾探测报警器（见图 6–4）或火灾自动报警系统；每 25 平方米应至少配备一具 2 千克的灭火器，灭火器可采用水基型灭火器或 ABC 干粉灭火器，灭火器设置在各层的公共部位及首层出口处；每间客房均应按照住宿人数每人配备手电筒、逃生用口罩或消防自救呼吸器等设施，并应在明显部位张贴疏散示意图；安全出口、楼梯间、疏散走道应设置保持视觉连续的灯光疏散指示标志（见图 6–5），楼梯间、疏散走道应设置应急照明灯。

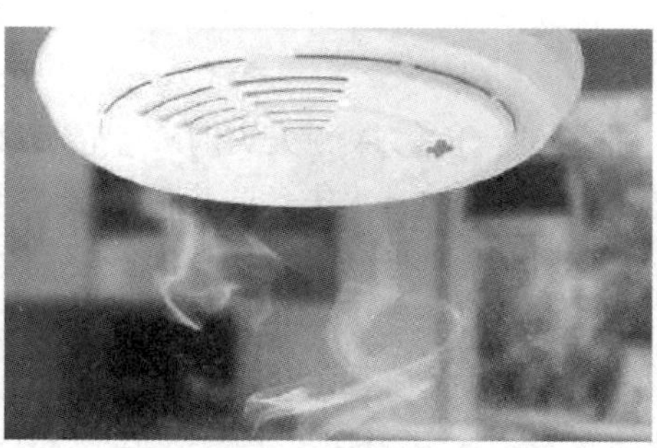

图 6–4　独立式烟感火灾探测报警器

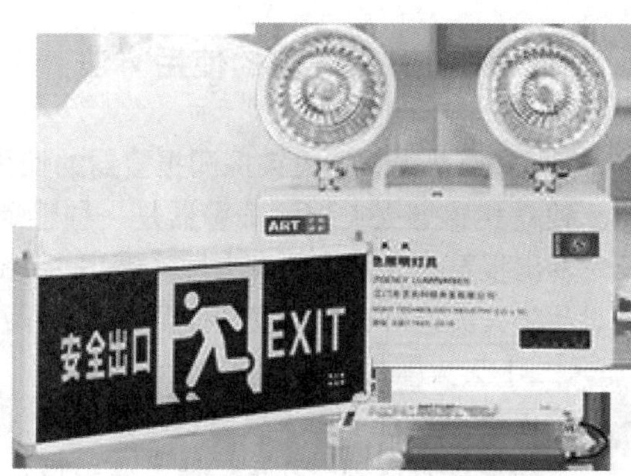

图 6–5　疏散指示及应急照明灯

三、民宿从业人员的消防要求

（一）民宿从业人员的消防要求

民宿从业人员应做到“一懂三会”，一懂指懂本场所火灾的危害性；三会包括会报火警、会使用灭火器、会组织疏散逃生。

（二）民宿经营者消防安全管理要求

（1）建立、健全防火责任制和消防安全制度。

（2）配齐并维护、保养消防设施、器材（见图 6-6）。

（3）组织开展防火检查，整改火灾隐患。

（4）每年对从业人员进行消防安全教育培训。

（5）制定灭火和疏散预案，每半年至少组织一次消防演练。

（6）如遇火灾，及时报火警，组织引导人员疏散，组织扑救初期火灾。

为提高火灾发生时组织疏散逃生的能力，民宿经营者应定期进行消防演练，熟悉民宿疏散通道、安全出口的位置，熟悉疏散装备或器材的位置和使用方法；能通过喊话、发出灯光信号等方式，引导火场人员采取正确的方式、沿着正确的路线有序逃生，并提醒人员疏散时不恐慌，提高疏散效率。

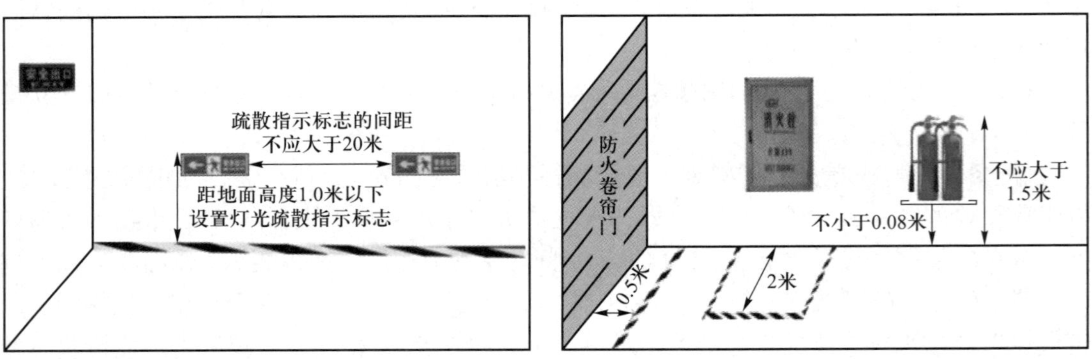

图 6-6　消防设施安全设置要求

四、民宿消防设施的使用方法

（一）独立式感烟火灾探测报警器的使用

独立式感烟火灾探测报警器是一种感烟型火灾探测报警器，能够探测火灾时产生的烟雾，及时发出报警，通常安装在大厅、客房、走道、疏散楼梯上部及其他有火灾危险房间的天花上，能对消防火灾进行有效的安全监测，正常情况下探测器会红灯闪烁，有火情时会发出警报信号。

（二）灭火器的使用

灭火器主要有干粉灭火器、七氟丙烷灭火器、泡沫灭火器、二氧化碳灭火器几类。

干粉灭火器适用于扑灭油脂、带电设备、可燃性液体火灾；七氟丙烷灭火器适用于扑灭电子通信室、变配电室火灾；泡沫灭火器适用于扑灭固体材料、可燃液体火灾；二氧化碳灭火器适用于扑灭气体火、可燃液体火、带电物质火。民宿应结合自身情况合理配置灭火器，通常干粉灭火器使用最广泛。

灭火器使用步骤为提、拔、对准、压，如图 6–7 所示。提是指手提灭火器的提把，让灭火器保持水平垂直的状态；拔是指拔掉灭火器保险销；对准是指将灭火器的喷管瞄准火源；压是指压住灭火器的开关，让灭火器喷出干粉灭火。

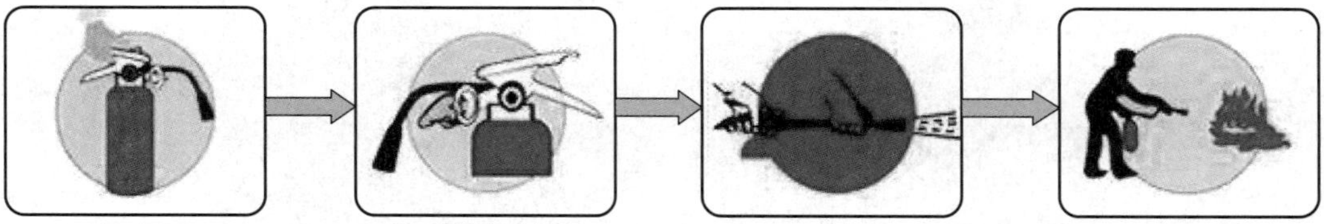

(a) 手提灭火器　(b) 拔掉保险销　(c) 一手握住压把 一手握住喷管 瞄准火源　(d) 压住灭火器 开关喷射

图 6–7　灭火器的使用要点

（三）火灾逃生面具的使用

火灾的受害者大部分是因吸入有毒有害气体窒息而死，因此民宿中应配备防烟逃生面具。火灾逃生面具常用为过滤式防毒面具，能防护一氧化碳、氰化氢、有毒烟雾等，防毒时间通常为 40 分钟。

1. 使用前检查

（1）使用前需检查面具是否有裂痕、破口，确保面具与脸部贴合的密封性。

（2）检查呼气阀片有无变形、破裂及裂缝。

（3）检查头带是否有弹性。

（4）检查滤毒盒座密封圈是否完好。

（5）检查滤毒盒是否在使用期内。

2. 使用步骤

（1）打开盒盖取出塑料包装袋。

（2）撕开包装袋取出防毒面具，注意，撕破塑料包装袋后，视为防毒面具已经失效不能再使用。

（3）拔掉面具前后两个罐塞，若不拔掉两个罐塞，吸气口封闭会导致佩戴者窒息死亡。

（4）将面具盖住口鼻，然后将头带框套拉至头顶，用双手将下面的头带拉向颈后扣住，拉紧头戴。

具体如图 6–8 所示。

五、日常消防安全管理

（一）提高防火意识，减少火灾隐患

（1）不应在燃煤燃柴炉灶周围 2 米范围内堆放柴草等可燃物；严禁在卧室使用燃气灶具；严禁卧床吸烟；砖木结构、木结构的农家乐（民宿）建筑内严禁吸烟。

（2）农家乐（民宿）的客房内不得使用明火加热、取暖。在其他场所使用明火加热、取暖，或使用明火照明、驱蚊时，应将火源放置在不燃材料的基座上，与周围可燃物保持安全距离。

（3）燃放烟花爆竹、烧烤、篝火，或有其他动用明火行为时，应设置单独的区域，并应远离易燃易爆危险品存放地和柴草、饲草、农作物等可燃物堆放地，以及车辆停放区域。

(a) 打开盒子，取出塑料袋　　(b) 撕开包装袋，拿出面具

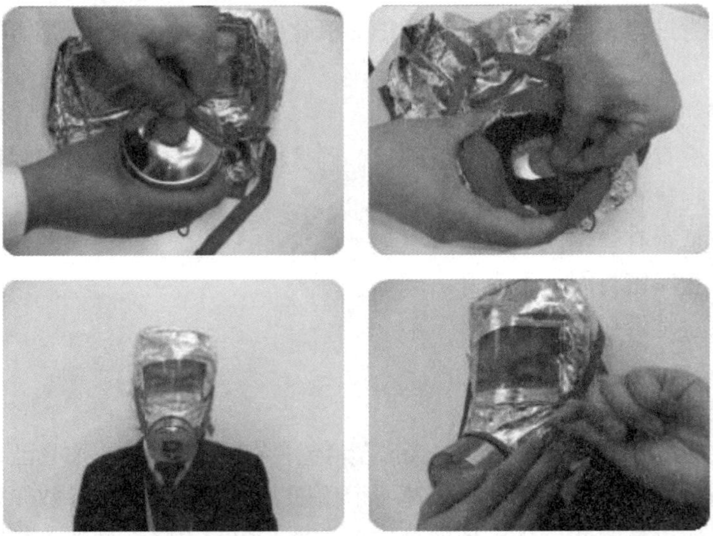

(c) 拔掉面具的前后罐塞　　(d) 戴面具，拉紧头带

图 6–8　防毒面具使用步骤

（4）禁止在农家乐（民宿）建筑周边 30 米范围内销售、储存、燃放烟花爆竹，并严格遵守当地关于禁止燃放烟花爆竹的相关规定。

（5）农家乐（民宿）临近山区、林场、农场、牧场、风景名胜区时，禁止燃放孔明灯。

（二）合理铺设电气线路，安全用电

（1）室内敷设电气线路时应避开潮湿部位和炉灶、烟囱等高温部位，且不应直接敷设在可燃物上，导线的连接部分应牢固、可靠。当必须敷设在可燃物上或在有可燃物的吊顶内时，应穿金属管、阻燃套管保护，或采用阻燃电缆。

（2）严禁私拉乱接电气线路，严禁擅自增设大功率用电设备，严禁在电气线路上搭、挂物品。严禁使用铜丝、铁丝等代替保险丝，不得随意更换大额定电流保险丝。客房内严禁使用大功率用电设备；厨房内使用电加热设备后，应及时切断电源。停电后应拔掉电加热设备的电源插头。用电取暖时，应选用具备超温自动关闭功能的设备。

（3）照明灯具表面的高温部位应与可燃物保持 0.5 米以上的距离；靠近可燃物布置时，应采取隔热、散热等措施。使用额定功率超过 100 瓦 的灯具时，引入线应采用瓷管、矿棉等不燃材料作隔热保护；使用额定功率超过 60 瓦的灯具时，灯具及镇流器不应直接安装在可燃物上。

（4）严禁贴邻安全出口、疏散楼梯、疏散通道及燃气管线停放电动汽车、电动自行车，或对电动汽车、电动自行车进行充电。电动汽车充电装置应具备充电完成后自动断电的功能，并具备短路漏电保护装置，充电装置附近应配备必要的消防设施。

（三）确保燃气设施安全使用和存放

（1）严禁在地下室、客房、餐厅内存放和使用瓶装液化石油气。不宜在厨房内储存液化石油气；确需放置在厨房时，每个灶具配置不得超过 1 瓶，钢瓶与灶具之间的距离不应小于 0.5 米，连接软管不得长于 2 米（见图 6–9）。

（2）使用液化石油气钢瓶的房间应保持良好通风。

（3）严禁超量灌装、敲打、倒置、碰撞液化石油气钢瓶，严禁随意倾倒残液和私自灌气。

（4）严禁在客房内安装燃气热水器。

（5）严禁在客房、餐厅内存放汽油、煤油、柴油、酒精等易燃、易爆液体。

图 6–9　液化气罐使用安全要求

（四）加强消防安全检查和设施维护

应确保疏散通道、安全出口、消防车通道畅通。不得损坏、挪用或擅自拆除、停用消防设施、器材，不得埋压、圈占、遮挡消火栓或占用防火间距。每日昼夜应各进行一次消防安全巡检，确保消防安全。消防安全检查可参照表 6–6 进行。

表 6–6　消防安全检查表

检查内容	情况记录
1. 每个楼层公共部位及首层出入口配备足够灭火器（每 25 平方米至少一具 2 千克灭火器），灭火器安全、有效	
2. 每间客房配备手电筒、逃生用口罩、烟雾报警器、粘贴逃生示意图	
3. 明火集中使用且与其他部分进行有效分隔，餐饮场所的灶台、油烟道定期清洗	
4. 客房、餐厅内不存放汽油、酒精等易燃、可燃液体	

续表

检查内容	情况记录
5. 地下室、客房、餐厅内无存放或使用瓶装液化石油气	
6. 合理设置消防提示性或警示性标语、标志	
7. 楼梯间、疏散通道应急灯、逃生标志完好且齐全。	
8. 安全出口、疏散楼梯、通道及燃气管线紧邻处无停放电动自行车、电动汽车或对其进行充电	
9. 疏散通道、安全出口、消防车道通畅	

【知识拓展】

火警电话拨打要点

拨打火警电话时注意以下要点：(1) 说清起火单位及其街、路、门牌号。(2) 说清起火部位，着火物资和火势大小。(3) 说清有无人员受困；有无爆炸物品、化学危险品。(4) 提供报警人的姓名及电话，方便与消防队随时取得联系。(5) 报警后，立即派人到路口迎候消防车。

独立式感烟火灾探测报警器的检查

独立式感烟火灾探测报警器的日常检查应注意查看红灯闪烁和蜂鸣器报警声音。以民用建筑中常用的光电感烟探测器为例，正常状态时烟感指示灯每 40 秒闪烁一次；当周围环境中烟雾浓度达到报警值时，报警指示灯快速闪烁，同时蜂鸣器发出警报声；当蜂鸣器约每 40 秒发出“嘀”的一声，同时报警指示灯快速闪烁一次，说明电池电压不足，应及时更换电池；当蜂鸣器约每 40 秒发出“嘀嘀”两声，同时报警指示灯快速闪烁 2 次，说明光电传感器出现故障，需要尽快联系供应商进行修理，否则影响报警器正常工作。

灭火器的检查

干粉灭火器应每月做一次外观检查，一看是否在有效期内；二看压力表（见图 6–10），当压力表的指针低于绿线区的时候，就应该及时进行充压维修；三看保险栓是否完好；四看灭火器是否出现严重锈蚀。一般的灭火器瓶压有效期在 1 年半至 2 年，不论已经使用过还是未经使用，距出厂的年月已达规定期限时，必须送维修单位进行水压试验检查。

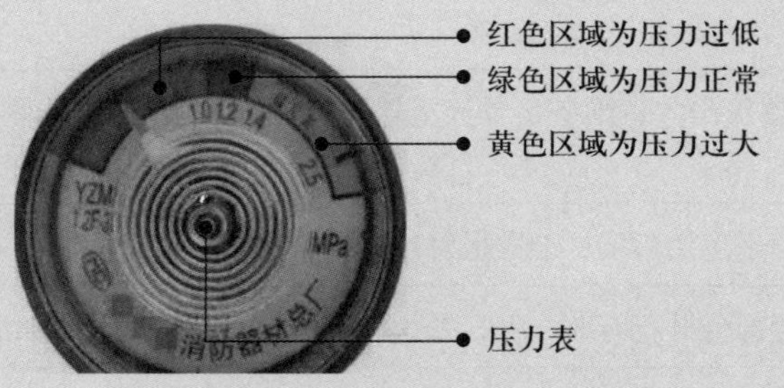

图 6–10　灭火器压力表（指针在绿色区域内为正常）

【实训项目】

一、练习灭火器的使用

1. 准备好灭火器等物品。

2. 教师讲解灭火器的使用步骤和方法，并进行实操示范。

（1）取出灭火器，拔掉灭火器上部保险销。

（2）一手握住压把，一手握住喷管。

（3）人站在上风方向，对准火苗根部喷射灭火。

3. 让学生复述操作步骤及要领，并进行实操练习。

4. 教师现场跟进指导，发现问题及时指出、纠正。

5. 学生轮流练习。

6. 教师总结点评。

二、消防安全检查

参考表 6-6 对民宿进行消防安全检查，撰写检查报告。

【任务思考题】

1. 民宿从业者的消防“一懂三会”是指什么？
2. 拨打火警电话应说清楚哪些事项？
3. 民宿建筑消防要求的“两不、一分隔、四配备”指什么？

任务四　安全应急处理

【引导案例】

阳朔酒店、民宿遇洪水被淹 1 000 余间

2020 年 6 月，广西桂林阳朔县遭遇暴雨，发生洪灾，县应急管理局提供的数据显示，全县酒店、民宿进水受损 1 000 余间，大部分位于遇龙河和金宝河沿岸。其中，位于遇龙河畔和阳朔十里画廊的核心区域的阳朔香樟华芊酒店在此次洪灾中被困 52 人，2 人被洪水冲走后遇难。此后，多名酒店住客在不同网络平台发帖讲述被洪水围困的类似逃生经历。发帖当事人回忆，阳朔 6 月 6 日晚开始下暴雨，酒店随后停电、断网，但该酒店方并没有采取应急措施。直到 6 月 7 日早上 7 点多，水开始漫到各栋别墅的院子，在短短 1 小时内，水位达到了成年人胸口的深度，这时宾客才开始陆续接到酒店的撤离电话——但已经来不及了，最终没有一位宾客成功坐上酒店的电瓶车撤离。宾客直指酒店“严重失职”导致大家生命财产受损。

（资料来源：腾讯网 .2020-07-21）

【案例分析】

为了给宾客提供极致景观，不少酒店和民宿会选址在山坡、海滨、江河边或者水库边，如

果选址时对安全性考虑不足，设计建造中未配置安全措施，将陷于极大的自然灾害风险中。从经营管理的角度来分析，酒店和民宿对宾客负有安全责任，在应对突发的自然灾害时，如何应变以尽可能减少灾害带来的损失，是酒店和民宿安全应急处理的重要内容。

【问题】

1. 本案例中酒店主要存在哪些失责？

2. 遇到洪灾时，酒店和民宿应该做哪些事情？

一、突发事件与应对

突发事件指突然发生、造成或者可能造成严重社会危害，需要采取应急处置措施予以应对的自然灾害、事故灾难、公共卫生事件和社会安全事件。民宿常见突发事件有火警、盗窃、抢劫凶杀、枪击、绑架、打架斗殴、意外伤亡、宾客醉酒、宾客受伤或生病、汽车被盗、食物中毒、地震、汛情、极端气候灾害、停水、停电、停气、水管爆裂、燃/煤气泄漏、宾客丢失财物、宾客投诉等。

突发事件发生前的预防工作是突发事件管理的重点，是突发事件管理中最简便、成本最低的方法。为了预防和减少突发事件的发生，控制、减轻和消除突发事件引起的严重社会危害，规范突发事件应对活动，保护人民生命财产安全，维护国家安全、公共安全、环境安全和社会秩序，我国于2007年发布了《中华人民共和国突发事件应对法》。

民宿应结合所处的地域特点和自身特点，参照国家相关法律法规，制定合理的应急预案，定期进行演习，提高突发事件预防和应急处理能力。

此外，民宿管理者应熟知并向宾客公布和安全相关的服务信息：外部公共电话，如火警119、交通122、匪警110、急救中心120、查询114；内部电话，如主人（店长）电话、客服或管家电话和微信号；附近医院、药店电话等。

二、火灾应急处理

发生火灾时，民宿员工应做到沉着冷静，如果起火现场有3人或3人以上，一般应分工，1人负责向“119”报警，其他人员应密切协作，迅速取出就近的灭火器材进行扑救，并立即把火焰周围的易燃、易爆物品搬移疏散到安全的地方。如果火势很大，需要立刻撤离现场，撤离时需注意以下几点。

（1）应该确认避难出口，冷静判断烟雾的趋向和火灾发生的位置，如有两个出口，应选择烟雾少的出口避难；但对于近处的避难出口，即使浓烟滚滚，也应该屏住气冲出去，此时要尽量避免吸进烟雾。

（2）当楼梯和走廊烟雾弥漫不能脱险时，首先要关闭门窗，用湿布等堵住烟雾侵袭的间隙，打开朝外的窗户，此时只能利用阳台和建筑物的外部结构来避难。此外，应将上半身伸出窗外，避开烟雾，等待救助。

（3）从建筑物的低层脱险时，可以利用安装牢固的漏水槽、管子等，还可以借助缆绳和树木等。

（4）在人员集中的地点如楼梯、出口等处疏散时，切勿乱挤一团，应有序迅速撤离现场。

（5）在逃生中防御浓烟的基本措施是用浸湿的手帕和毛巾捂住嘴和鼻子，采用低姿或匍匐着离开火场。

（6）发生火灾时不能使用电梯，但当发生火灾时，如人们已经在乘坐电梯中，则要立即将电梯停在最近的楼层，迅速跑出去。如果火灾使电器系统发生了故障，电梯停在两层之间，要立即利用电梯内的电话与店长或管家联系，问明情况后，用手打开门，设法逃往上层或下层的楼面。也可通过电梯间天井的安全出口，逃到上面的楼层去。当电梯处于着火楼层的上方时，全体乘客应齐心协力，设法把门打开，逃离险境。

三、治安事件应急处理

（一）盗窃事件

（1）民宿工作人员平时要提高警惕，随时留意人员进出情况。

（2）贵重物品一定要存放到安全地点，存放贵重物品、现金、票据等物品的地方一定要即开即锁。

（3）提醒宾客注意保管财物。

（4）盗窃事件发生后，应及时安抚宾客，防止无关人员进入、移动任何物品、拍照、摄像等。

（5）盗窃发生报警后，应积极协助公安部门做好现场取证工作。

（二）抢劫、凶杀、枪击、绑架等暴力事件

（1）发现暴力事件时应立即向公安机关报告，报告发现案件的时间、地点及简要情况。

（2）工作人员应迅速到达现场，确认后，布置人员保护现场，控制人员进入，维护现场秩序。

（3）若犯罪嫌疑人正在威胁他人生命，工作人员要设法稳定其情绪，控制事态发展，等待公安人员前来处置。

（4）公安部门到场后，工作人员及时配合公安进行问讯记录，做好证据保留工作，调取监视系统中相关的影像资料。

（5）如有伤者，应向急救中心求援，伤亡人员需送往医院时，应安排人员随同前往，并做好医院就诊的各项记录。

（6）对宾客遗留在公共区域的财物进行统计和妥善保管。

（三）打架斗殴事件

（1）工作人员发现店内有打架斗殴的行为或者接到其他宾客反映有打架斗殴事件时，应立即上前制止，防止该行为的扩大而造成不必要的损失。要求现场人员要量力而行，必要时可以求助于其同行人员。

（2）将现场围观人员隔离或者劝离现场，维护现场秩序，保护好现场。

（3）如有受伤人员较严重时，要协助送医。

（4）对事态轻微的事件进行调解。

（5）若事态严重并造成人员伤亡后，应协助双方进行报警处理。

四、宾客意外事件应急处理

（一）宾客醉酒

（1）应重点关注独自醉酒宾客，避免因醉酒而引发其他的人身伤害或财产损失。

（2）及时提供醒酒物品（冷毛巾、浓茶或者果汁），备好盛接呕吐物的容器，避免呕吐物污染地面或者家具、织物。

（3）及时联系醉酒者亲友，争取尽快由醉酒者亲友来接手看护。

（4）对受醉酒者影响的其他宾客，应及时表达歉意并妥善处理，减少影响。

（5）对于独自醉酒宾客，在对其照顾的过程中，不可单独前往，避免对自身造成伤害。

（6）对因醉酒而大吵大闹的宾客，一般先不进行干预，如其破坏行为已不能控制，联系警方寻求帮助。

（二）宾客丢失财物

（1）接到报失后，工作人员应迅速赶到现场，认真听取失主对丢失财物的过程中各个细节的说明，详细询问丢失物品的特征。

（2）保护好现场，根据宾客意愿协助进行报警。

（三）宾客受伤或生病

（1）当发现有宾客在公共区域或者房间内突然晕倒或者意外受伤时，应及时给予必要的救助。

（2）将伤者或者病者安置在适当的地方休息，并设法通知其家人或者朋友。

（3）宾客病情严重情况下，立即向急救中心求援，病患需送往医院时，应安排人员随同前往，并做好医院就诊的各项记录。

（4）妥善保管好宾客的物品，当其亲友到达时，交由亲友管理。

（四）宾客发生意外伤亡

（1）发现有人身意外伤亡事件发生，应封锁消息以避免造成恐慌，注意保护现场。

（2）如人员未死亡，应立即组织抢救，联系就近的医院和急救中心。

（3）如确定是意外死亡，应立即将现场与外界隔离，遮挡尸体并注意观察和记录现场情况，并立即向公安机关报告。

（4）对死伤的情况，除向上级主管部门及公安部门汇报外，任何人不得对外泄露。

（5）尽快处理善后工作，协助清点宾客物品，协助公安部门调查、记录事件发生经过及处理情况，清理现场。

（五）宾客食物中毒

（1）发现或者获知宾客出现食物中毒症状，应首先了解中毒的人数、症状程度等基本情况，立即向民宿店主或管家报告，不要将病人单独留下，不挪动任何物品，保护好现场。

（2）在宾客清醒的状况下，要问清时间、地点、中毒人数、中毒程度、症状，并记录、了解宾客中毒的原因，如有疑似中毒源要注意封存保护，以便于进一步调查。

（3）根据具体情况及宾客的意愿决定是否将其送往医院，或者等待救援人员到场处理。

（4）对中毒者的物品进行清点封存。

（5）对其他宾客做好解释、安抚工作，稳定宾客的情绪，必要时，通知中毒者亲友到场。

（六）触电事故应急处理

1. 救护处理要点

（1）如果触电地点附近有电源开关或电源插销，要立即拉开开关或拔出插销，以断开电源。

（2）如果触电地点附近没有电源开关或电源插销，要用有绝缘柄的电工钳或用有干燥木柄的斧头等切断电线，或用干木板等绝缘物插入触电者身下，以隔断电流。

（3）当电线搭落在触电者身上或被压在身下时，要用干燥的衣服、手套、绳索、木板、木棒等绝缘物作为工具，拉开触电者或拉开电线，使触电者脱离电源。

（4）如果触电者的衣服是干燥的，又没有紧缠在身上，可以用一只手抓住他的衣服拉离电源。但因触电者的身体是带电的，其鞋的绝缘也可能遭到破坏，救护人不得直接接触触电者的皮肤，也不能抓他的鞋。

2. 救护注意事项

（1）救护人不可直接用物或其他金属（或潮湿的物件）等导电性物件作为救护工具，而必须使用适当的绝缘工具；救护人最好用一只手操作，以防自己触电；对于高压电路，应注意保持必要的安全距离。

（2）注意防止触电者脱离电源后可能的摔伤，特别是当触电者在高处的情况下，应考虑防摔措施；即使触电者在平地，也要注意触电者倒下的方向，注意防摔。

（3）实施紧急停电，应考虑到事故扩大的可能性。

五、民宿设施故障应急处理

（一）停水停电

（1）在没有事先通知的情况下，民宿内发生停水、停电现象，应立即联系相关部门询问。

（2）若是市政部门出现供水、供电中断，应提前做好防范安排。

（3）做好对客解释、安抚及宾客要求和意见的反馈工作，看管好宾客的行李，确保民宿内通信畅通。

（4）除应急灯外，不得使用蜡烛等明火源照明。

（5）供电、供水恢复后，要对民宿内电器、水源设备进行检查，确认是否处于正常工作状态。

（二）水管爆裂

（1）检查漏水的准确位置及水质来源（自来水、污水），尽快控制现场的漏水，如关上水闸、控制水流向等。

（2）联系工程人员尽快进行维修。

（3）注意观察四周环境，水流是否影响到其他设备，如电器线路、地板、家具等，如有，要尽快采取措施。

（4）利用现有的设备、工具设法清理现场。

（5）如有购买保险，应尽快通知保险公司，并对现场拍照存档，备日后理赔时查看。

（6）检查民宿中可能存在的隐患，及时防范。

（三）煤气泄漏

（1）发生煤气泄漏或煤气起火事件时，如果泄漏严重，严禁使用明火，勿触碰任何开关，勿在室内使用对讲机、手机、非防爆手电筒等，勿触碰任何电器设备。

（2）迅速打开门窗，使空气流通，关闭煤气阀切断煤气来源。

（3）切断电源，使用灭火器或者灭火毯灭火。

（4）将中毒人员撤离至室外通风良好处，采取急救措施，疏散附近人员。

（5）及时拨打燃气公司电话报检修。

六、自然灾害应急处理

（一）暴风雨前的准备工作

暴风雨来临前，民宿应检查排水设施，保障雨水能及时排走，防范风雨造成物品损坏，应在暴风雨来临前做好下列准备工作。

（1）在暴雨来前准备好防洪沙袋、雨靴、手电、疏通工具等物资。

（2）对屋面等处进行清扫，清除各处的树叶、塑料袋等杂物或污泥，检查排水沟（管）、雨水井、污水井是否通畅，如有堵塞及时疏通，以保证排水畅通。

（3）检查雨水口、落水管、雨水管支架、屋顶广告牌、外立面悬挂物是否牢固，并及时加固。

（4）检查庭院花草树木是否牢固，防止被暴风雨吹倒。

（5）检查电气线路是否有短路、漏电现象，防止电气事故。

（6）关好各楼层门窗，防止风雨刮进室内，淋湿墙面、地面，防止打破窗户玻璃。如有地下室，应在入口处堆放沙包或采取其他措施，防止雨水倒灌；对地下集水井及排水泵进行检查和试验，确保随时可投入使用。

（二）冰冻天气前的准备工作

预防极寒天气下的低温雨雪天气，包括降雪（或雨夹雪、霰、冰粒、冻雨等）或降雨后遇低温形成的积雪、结冰现象，会对设施设备正常运行造成威胁，导致室外供水、供气管路冻结，造成供水、供气中断。为应对冰冻天气，应做好下列准备工作。

（1）太阳能、空气源热泵等热水设备宜采购具有防冻控制功能的型号，当冬季温度低于0℃时，开启伴热带防冻装置，进行预热保护；如果冬季气温过低或者是太阳能、空气源热泵等热水设备长时间不用，需要将热水系统的上水阀关闭，放空设备上下管路中的存水，以避免气温过低，缺乏水循环而造成水管冻裂。

（2）不能停用的设备、管线，应保持常流水状态，不可断水备用，防止冻结。

（3）室外水管应做好防冻措施，可用棉麻织物、塑料泡沫等进行包扎保温；室内温度低于0℃的还应对室内管件、阀门、喷头等部位做好保温，防止冻裂。已冻住的水管，如果是PVC管，可用热毛巾敷，再用温水冲淋化冻，切不可用火直接烘烤或用开水淋烫，以免造成管道开裂。

（4）水表井、阀门井应做好防冻措施，保温井盖必须完好。

（5）消防栓、消防水阀门井等，要关闭井内阀门，放完水栓内的存水，保证水栓随时可用。消防井内应采用双层井盖，其中一层为保温井盖。

（6）室外楼梯、通道、平台保持清洁，及时清除积雪，防止积水、结冰。

【知识拓展】

火灾中救人的方法

1. 用喊、听、看、摸等办法，及早发现被困人员。

2. 对神志清醒者，可引导他们撤离险境。对不能行走者，要护送他们出火场。需要穿过火区时，应先将被救人员的头部包好。如烟气很大，应背着伤员匍匐前进。一旦救人的通路被隔断，则可以利用窗口、阳台上送下接，必要时应破墙拆壁，转送伤员。

3. 在人员比较集中的地方发生火灾时，要设法稳定大家的情绪，防止因惊慌失措而引起混乱。同时，疏通火场四面所有的通道，进行紧急疏散，避免发生挤、踩等事故。

意外摔伤的急救

1. 首先判断伤情，看伤口是开放型伤口（有破口的），还是非开放型伤口。是否有皮下淤血，关节功能是否受到影响，局部是否出现肢体畸形，是否有异物刺入。

2. 正确处理伤口，如果是开放型伤口，不论伤口大小，必须送医院进行治疗，并注射破伤风抗毒素。在医务人员到来前，须及时止血，有条件的可用消毒后的纱布包扎；若无条件，可用干净的布对伤口进行包扎。

3. 勿拔异物，若有异物刺入，不可自行拔除，保持异物与身体相对固定，送医院进行处理。

4. 勿自行揉捏，如果是非开放型的伤口，也不要自行揉、捏、掰、拉，应等医务人员来后处理。

5. 发生骨折或疑为骨折时，要避免移动伤者或伤肢，对伤肢加以固定与承托（有出血者要先止血后固定），使伤员在运送中不因搬运、颠簸而使断骨刺伤血管、神经，免遭额外损伤，加重病情。

6. 跌倒时头部着地可造成颈椎脱位、骨折，多伴有脊髓损伤、四肢瘫痪。必须第一时间通知医院火速前来抢救。现场急救时，应让伤者就地平躺或将伤员放置在硬质木板上，颈部两侧填充沙袋，使颈椎处于稳定状态，保持颈椎与胸椎轴线一致，切勿过伸过屈或旋转。

触电现场急救方法

1. 如果触电者伤势不重、神志清醒，但有些心慌、四肢发麻、全身无力，或触电者曾一度昏迷，但已清醒过来，应使触电者安静休息，不要走动；注意观察并请医生前来治疗或送往医院。

2. 如果触电者伤势较重，已经失去知觉，但心脏跳动和呼吸尚未中断，应使触电者安静地平卧，保持空气流通；解开其紧身衣服以利呼吸；若天气寒冷，应注意保温；并严密观察，速请医生治疗或送往医院。如果发现触电者呼吸困难、微弱或发生痉挛，应准备心跳或呼吸停止后立即做进一步抢救。

3. 如果触电者伤势严重，呼吸或心脏跳动停止，或二者都已停止，应立即施行人工呼吸和胸外挤压急救，并速请医生治疗或送往医院。应当注意，急救应尽快开始，不能等候医生的到来；在送往医院的途中，不能中止急救。现场应使用的主要方法是人工呼吸和胸外心脏挤压法。

人工呼吸法是在触电者呼吸停止后应用的急救方法。各种人工呼吸法中，以口对口（鼻）人工呼吸法效果最好，而且简单易学，容易掌握。施行人工呼吸前，应迅速解开触电者身上妨碍呼吸的衣服，取出口腔妨碍呼吸的杂物以利呼吸道畅通。

【实训项目】

一、组织员工进行火灾逃生演习

1. 教师提前准备好演练物资、起火点的设置及疏散场地。

2. 学生按预案的要求进行人员分工——总指挥、物资准备人员、疏散引导人员、灭火演练人员、救护人员、模拟宾客等。

3. 教师讲解火灾逃生的步骤、方法及疏散路线安排等，并进行实操示范。

4. 提问考核学生火灾逃生演习的基本流程和要求。

5. 让学生进行实操练习。

6. 教师现场跟进指导，发现问题及时指出、纠正。

7. 可将学生角色互换后轮流进行疏散演习。

8. 教师总结点评。

二、模拟进行暴雨（台风、极端天气等）前安全检查

1. 教师提前安排好检查的场所、工具等，可提前设置一些隐患问题。

2. 教师讲解暴雨前安全检查的工作要点、检查流程与方法等，如防洪物资准备情况，屋面排水沟、雨水口、排水管等情况，广告牌、悬挂物、庭院树木稳固情况，电气线路检查情况，门窗检查情况，地下室集水井排水沟、排水泵检查情况等。

3. 提问考核学生理解与掌握情况。

4. 学生进行实地检查。

5. 教师现场跟进指导，发现问题及时指出、纠正。

6. 教师总结点评。

【任务思考题】

1. 如何应对醉酒宾客？

2. 发生水管爆裂漏水事故时，应重点检查哪些地方？

3. 煤气泄漏事故的应急处理要点有哪些？

模块小结

本模块介绍了民宿安全管理的要求，民宿日常安全管理、房屋安全管理、消防安全管理的工作内容和方法，以及常见突发事件的应急处理要点，通过学习，能正确认识民宿安全管理的要求，能根据实际情况科学、有效地实施安全管理工作，确保民宿的安全经营。

课　业

结合民宿实际设计一份安全管理应急预案。

真题演练

一、单项选择题

1. 全国消防宣传日是（　　）。

A. 1 月 19 日　　B. 11 月 9 日　　C. 9 月 11 日　　D. 10 月 9 日

2. 做菜时油锅起火，最佳的灭火方式（　　）。

A. 用水灭火　　B. 用油灭火　　C. 迅速盖上锅盖　　D. 将菜撒入锅中

3. 高楼发生火灾后，不能（　　）。

A. 乘电梯下去　　B. 用湿毛巾堵住口鼻　　C. 从楼梯上跑下来　　D. 待在房间里

4. 用灭火器灭火时，灭火的喷射口应对准火焰的（　　）。

A. 根部　　B. 中部　　C. 上部　　D. 全部

5. 当遇到火灾时，要迅速向（　　）。

A. 着火相反的方向　　B. 人员多的方向　　C. 安全出口的方向　　D. 向着水源的方向

6. 灭火器上的压力表用红、黄、绿三色表示灭火器的压力情况，当指针在绿色区域表示压力（　　）。

A. 正常　　B. 偏高　　C. 偏低　　D. 无所谓

7. 火灾中最易造成人员伤害的原因是（　　）。

A. 被火烧伤　　B. 建筑物砸伤　　C. 烟气窒息　　D. 诱发疾病

8. 电器着火时应选用（　　）进行灭火。

A. 泡沫灭火器　　B. 干粉灭火器　　C. “1211”灭火器　　D. 水

9. 房屋设置凸窗时，窗户凸出（从外墙面到窗外表面）不宜大于（　　）。

A. 0.4 米　　B. 0.5 米　　C. 1.0 米　　D. 1.2 米

10. 液体或可熔化的固体物质火灾属于（　　）。

A. A 类火灾　　B. B 类火灾　　C. C 类火灾　　D. D 类火灾

二、判断题

1. 入住登记时遇到宾客未携带有效身份证件的，应当要求其到留宿场所所在地的公安派出所开具相关身份证明。（　　）

2. 低层、多层建筑的阳台栏杆不应低于 0.9 米（　　）

3. 我国乡村建筑主要采用砖混结构（含底框—砖混），即先砌墙再浇筑混凝土构造柱、梁、板。（　　）

4. 燃烧阶段是灭火的最有利时机，也是人员安全疏散的最有利时段。（　　）

5. 民宿中休闲娱乐区、具有娱乐功能的餐饮区总建筑面积不应大于 800 平方米。（　　）

6. 民宿从业者应做到“一懂三会”，一懂指懂拨打 119 火警电话。（　　）

7. 宾客发生摔伤时，应及时为其进行揉捏活血治疗。（　　）

8. 发现有人触电时，绝对不能去拉他的衣服进行救助。（　　）

9. 冰冻天气下，室外管道应充满水后停用，以防止冻裂。（　　）

10. 发现出现煤气泄漏时，应立即打开风机进行通风。（　　）

三、问答题

1. 民宿安全有哪些基本要求？

2. 如何做好民宿的安全管理工作？

模块七　民宿的运营与管理

【学习目标】

【知识目标】

1. 掌握民宿运营与管理的相关知识。
2. 了解民宿品质管理、人力资源管理、收益管理与营销管理的工作内容。
3. 掌握民宿运营管理的基本要求和工作环节。

【能力目标】

1. 能开展民宿客源市场的调研和分析，打造高品质的民宿产品。
2. 能进行民宿营销方案和营销策略的制定。
3. 能进行民宿运营与管理体系的打造。
4. 具备民宿运营与管理的基本技能与方法。

【重难点】

1. 民宿客源市场的调研和分析。
2. 民宿营销方案和营销策略的制定。
3. 民宿运营与管理体系的打造。

【思维导图】

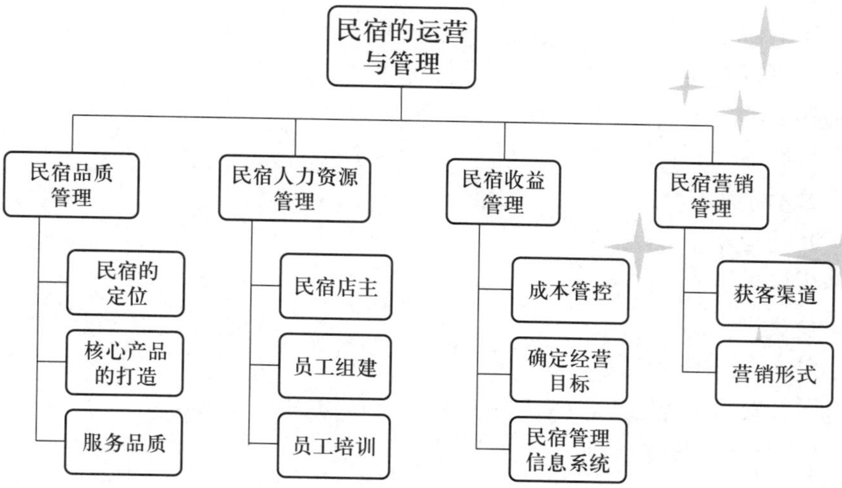

【引导案例】

一个 150 年历史的温泉老旅馆，拯救了一个日本村庄

这是一座位于日本新潟南鱼沼市地区大沢山上的温泉民宿。2014 年 5 月，在当地有 150 多年历史的民宅经过重新改造后，将其命名为“里山十帖”并开始营业。里山十帖是由具有 150 年历史的木构民居改建而成。主体骨干的房梁和柱子由高大坚实的丝柏架构。里山十帖实现了传统的农家风格与现代设计融合一起的空间。屋顶高达 10 米，但冬天并不冷，因为装修的时候采用彻底的隔热和空调设备。屋子里经常看得见花，这些自然天成的装饰品都是深山的邻居。

里山十帖由 10 个主题组成，共有 12 间客房，其中 8 间带有小的露天温泉。另外在民宿内也有两处大的露天温泉，夏天享受星空下的温泉，冬天享受雪景温泉，不同的季节有不同的美。10 个主题分别是：食（以日本料理为主体的有机健康食物）、住（如同在家一样舒适的客房）、衣（传统技术加新颖设计制作的衣服）、农（食物全部来自当地的农作物）、环境（和大自然的融洽相处）、创作（是一个让人涌现新想法的地方）、游（由东京出发只要 2 个多小时就能亲近大自然的地方）、愈（四季不同的景色）、健康（舒适的睡眠、健康的饮食）、聚集（把不同的人连接在一起）。

旅馆的主人岩佐十良邀请一群理念相同的友人：建筑师海法圭、平面设计师川上俊、雕刻家大平龙一及柴田鉴三、米其林三星主厨北崎裕、武藏野美大的室内设计及织品研究室一同参与，在南鱼沼这片美丽的大地上，打造出有机生活的理想样貌。

第一帖「食」……

第二帖「住」……

第三帖「纺织品」……

第四帖「农」……

第五帖「环境」……

第六帖「艺术」……

第七帖「户外活动」……

第八帖「休闲」……

第九帖「健康」……

第十帖「聚会」……

里山十贴不仅仅是一个旅馆，还是一个社区互动场所。

（资料来源：根据网络资料整理）

【案例分析】

“里山十帖”通过住宿服务吸引宾客，在保护当地环境的同时，将这里的风景、延伸产品等通过媒体营销出去，吸引外来宾客为乡村创造收益，让一个原本没落的乡村奇迹般的复活，这样一个闲置建筑的改造项目成为一个乡村振兴的典范。“里山十帖”的成功除了归功于好的设计外，我们还可以从中学习如何盘活这些闲置资源，如何利用本地资源更好地带动当地经济的发展，助力乡村振兴。

【问题】

1. 本案例的亮点是什么？如果你是民宿主人，你会如何打造这座闲置的木构民居？

2. 民宿经营和管理需要考虑哪些因素？

任务一　民宿品质管理

民宿在发展过程中出现了安全、卫生、服务质量等参差不齐的现象，在运营过程中也存在一定的问题，需要进一步规范管理，来提升民宿的品质。品质是民宿生存和发展的核心。旅游行业标准《旅游民宿基本要求与评价》（LB/T 065—2019）、浙江省地方标准《民宿基本要求与评价》（DB33/T 2048—2017）、上海市地方标准《乡村民宿服务质量要求》（DB31/T 299—2018）等的出台，在一定程度上明确了民宿建设的基本标准和运营要求等，民宿在进行品质管理时可以重点参考。民宿行业想要发展壮大，品质管理是一个必然的过程，本模块从宾客的视角进行了相关调研，发现宾客看重的民宿产品品质包括两方面，一是环境、建筑、设施、设备等硬件方面；二是接待、餐饮、咨询、安全、清洁保养、体验设计等软件方面。概括而言，民宿品质管理应该从前期的民宿定位、核心产品打造，到后期的服务品质 3 个环节去把控。

一、民宿的定位

民宿的定位是指民宿档次及目标客源的确定，不同的定位，客群需求也不一样。

（一）了解民宿的资源

民宿自身拥有的资源是民宿进行科学定位的基础和前提，需要对本地文化资源、资源禀赋、地貌环境以及民风民俗等进行充分的研判，即根据所拥有的核心资源，确定民宿的档次、目标客源等。

1. 民宿的地理位置与周边资源

（1）民宿的地理位置。民宿的地理位置非常重要，一方面，地理位置直接关系到客流量的大小，如果环境优美，有独特景观或者靠近景区，这些资源会自带流量，民宿客源也有一定保障；另一方面，地理位置影响可达性，宾客大多愿意住在交通方便、距离旅游资源近、安全便捷的地方，选定区域后再在区域内选择最喜欢的民宿，这是大多数人选择民宿的步骤。当然客流量集中的地方竞争也大，如果民宿能做出自己的特色，同样可以保障持续的客源，很多偏远区域的民宿仍需要提前预订才能入住。图 7–1 为大山深处的特色民宿——浙江景宁如隐小佐居。

（2）民宿的周边资源。民宿的周边资源指的是民宿所在区域所拥有的资源，包括自然资源和人文资源两大类。区域文化氛围是非常重要的要素，如乌镇、周庄江南水乡文化，福建厦门鼓浪屿民国文化等。秀美的风光或独特的景观都是民宿吸引宾客的重要因素，民宿要考虑独特的自然资源或是具有地域文化载体的区域，在装修设计也可以考虑将这些特色融入进去，达到移步换景的效果，同时将特色项目串点成线形成优势互补，为民宿增色。

图 7–1 如隐小佐居

2. 其他资源

设计特色、硬件设施、人文环境、个性化服务，甚至自家菜地、特色餐饮、动植物、民宿店主的特长、民宿拥有的手工艺、民宿的故事等都是民宿可以利用的资源。雁荡山的能仁书院民宿，民宿女主人擅长女红并能做得一桌好菜，所以吸引了很多手工艺、美食爱好者来住民宿采制民族服饰、品尝美食。小猫、小狗或者其他可爱的动物都会给民宿加分，甚至会有很多宾客因为“你们家的猫咪好可爱呀”而去推荐你的民宿，或因“想再来看看你家的狗狗”而成为回头客。黄山澍德堂室内的装饰都是主人从徽州各个村子或是喜欢淘旧物的朋友那里搜集而来的，这些搜集来的物件也是民宿的吸引点。如何把风俗民情、地域文化、农副产品等变成旅游资源，营造可以体验的活动、美食等形式，是民宿住宿体验的加分项目。要整合、利用周边优势资源，使之与民宿产品定位相适应。

（二）以市场需求为导向

对市场需求而言，民宿经营者必须清楚自己所经营民宿的目标客群。因为民宿规模有限，所经营的是小众市场，不可能满足、适合所有的客群，经营者必须有自己的方向与坚持，用良好的理念作为经营的基本原则，明确自己的细分（目标）客群然后用心经营。只有坚持良好的特色与风格，选对合适的宾客，才更能创造出民宿本身的魅力与价值。

做民宿前要做详细的市场调研，了解整个客源市场的规模、特点，要确定自己的目标客群，了解目标客群的出行目的和需求及旅游、住宿等的偏好，而后期的民宿打造都要围绕目标客群去建设，只有宾客喜欢的民宿，才愿意去消费或重复消费。贴合民宿产品价值和内容定位的客源是民宿保证入住率的基础。因此，民宿主要有一定的市场敏感度。首先，了解当地宾客的客源画像。不同区域的客源是有差异的，不同消费水平的客源消费习惯也有差异，这些都是民宿经营者需要了解的。一般应通过调研获取以下的信息，年接待宾客、年龄结构、竞争对手、民宿均价、当地宾客过夜量。其次，从中进行客源细分，确定自己民宿的客源，通过对同类型、同区域民宿客源的了解、对比和分析，了解自己民宿的客源特点。再次，进行客源的属性分析。分析住店宾客和本地宾客的消费占比数据。通过数据分析不同类型宾客的消费习惯、消费能力及兴趣等，以明确民宿的运营方向和产品特色等。

二、核心产品的打造

民宿和酒店有较大的差异，民宿更加注重体验性。站在消费者角度来看，民宿宾客体验的不仅仅是民宿所处的生态环境，还有民宿店主的生活方式和当地人的生活方式，这种地域文化的呈现并不是民宿店主生活方式的简单再现，而是综合客源需求后的一种再创造。要根据定位和宾客群体的需求，去平衡大与小、整体与局部、现代与历史，去做好整个产品的规划设计。

（一）功能布局要合理

民宿体量小，但是作为经营主体，不仅要考虑宾客住宿、活动的需求，还应综合考虑给排水、强弱电、消防、排污等方面。民宿的功能空间一般包括客房、餐厅、会议室、休憩空间、院子、楼梯等前台区域，也包括厨房、布草间、消毒间、民宿店主及员工宿舍等后台区域，空间大小不一定，但是功能布局要合理。

1. 动静分区

实现动静分离，就是从空间布局上把动区和静区分离开来，保障客房的安静和私密性。动区是宾客活动较为频繁的地方，如楼梯口、公共区域等，由于活动频繁，这些区域会相对吵闹。静区主要为客房，相对来说比较安静。

2. 动线设计

民宿宾客动线设计最好采用直线，避免迂回绕道，人流混乱的情况会影响宾客的情绪和体验感，同时保证宾客的通道畅通无杂物。民宿员工的动线和物品搬运的动线要尽量与宾客的动线分开，避免打扰宾客。可以在保证活动流畅的同时，也不干扰静区的使用功能。

（二）核心产品的舒适度

客房是民宿的核心产品，客房的舒适度在很大程度上决定了宾客的体验感及对民宿的整体评价，甚至在一定程度上决定了宾客的回头率。民宿产品的舒适度体现在客房用品、噪音控制、气候等方面，需要全面考虑、针对性地进行完善。水电线路的设置要合理，开关、插座的数量和位置的设置，客房用品的品质，客房的噪音控制，色彩的设计，照明采光系统的设计，温湿度的控制等都影响舒适度的打造，民宿的安全、卫生、舒适、环保的基本特性与民宿特有的人情化、景观化氛围紧密结合，才能实现民宿的人文情怀与经济效益的统一。

民宿核心产品在设计和运用过程中，要充分尊重人性需要。在装修方面，民宿舒适度、体验感的考虑高于设计美感的打造，装修不是做民宿最关键的环节。要提升旅游与居住的新鲜感，也不能忽视民宿最核心的功能，很多民宿为了打造网红民宿忽略了房间的舒适度，导致入住体验性差、舒适度低，只有颜值没有舒适度保障的民宿，再好的装修都带不来客源。比如，客房卫生间是民宿里关键的功能区，也是容易出现问题的区域，要尽量做到干湿分离，卫生间的排水设计要非常讲究，设计不到位会造成排水不畅，甚至产生异味，影响宾客体验。

（三）公共活动空间

民宿是给人提供休闲生活的地方，公共生活空间很有必要，民宿要有体验之美，根据当地特色设计当地体验，而公共空间的大小要根据实际所需来确定，在住宿功能品质的基础上注重公共空间的设计。比如，民宿院子规划时要保障宾客停留休憩的空间，要关注空间上的布局与整体景观效果，充满生机的院子会带来不一样的气氛和感染力。比如，大厅很多时候充当着多功能厅的角色，既要满足各种使用功能需求，又要呈现民宿的特色。

公共空间的打造要考虑和“私密性”的调和，要在保障宾客私密性、隐私性的同时，开放性地提升公共空间的特色体验。民宿的其他配套可以借助周边的自然条件因地制宜布局，同时考虑与周边业态形成互动。

【案例】

云夕·戴家山民宿＋先锋云夕图书馆

云夕·戴家山民宿的设计取材于山林，它巧妙利用戴家山村对七湾传统畲族民居作为主体建筑进行改造和扩建而成，用原始的木头垒起来的外墙装饰呈现了乡土建筑最本真的设计格调，贴近自然，返璞生态。民宿由接待厅、展览厅、图书馆、咖啡西餐厅、水上茶室、泳池等公共区域及客房楼组成。先锋云夕图书馆是云夕·戴家山项目最有人文情怀的配套和补充，曾被评选为“中国最美书店”，包含了对村民开放的社区图书馆、人文与民俗展示空间、地域文创产品商店等复合业态，是富有故乡记忆体验型和社区人文归属感的修心驿站。

（资料来源：根据网络资料整理）

（四）文化赋能

民宿要有人文之美，能让宾客在空间中体验人文情怀、地域风情，没有文化氛围的民宿，会缺少耐人寻味的气质。很多民宿有文化有情怀，但是缺乏文化内涵的提炼和表达，跟很多民宿店主沟通的时候，文化是出现的高频词，在很多民宿店主的概念里，文化就是装修设计，看上去美，这就是文化，但是融入文化元素、植入文化基因，不仅仅是表面呈现的，这里面最吸引人的是地域文化、非遗文化等，是有关童年记忆、率真回归、原生态的民宿的情怀的呈现和展示，本地自然、人文环境要素的融入，地域文化的挖掘要使宾客从认知到认同。

如果对当地文化缺乏深刻理解，可能弄成四不像，出现定位不当的情况，会导致民宿经营的失败，所以民宿经营者要有将地域文化资源转化为具有市场吸引力产品的能力和眼光，对地域文化的审美格局可以给民宿注入艺术性的美学灵魂。

三、服务品质

服务也是民宿产品的关键，不管多网红的民宿，本身的特色和服务才更关键。民宿服务的好坏直接决定着宾客的回头率。从宾客预订感受到的及时与准确，到宾客入住后的贴心服务，让宾客在陌生的环境里能够感受到家庭般的温暖，再到宾客离店后的轻松愉快，都与民宿服务息息相关，只要服务好，口碑自然就会越来越好，宾客也会帮忙转发宣传。民宿服务包括标准化服务和个性化服务，个性化和标准化之间的协调和度的把握是创造民宿服务品质的关键。

（一）标准化服务

不少乡村民宿位于比较偏远的地方，员工往往是附近的村民，在员工缺乏经验的情况下，民宿制定一套流程化的标准，进行岗前培训就显得非常重要，这能为民宿的有序运营提供保障，在很大程度上能够减少失误的发生。民宿员工不仅要熟悉民宿周边环境，当宾客找不到民宿地址时，能够与宾客进行有效的沟通，能够通过详细的描述准确地告知宾客民宿的具体位置或标志性的建筑、景观等；同时还要熟悉周边的设施，如取款机、车站、餐厅等，以方便为宾客提供介绍、代办等服务；还要熟悉民宿服务的操作流程和质量标准，如从宾客到店入住到宾客住店，再到宾客离店等环节的操作步骤和服务质量标准；最好还要掌握手机、平板电脑等的操作技巧，以便及时、有效地与宾客沟通或开展服务。

（二）个性化服务

视频：民宿个性化服务

民宿要想在民宿市场上站稳脚跟，关键就是将其独特的竞争力融合到日常经营运作中。民宿的个性化不仅体现在景观、院落、建筑、室内设计等方面，还应该为宾客提供细致入微的服务，例如，根据宾客的需求提供儿童玩具，提供抗菌免水洗啫喱、多型号的数据线、Wi-Fi 密码卡片、当地特色欢迎茶等，通过满足宾客的合理要求去增加主客互动。民宿店主能够站在宾客的角度去思考宾客所需，力所能及地为宾客营造“物超所值”的体验，那么，民宿一定会做的很有特色。例如，宾客在生日当天入住，主动送上一份小礼物或者亲手做一碗长寿面，这样用心的服务会让宾客对民宿产生温暖的情感。

通过服务创造价值，个性化服务就是民宿的独特竞争力，是民宿品牌的核心表达，民宿是有生命、有温度、有情怀的地方，还应根据民宿自身的特色和优势在以下 3 个方面进行深耕，这 3 个方面有助于将静态的民宿空间转化为动态的产品，凸显民宿特色。

1. 导览解说

对当地文化和景观的讲解是民宿经营者必须具备的能力。有得住、有得吃、有得玩是民宿提供的基本服务。文化具体反映了当地的历史、建筑、音乐、饮食、习俗、语言、服饰、节日等。通过入住在民宿，了解体验当地特色鲜明的文化，这是宾客之所以选择民宿的一个重要的驱动力。宾客在入住期间，从民宿店主那里学会几句当地话，或者了解了当地建筑风格、风土人情、历史变革等，这是一种深刻的文化体验。

2. 旅游景点、旅游路线推荐

“这里哪个地方好玩？”“我打算住三天，怎么安排行程比较好？”每个民宿每天都会遇到这样的咨询，如果对这些不清楚或知之甚少，就不能够给宾客提供一个满意的答案。根据不同宾客群体，可以搜集资料进行整理，制定出大众化旅游路线、热门景点、小众化定制旅游路线等旅游攻略，在房间内放上民宿店主用心准备的旅游攻略，介绍房间周围的交通、景点、美食等既方便了入住的宾客，也提升了宾客对民宿的好感度。

3. 当地美食、特产的讲解和推荐

熟悉了解当地著名的特产，对当地饮食文化、有名的餐厅、网红打卡点有所了解，根据宾客的需要进行讲解和推荐。

此外，还可以设立专门的书吧、茶吧、烧烤活动、篝火晚会等体验活动去吸引宾客，通过建立客史档案，了解宾客的喜好，做好针对性的个性化服务。

【实训项目】

一、选择一家民宿进行客源调研

调研需要包含以下内容。

1. 宾客主要来自哪些区域（省份、城市等）。
2. 客源年龄分布。
3. 客源性别比例。

4. 出游类型（商务出差、家庭亲子、情侣出游、独自旅行、朋友出游或其他）。

二、民宿宾客接站服务

抵离和迎送服务是民宿个性化服务的重要内容，要掌握该服务的要点和流程，针对性地进行实训。

1. 由教师选定情景，学生进行抵离和迎送服务的模拟实训。
2. 请其他学生进行评判。
3. 教师现场跟进指导，发现问题及时指出、纠正。
4. 学生轮流练习。
5. 教师进行总结讲评。

【任务思考题】

1. 民宿进行客源市场调研有哪些意义？
2. 民宿个性化服务有哪些？

任务二　民宿人力资源管理

【引导案例】

民宿员工招聘难、流失率高

有些民宿的房间数量较少，且有些民宿的地理位置偏远，相应的人员配置也是精简化的。员工的缺失是很多民宿的一大困境，一方面是员工难招聘，另一方面是培养出来的员工流失率高。

民宿属于住宿新业态，对人的需求和依赖性较大，再好的民宿项目没人经营也会很难持续。但现在民宿发展火热，《浙江民宿蓝皮书 2018—2019》显示，截至 2019 年年底，“民宿信息系统”显示正常填报经营数据的民宿就有 12 000 余家，房间总量超过 15 万间。

民宿开业数量持续上升，很多民宿因员工短缺而到处挖人。很多民宿好不容易培养出来的团队被挖走了，不知道怎么办。有时候民宿也会遇到难缠的宾客导致员工的离职，人员一旦变动，民宿店主就得自己顶岗；有时候招聘到的员工也有各种各样的问题……民宿总是会陷入“招聘→培训→时间不定的工作→离职→民宿店主顶岗→招聘”的困境中。

高离职率导致了团队溃散、服务质量不稳定，还容易影响民宿的长久发展。民宿员工招聘难、流失率高成为民宿很难破解的困境。

【案例分析】

员工是民宿的重要生产力，员工的素质和水平直接影响民宿的经营。在组建民宿团队时，除了严谨的招聘把关，还需要注重员工的成长性，对员工进行培训和管理，一方面提高民宿的服务质量，另一方面也满足民宿员工对自身发展的需求，增强归属感。

【问题】

1. 员工招聘需要注意哪些因素？

2. 如何培养员工的沟通能力？

民宿的发展需要人才，特别是一批有情怀、有理想的设计师、建筑师、艺术家、IT 技术人才、投资者、创业者等人才。民宿要整合人力资源，发挥各自特长，还可以吸引外出务工的年轻人返乡就业或创业。民宿以及相关的餐饮、工艺品和土特产等巨大的市场机会，都需要有人才能让市场活起来。

一、民宿店主

民宿店主是民宿的灵魂。热爱民宿，自身素养较高，同时自带流量，有个人的魅力和吸引力的店主，是民宿流量的保障。民宿要有店主，民宿店主亲自动手用当地食材做早餐，并亲自解说当地人文景点，这样的体验与酒店的住宿体验完全不同。民宿店主不能仅仅把民宿做成提供住宿的地方，而是要打造一个有意思的生活体验场所，这样才能提升民宿的文化附加值。

民宿经营者做民宿前要思考是否适合做民宿？民宿要想盈利，对民宿店主有相当高的要求。民宿与酒店等传统住宿业的区别在于民宿店主往往亲自为宾客提供服务，和宾客聊天、为宾客拍照，还要有一定的审美情趣，比如民宿经常要涉及一些软装等，这些都是对民宿店主的具体要求，所以，民宿店主会聊天、会沟通、有美感、有情调、懂营销、懂 OTA、懂娱乐，还要会拍照等，这些都是民宿店主需要具备的技能。

民宿店主的个人魅力决定了民宿的魅力。民宿是以家庭成员为主要生产单位的，因此民宿店主的人文情怀和人文素养往往成为关键资源的核心要素，也是传递文化价值核心主张的最好载体，民宿店主才是民宿的魂。饱含当地的文化风土人情，有淡淡的乡愁，“民”居于此的目的不是单纯为宿而宿，而是在“宿”的时光中，民宿“家和亲人”的情怀也将成为长久的竞争力。好的自然环境，加上店主的加持，具有当地风情的文化会增加温情和情怀的部分，无疑更受民宿客群的喜爱，是运营成功的法宝。

二、员工组建

员工是民宿的核心资源，服务行业对于人的依赖性尤为强烈，民宿也不例外。那么，如何确定员工的数量呢？不同档次和级别的民宿，员工的配比也是不一样的，通常高等级民宿人员与房间数的比例可以达到 1∶1，甚至多人为一间房提供服务，这样才能为宾客提供高品质保障的住宿服务。一般档次的民宿，民宿人员与房间数的配比一般可以达到 1∶2，如果民宿附近有餐饮场所，自身不提供餐饮或者提供简餐，那么对人员的需求会相应降低，需要民宿店主根据自身的定位和功能区设置，在运营中摸索适合民宿发展的员工配置数量。

（一）员工招聘

一般是就近招聘当地人员。招聘当地的人员，可以有效帮助民宿解决用工难的问题，还能在一定程度上减少用工成本，降低员工流动率，同时促进当地就业，解决剩余劳动力，带动当地发展。

民宿的发展也需要借助具备专业素养和情怀的人才，目前不少院校都开设了民宿管理与运营、酒店管理等相关专业，这些院校也是很好的人才获取的渠道。

（二）团队组建

在初期打造好产品后，往后的营业时间里，民宿店主无法保证会一直待在店里，不管民宿店主在不在民宿，都能保证对宾客的高质量服务，这就需要构建一个专业的运营团队，去保障民宿的日常运营。

民宿运营非常看重团队建设。开民宿这个事，问题不在于“民宿适不适合做”，而是“开民宿的那个人适不适合做民宿”，归根结底，民宿运营的状况在于民宿背后的人，民宿是否具备竞争力，在于民宿人是否具备竞争力。

（三）员工管理

民宿的服务品质取决于员工的服务，因此，民宿里的每一位服务人员都需要被充分挖掘和调动，展示他们的热情好客，激发他们的主观能动性，去创造流程之外的高品质服务。

实际的民宿运营中，人员的流动和培养管理都是经营的难题，个性化的从业者也应当有相应的管理和服务方法，不能一味地抄袭传统的酒店业，差异化经营的重点在于从业者。民宿在经营管理中需要认真思考，如何进行民宿员工的管理，才能保障员工持续地为宾客提供高标准的服务。

1. 对员工一视同仁

（1）在民宿运营中不要被个人感情和其他关系所左右；不要在一个员工面前，把他与另一个员工相比较；也不要在分配任务和利益时有远近亲疏之分，对员工应一视同仁。

（2）为员工提供有尊严的生活。尊重是人类较高层次的需要，一旦人们感觉到自己是被重视、被尊重的，他们就会有一种积极向上的心理，工作热情也就格外高昂。

2. 制定合理的激励机制

合理的激励机制是民宿经营管理的重要保证，应建立合理的激励机制，调动员工的积极性去进行民宿产品的有效销售和高品质的服务。

3. 建立民宿的管理制度

民宿建立管理制度可以提高运营效率，例如，管家 / 店长日常工作规范、每个岗位的工作规范、清洁保养规程、对客接待服务规范、营销考核制度等。管理制度建立后，要根据实际运营经验，进行调整、改进，并认真执行，精细化的运营和管理是未来民宿发展的趋势。

三、员工培训

培训对于员工来说是一个学习提高的过程。加强对新入职的员工和在店员工的系列培训，根据不同的岗位来培训不同的内容。让员工在培训中不断更新知识，不断提升技能，同时提高员工发掘美感的能力、讲好故事的能力、跨界创意的能力等，可以提供令宾客满意的优质服务。员工培训也可以由店长或者请专业的培训老师来完成，对运营团队进行专业化和体系化培训，打造一支懂经营、高素质的民宿经营管理团队。

（一）员工素质管理

民宿培训和酒店有很多差异，民宿的规章制度相对较少。但是无规矩不成方圆，民宿对员工还是要制定一些具体的规则来约束的。

1. 纪律行为方面

不贪小便宜，经得起诱惑，不与宾客发生争吵；工作期间禁止吸烟、酗酒；工作时间禁止擅自离开工作岗位，有事需说明请假；节约水电及易耗品的使用；遵守其他规则、制度等。

2. 礼仪行为方面

仪容仪表方面，应做到穿着干净整洁，面部保持干净，女生不能化太浓的妆；不得穿拖鞋、背心上班。

行为举止方面，见到宾客应主动打招呼问好；对宾客提问应做到有问必答，不能简单回答不知道；不能和宾客抢道，见到宾客应主动让道；对待有生理缺陷或行为举止古怪的宾客，不可评头论足；尊重个人隐私；等等。

（二）技能培训

如果民宿在服务接待上出现了比较大的问题，比如，卫生细节不到位、服务态度不端正、餐饮不卫生，宾客可能就不会再次光临，可能还会告诉身边的亲朋好友该民宿的负面信息，同时也会通过网上评论等方式传播。因此，包括民宿店主、管家、服务人员、厨师等在内的所有员工都应掌握民宿所需的各种服务技能。

1. 一般技能培训

只有员工不断提高技能水平，才能保障民宿的健康持续发展。通过培训，让员工掌握民宿经营和管理中所需的技能，是一件双赢的事情，不但能提高民宿产品的质量，也帮助员工实现了自我成长。

让员工熟悉 OTA、房态管理网站等操作，例如，熟悉掌握 OTA 后台价格修改方法、开关房态等；掌握收集和完善宾客信息，并进行宾客维护的流程；培养员工掌握营销推广平台的使用方法及掌握推广策略，了解微信公众号、头条号注册使用的流程，学会 H5 页面的制作、公众号文章的排版和撰写，学会一些拍照技巧以及能与宾客互动的技能等。

2. 服务技能培训

服务培训是系统的培训，需要对服务意识、服务理念、服务技巧等内容进行全面培训。还有其他诸如订单信息登记流程、入住办理流程、行李寄存流程的培训。例如，面对民宿清洁保养工作，不少员工会根据自己在家打扫卫生的习惯进行，对清洁保养的质量标准没有正确的认识，容易忽视操作规范、忽视细节，进而产生很多问题，如抹尘细节不到位、物品摆放不规范、抹布使用不正确、用品洗消保存不达标等。因此，非常有必要对员工进行培训指导，使他们树立正确的清洁保养意识，了解清洁保养的基本知识，掌握清洁保养的流程与操作技巧，并能根据宾客的需求为其提供个性化、定制化及有创新的服务。当然，培训应讲究培训师、培训内容、培训方式、培训时机、培训模式等的选择，注重培训效果的考核等。

3. 话术沟通培训

话术培训有利于员工和宾客进行有效的沟通，避免产生歧义，提高销售水平，在遇到问题时，也有助于协商解决问题，避免造成不必要的麻烦。沟通是一门学问，来源于经验积累，在民宿中，遇到问题，怎样和宾客有效的沟通，例如，如何婉拒宾客的不合理要求，在拒绝宾客的同时又能够让宾客理解，并且不会生气，这就需要组织一套合理的语言，通过场景模拟，使员工遇到类似问题时可以灵活应对。

提前针对不同场景问题，准备相应的话术。民宿可以提前准备一些和宾客相关的问答话术，搜集宾客常问的问题，对这些常见的问题先进行整理归类，然后针对性的准备话术，如网络预订、客房房型和价格、客房设施设备、周边旅游资源等。分类后，对这些问答深入剖析和挖掘，并撰写出合乎情理的回答，做成一份基础的模板，并在此基础上，根据新情况进行灵活调整。通过与宾客的交流，观察宾客的语言、行为，判断宾客的心理活动，向宾客介绍房间及回答宾客提出的相关问题，同时，话术的组织要注意逻辑、语言顺序、身体语言、语气等。

【案例】

民宿话术沟通

宾客：你们家在山上，怎么没有地暖，只有空调，晚上睡觉会冷吧？

员工：当地的气候比较特殊，冬天也不会冷，夏天也不会太热，家家户户基本都不用装地暖（解释不装地暖的理由，气候使然），如果您晚上觉得冷，我们房间柜子里面还准备了备用被子。如果您还觉得冷，我们还准备了加热器，需要的话您和管家说一下，我们马上给您房间安装好（帮助宾客解决问题，用备用被子、加热器来替代地暖）。

（三）设备设施操作培训

新员工入职时，需要掌握店内各种设备使用方法。当店内或者客房内设施设备出现问题时，能够及时解决和处理。如刷卡的 POS 机、发票打印机、复印传真一体机、验钞机、对讲机等设备；客房内的智能电视、淋浴、空调、地暖等设备；电控、灯控、水控系统、消防设备等。

（四）突发事件应对培训

民宿在经营过程中，可能会遇到各种突发事件。如果出现突发事件，员工在第一时间内没能够正确处理，可能会造成人员的伤亡、经济的损失，一旦遇到人员的伤亡，对于民宿而言是毁灭性的打击。多数民宿的员工是没有遇到过突发事件的，经验的缺乏会导致遇到突发事件时出现慌张、不知所措的现象。在处理方法上，不够合理完善，造成一系列后遗问题。

突发事件处理培训可以从下面 4 个方面着手。（1）针对各种突发事件做好应急预案，如停电、火灾、宾客突发急病、发生盗窃等，提前收集和准备应急预案。（2）有效进行员工培训和演练，民宿可选择在淡季或者入住率低的时间，对员工进行培训，对各种应急预案进行演练。（3）发生问题时，在第一时间正确处理，把损失降到最低。（4）定期对案件的处理流程、细节进行分析总结，及时修订完善应急预案。例如，在模拟火灾时，拨打火警电话如何精准地把火灾地点、火灾情况说清楚。

（五）文化知识培训

民宿是呈现当地生活状态和本土文化氛围的场所，具有鲜明的地域特色或者少数民族文化等，如厦门的闽南文化、大理的白族文化、丽江的纳西族文化、凤凰古镇的土家族、苗族文化，香格里拉的藏族文化等。民宿是有温度的，在民宿工作的人也应该具有这样的特性，员工除了应该具备岗位所需的专业技能，还需要了解所在民宿的设计理念以及文化底蕴，让员工也拥有民宿店主的情怀。

此外，民宿还要注意开展增加团队凝聚力和归属感的团建活动，这是培养员工关系、增强团队意识的重要途径。

【实训项目】

一、客房智能电视的正确使用

1. 教师讲解使用智能电视的正确步骤和方法。
2. 提问了解学生理解和掌握情况。
3. 教师进行实操示范，同时进一步讲解动作要领。
4. 学生进行实操练习。
5. 教师现场跟进指导，发现问题及时指出、纠正。
6. 学生轮流练习。
7. 教师总结点评。

二、民宿突发安全事件的应急训练

1. 教师讲解突发安全事件的正确处理方法。
2. 提问了解学生理解和掌握情况。
3. 教师进行实操示范，同时进一步讲解动作要领。
4. 学生进行实操练习。
5. 教师现场跟进指导，发现问题及时指出、纠正。
6. 学生轮流练习。
7. 教师总结点评。

三、周边旅游资源的介绍展示

1. 教师提前选定一家民宿，布置民宿周边旅游资源的介绍任务，分成若干小组开展。
2. 学生针对任务分组进行准备，并推选代表进行展示。
3. 学生互评。
4. 教师根据现场展示进行点评和反馈。
5. 教师总结点评。

【任务思考题】

1. 很多乡村民宿比较偏远，交通可达性差一些，这种类型的民宿，存在招揽员工困难、员工离职率高等一系列问题。那需要怎样进行管理才能保障员工长久稳定地为宾客提供达到标准的服务呢？
2. 民宿突发事件应对的培训的必要性有哪些？
3. 如何进行民宿场景的话术沟通培训？

任务三　民宿收益管理

【引导案例】

云掌柜民宿管理系统

民宿体量较小、人员较少，且大部分没有专业民宿管理经验。所以，功能冗余、操作复杂的酒店管理系统（property management system，PMS）并不是民宿所需，简单实用才是心头好。让每一个功能都发挥最大的作用。作为民宿 PMS 来说，云掌柜操作简单方便，功能精简好用。云掌柜推出的民宿管理与营销平台，具有房态同步管理、财务统计、渠道直连、会员管理、微信营销、商超管理等功能，系统可实现与携程、艺龙、去哪儿、美团民宿、飞猪、Airbnb、Booking、小猪等平台对接，同时可为民宿提供预售活动，OTA 优化、客房用品采购、软装设计、金融保险等多方位的服务。

云掌柜满足民宿管理房态需求后，又推出了一个基于微信的产品“微客栈”，微客栈是一个为民宿而制作的 H5 页面，可在其中建立民宿自己的直销平台，帮助住户了解一家民宿并且预订房间，与平台、OTA 渠道之间不产生冲突。独立的第三方 PMS 公司，保证数据的客观性，以更有效地支持民宿的科学运营。

【案例分析】

民宿管理系统是针对民宿规模而针对性开发的，没有酒店管理系统复杂，简单但是又可以帮助民宿提升运营管理能力。目前市场上收费版和免费版的都有，不仅支持电脑端使用，还支持系统端进行同步操作。随着网络技术的日益进步，会研发出越来越适合民宿的管理系统，民宿管理者可以根据自己对功能的需求进行选择。

【问题】

1. 民宿经营和管理是否需要采用民宿管理系统？
2. 市场上那么多民宿管理系统，如何选择适合自己的管理系统？

一、成本管控

收益管理首先要做的是成本管控，成本管控就是通过合理调配降低成本，这也民宿提升效率、实现良性运营的基础。

（一）降低成本投入

民宿产品的固定成本结构相对简单清晰，即分为硬件装修和软件装修。成本投入中，在确保质量的条件下，在硬件投入上，一定考虑清楚后再投入，避免过分包装，后期可通过软装提高民宿品质，充分展现文化内涵。初期投入时，要考虑到回本周期，要基于未来房间的定价去控制成本的投入。材料选择的本土化原则、轻硬重软的装饰原则是很好的参考方向，充分体现灵活性、经济性、艺术性，又可以控制成本。

控制成本并不是要购买廉价品或者降低更换周期。客房用品一定要把情怀体现出来，让宾客觉得满意，增加口碑传播。所以需要结合实际情况，进行合理的采购，从质量、数量、进货周期、供应商管理等多方面控制采购成本。

客房用品的采购受采购数量、价格、地点等因素的影响，会影响成本的控制。例如，一次性用品用量较大且有有效使用期，一次采购太多会积压流动资金、占库存，又容易造成物品超期，采购太少又增加了单价成本和运输成本。解决方法为：一方面，发挥规模效应，可以借助行业协会的力量，集体采购服务和产品，借助规模化优势来降低成本，提升议价能力；另一方面，可以选择在打折季去采购客房用品，以降低采购成本。

（二）延长设施设备的使用寿命

很多民宿客房内的设施设备缺乏保养和维护，导致设施设备老旧速度加快，影响宾客的入住体验。设施的维护和保养也是很重要的，如灯泡、水阀、吸尘器的使用寿命等都决定着成本的高低。民宿的设施设备种类多、使用频率高，占用成本也高，在日常保养中，如果不坚持以预防为主、定期检修，会加剧设备的损坏速度，增加设备更换频次，造成成本浪费。对整个民宿的设施进行及时的维修保养处理，可以在很大程度上减少维修费用的支出，延长设备使用寿命，降低成本。

（三）进行财务管理和监督

民宿中的财务多数不是全职而是兼职，可能还同时是兼着接待、客房、司机、导游等职责。财务的管理只是民宿中的一个工作模块，但想要做好已是不易，所以说民宿运营是对民宿经营者的综合素质和团队运营能力的层层考验，做民宿尤其是想持续盈利的民宿，经验的学习和积累尤其重要。

不少民宿由于缺乏专业的会计，财务流程不完善、不正规导致费用失控，从这里损失的利润往往很隐性，这就涉及会计除核算外的另一大主要职能——监督。财务监督的主体是民宿的经营活动，最直接的工作就是监督费用报销是否真实、单据发票是否完整、月末盘点是否准确、财务流程是否合规，店内员工尤其是前台工作的质量及宾客的房费是否真实、有无少收或者多收情况，以及与线上旅行社的对账及佣金结算、应收账款的催收回款核销等，都需要会计来负责。看一家民宿是否有正常的资金流是能否存活下去的关键，而资金流、报表各项数据是否准确，考验的是管理运营能力。

（四）降低运营费用

在民宿建设之初，当地人工成本的高低、物价的高低、日常变动成本的考量也是非常重要的条件。运营是民宿的基础，是最重要的日常工作，要考虑能源消耗、保洁、客服、平台运营、价格策略、文案及摄影等方面，如何在例行工作开展中降本增效，可以从人工费用、电费、水费、客房用品四大方面进行思考。

1. 人工费用

人工费用是民宿运营费用中的大项，员工的劳动效率、员工流动率、管理水平等都会影响人工成本，人工成本的控制难度大，要充分调动员工的积极性，挖掘员工的潜能，以达到降低运营费用的目的。

2. 电费

能源在民宿支出中占比较大，从建设之初到后期的运营日常中，都要考虑能源的节省。

（1）选择节能设备。选择自动调节温度的低能耗的空调、节能灯等，长期坚持下来，也是不小的节支。

（2）插卡取电。很多民宿为了装修风格，采用的是钥匙开门或者其他智能化密码锁，房间里的灯具都靠宾客自己来开关，很多宾客不留意，退房时未关灯，未关空调，都会造成电能的浪费。考虑这一点，根据民宿的情况，可以考虑换成插卡取电，节省能源支出。

3. 水费

水费所占的比例不高，消耗不多，但是可以通过节约用水等标志去提醒宾客节约用水。如果条件允许，打井取水也是可以考虑的方式。有些游泳池靠近河水的，也可以充分利用河水资源，但是要保证符合游泳池用水的标准。

4. 客房用品

一次性用品、布草的更换也是可以控制的方面，减少一次性用品的消耗和布草的更换频率可以降低运营费用。民宿可以响应国家号召，打造绿色民宿，鼓励宾客使用自带牙刷、拖鞋、梳子、肥皂等用品，鼓励宾客降低布草的更新频率。如诸暨大酒店通过绿色饭店的建设，推行了绿色环保理念，宾客使用自带的一次性用品，酒店将奖励免费水洗衬衫一件；如果 3 天以上未更换毛巾及棉织品，酒店将奖励洗衣服务费用五折优惠。通过诸暨大酒店的案例，民宿可以思考适合自己的措施。

二、确定经营目标

（一）确定自己的经营目标

目标不同，决策也大相径庭，把一套民宿做到利润最大化也是成功。或许民宿不是为了从民宿本身赚取多少利润，而是将民宿当成一个杠杆，获得品牌效应，进而撬动更大的其他利益。确定自己的经营目标后，在民宿经营有波动时，民宿业主内心也不会太波动。

民宿的收入来源主要是客房收入、餐饮收入和其他收入三部分，相对来说，民宿产品的收入来源单一，且有一定的局限性。民宿店主还可以思考怎么创新业态，依托周边旅游资源提供具备当地特色的经营项目，以吸引客源；思考如何增强与其他旅游产品的协同性和融合能力，以增加盈利点。现在很多民宿的收入不是依靠房间销售，而是周边衍生产品或者衍生服务，挖掘和探索创新性的创收点。例如，花间堂·编织院民宿仍保有昔日丽江织女在此编织披肩、背篓等日常用品的生活气息；莫干山竹林民宿栖居和温泉进行融合，住民宿可以泡温泉。

（二）确定盈利周期

计算自己的成本投入，了解租金、水电气等能源费，一次性用品等的运营支出，明确回本周期，确定民宿可以承受的资金回笼周期。

三、民宿管理信息系统

在日常经营管理中，民宿往往会遇到的问题是，预订平台的各个渠道不互通，如果 A 平台有人预订房间，那么需要手动把 B、C、D、E 平台的房源同步关闭，步骤烦琐又容易出错，还会导致财务统计错乱、不统一，造成极大的不便，也增加了管理成本。通过选用合适的民宿管理软件，有助于节省成本。选择合适的民宿管理软件则会事半功倍，现在市场出现了一批免费的和付费的民宿管理软件，提供民宿运营管理整体技术解决方案，为民宿降低了运营成本，提高了收入。

【知识拓展】

收 益 管 理

收益管理（revenue management 或 yield management）是一种谋求收入最大化的经营管理技术。收益管理亦称“效益管理”或“实时定价”，它主要通过建立实时预测模型和对以市场细分为基础的需求行为分析，确定最佳的销售或服务价格。

1. 民宿年平均出租率

民宿年平均出租率指的是客房的出租率。

民宿年平均出租率 =｛年出租客房数 /（可供出租客房数 × 年营业天数）｝×100%

2. 民宿年平均房价

民宿年平均房价 =（客房总收入 / 出租的总客房数）

3. 每间房收入（revenue per available room，RevPAR）

是指每间可供租出客房产生的平均实际营业收入，通常用 RevPAR 来衡量民宿经营业绩和分析民宿经营状况。

RevPAR= 客房总收入 / 可供出租客房总数量

4. 利润额

利润是一项能全面体现民宿经营状况和最终财务成果的综合性指标，对其他进行考核可以使用绝对数指标。由于经营规模或其他条件不同，有时难以绝对值上进行比较，这就有必要对人均利润额进行考核。人均利润额反映了一定时期内人均创造的利润额的高低，其计算公式为：

人均利润额 = 利润总额 / 员工平均人数

这项指标在一定程度上反映了民宿员工的劳动效率，它可以帮助民宿在运营管理中合理安排职员工数，充分挖掘员工的工作潜力，努力实现减员增效的良性循环。

【知识拓展】

常见的民宿管理系统

常见的民宿管理系统有订单来了、云掌柜、绿云软件、百居易、满房、去呼呼、客栈先生等。从软件的功能来分析，有共同的功能，也有软件专属的功能；从价格来看，有免费版，也有收费版。民宿管理者可以根据自己对功能的需求和价格敏感度来进行选择。

【实训项目】

以一家民宿为例，进行成本、收益方面的测算。

1. 选择一家民宿，公布民宿的房间数、面积等数据。
2. 学生针对具体数据完成经营测算方案和收益测算方案。
3. 教师针对学生的测算方案进行点评和讲解。

【任务思考题】

1. 民宿管理信息系统选择上的依据有哪些？
2. 民宿的其他收入来源有哪些？

任务四　民宿营销管理

【引导案例】

"网络直播"带动游客下单

疫情期间，电子商务发挥了独特的重要作用，促进了消费回补和潜力释放。"直播带货"这种线上消费业态，成为不少行业的新出口。

在浙江省，随着"五一"假期的临近，很多民宿、农家乐开始直播展示自己的特色、住宿和餐饮情况，从预订的情况来看，乡村旅游行情看好。浙江省绍兴市柯桥区夏履镇一家民宿的网络直播中，厨师现场烹饪当地特色美食全笋宴，主播逐一品尝，现场推介，引来网友纷纷下单。1 小时的直播，民宿吸引"粉丝"500 多人，不少人更是相约"五一"一起来现场品美食，此家民宿，也被中央电视台作为带动乡村旅游发展的典型专题报道过。

（资料来源：根据网络资料整理）

【案例分析】

直播和短视频的营销方式改变了营销的"传统玩法"，其发展商机无限，催生了文化旅游新消费模式。对于民宿而言，直播和短视频背后蕴藏着庞大的受众群体和不可估量的市场潜力，直播的爆火、短视频的快速传播，或许会成为民宿经营的延伸空间。短视频丰富内容、与用户互动性强、去中心化的传播特点，不仅可以为民宿提供沉浸式、体验式和立体化的营销方式，还能够更加有效地连接起受众。直播和短视频的营销方式正在建构一种更为深入互动的新的媒介关系——向客户传递品牌价值，进行内容营销，帮助民宿更好地进行有效传播。

【问题】

1. 民宿网络直播带货的产品选择依据是什么？
2. 是否所有民宿都适合直播带货？

民宿因为经营规模小，决定了其销售渠道的局限性。如何有效地接触目标宾客，打造品牌和口碑，选择营销决策和方案，和民宿店主的经营目标有很大关系，所以要先确定盈利目标，再根据目标构建营销决策。

一、获客渠道

"互联网 + 民宿"的发展空间巨大，利用互联网与自媒体平台做好线上线下互动营销，不仅方便宾客在线交易，而且提供住宿、餐饮、娱乐、购物、文化衍生产品等一揽子解决方案，进一步拉长民宿的产业链。因此，民宿应充分整合现有资源，融合互联网、移动互联网技术，构建民宿新的营销渠道。

（一）线上运营

对于民宿的运营，除了线下的一系列问题需要解决，线上的推广运营可以帮助民宿引流客源。在各大 OTA 平台上线民宿信息并进行推广，让用户在搜索时能很快看到相关的民宿信息，这样才能提高转化率。

靠平台带的流量是有限、不持久的，前期运营需要通过平台引流，但客流量的可持续性就需要靠客群的维护了。此外，在搜索引擎上也要做推广运营，进行民宿百度百科创建，民宿软文营销，不断加深浏览者对民宿的品牌认知。

（二）流量构建

民宿客源流量分为两种：公域流量和私域流量。对于民宿而言，在完善公域流量的同时，建立和发展自有渠道、发展私域流量也是营销板块中不可或缺的一部分。包括微信、社群、小红书、贴吧，还有各种论坛社区，尤其是体量比较小的民宿，社交网络可以发挥非常大的作用，多管齐下，重点挖掘利用好其中一两项。

民宿流量主要来自四大类途径。第一部分是指线下门店的访客，包括到店入住、参观民宿的宾客；第二部分是门店订房的电话或咨询电话，有很大一部分是潜在用户，要想办法去抓住他们；第三部分是小红书、抖音、微博、豆瓣等新兴渠道，目前，这些渠道的占比越来越高，是民宿行业转化率非常高的渠道；第四部分是旅行自媒体和 OTA 平台，如 Feerk 旅行、携程、飞猪等，还有政府线下的推荐会、官方媒体的宣传渠道、微信体系等。

私域流量有助于降低获客成本，主要来自民宿公众号、民宿店主和员工的朋友圈等。微信是私域流量建设的最佳阵地，满足了人和人之间最底层的沟通需求以及高频的社交需求。在这一底层逻辑延续不变的前提下，微信会是私域流量发展的最佳入口，所以，宾客的微信要尽可能加上。

（三）会员管理

民宿在增强产品的吸引力与用户体验的同时，也要运用互联网的思维增强宾客的黏性。“家人，亦或者亲人”是宾客关系最好的诠释，民宿主人必须和宾客充分认识和沟通，这部分客群是产生复购、推广、裂变的主要来源。民宿的会员体系，相对酒店来说难得多，但是往往因为坚持，宾客会成为你的朋友，也会成为你最大的支持者。会员体系具有累积效应，一开始力量小，后来越滚越大，只要进入良性循环，后期能带来的作用是巨大的。

1. 建立几个固定的管家微信号

民宿管家平时会主动跟宾客互动，为所有入住的宾客建立专属的沟通交流群，它是一个小规模、真实关系的运营，可以长期挖掘用户的价值，实现长期变现、多元变现，长期陪伴用户。

2. 进行客史档案管理

民宿可以和酒店一样建立纸质的客史档案，但由于民宿规模较小，也可以通过民宿管理信息系统的会员系统进行维护，云掌柜、订单来了等软件可以帮助民宿建立自己的客户群，也可在建立管家微信号的基础上，通过备注构建微信电子客史档案，将宾客的相关有效信息进行记录。

此外，通过生日邮件、会员制度、积分奖励制度等活动提高再宿意愿，此外通过设立专门的烧烤活动、篝火晚会、非遗体验等活动吸引宾客复购。

二、营销形式

民宿的营销形式较多，比较适合民宿开展的、成本较低的形式主要有以下 3 种。

（一）短视频营销

民宿短视频改变了文化旅游业的“传统玩法”，其发展商机无限，催生了文化旅游新消费模式的发展。对于民宿而言，短视频背后有庞大的受众群体和不可估量的市场潜力，短视频的快速传播，必将给民宿经营带来想象不到的空间。短视频不仅可以为民宿提供沉浸式、体验式和立体化的营销方式，还能够更加有效地连接起对应的受众群体。短视频正在建构一种从过去的单向传播转向一种更为深入互动的新的媒介关系——向宾客传递品牌，输出有价值的内容，扩散社交，帮助民宿有效传播。

（二）朋友圈营销

朋友圈是简单有效的民宿营销方式，学会通过朋友圈来营销民宿是民宿主人的必备技能。广义上的朋友圈是社会交往中的朋友圈，微信朋友圈是借助网络和微信平台建立的人际关系网。

很多民宿靠朋友圈就能订掉所有的房间，有些民宿店主的朋友圈经营的特别好。要想做好朋友圈营销，首先，学会打造民宿店主的形象，主人魅力的塑造可以增加粉丝的好感度，塑造在广义上的朋友圈内的影响力，很多时候，营销就在民宿店主和员工的一言一行中；其次，打造分享文案，通过分享增强宾客的黏性，比如，分享一些经营民宿过程中的故事、一些沿途的风景，让民宿的朋友圈也像日常的老朋友一样，有感情和温度，民宿营销就要突出民宿特色以及它体现的价值观；再次，注意发布朋友圈的时间节点，在恰当的时间进行营销。

【案例】

为什么她的化妆品卖得贵?

我的朋友圈里有朋友是销售化妆品的，她的商品价格总是比别人的贵，比如，某件商品别人卖 1 000 元，她卖 1 300 元，但是依然有源源不断的消费者购买。

仔细分析发现，她每天发两个朋友圈，一个是自己做的菜，另一个是自己种的花，每张照片都是认真拍摄的，并配上了文字，关于化妆品销售的信息要好几个星期才发一次，没有多么的“高大上”，但是我关注了她三年，她发的每条朋友圈几乎都会看，也偶尔回去光顾她的生意。

她发的销售信息并没有打扰到我，而且她发出的每一张图片、每一段文字、每一个生活的小故事，都是审美和生活方式的样板式的存在，简单来说，我愿意花钱去购买产品之外的知识和生活感悟的分享，这就是消费者愿意买她的化妆品的原因所在。

（三）公众号营销

使用公众号营销，获客成本较低，“粉丝”质量相对较高，只要把握好推送的质量与频率，客户一般不会反感，而且有可能转化成忠实的客户，民宿可以尝试这个营销渠道。做公众号的意义是不依赖 OTA，利用公众号形成自己的内循环，由此实现自主营销、自主获客。浙江省白金级民宿“伍码民宿”就是公众号营销的成功的例子，它的公众号名为“境舍”，由自己维护，境舍公众号从 0 起步，几年间积累了近 10 万活跃“粉丝”，全年大约有 90% 的订单来自公众号。

【知识拓展】

1. 把民宿公众号运营外包靠谱吗？

在民宿早期或是工作能力、工作人员不足的情况下，交给专业人士完成，可以帮助民宿提升品牌形象、曝光率，但是专业人士欠缺对民宿的深入了解，没办法撰写有深度的内容，只有持续提升民宿店主、员工的公众号运营能力，由自己去运营公众号，才是长远之计。

2. 民宿都必须配备专业人士去做公众号吗？

这需要考虑民宿的经营规模和精准定位，有些民宿配备专门的人员有一定的必要性，一般的民宿受制于开支等因素，店主和员工都可以做兼职运营。

【知识拓展】

民宿可以利用的渠道平台

交易型平台：主要为线上旅行社平台，如携程、去哪儿、美团、飞猪、爱彼迎、Feerk 旅行、各种短租网站（蚂蚁、小猪等）等。

内容型平台：几何民宿等新媒体平台，以及大众点评、小红书、马蜂窝等分享类型的平台。

【实训项目】

一、从市场上选择一款民宿管理信息系统，进行住宿管理、订单管理、财务管理等方面的操作

1. 教师选定一款民宿管理信息系统，进行住宿管理、订单管理、财务管理等方面的实操演示。

2. 教师设置场景，布置类似的实操任务。

3. 随机抽选学生进行现场操作。

4. 教师进行总结讲评。

二、公众号的注册

1. 学生自行注册民宿公众号，公众号名称自定。

2. 学生提交公众号二维码。

3. 教师进行总结讲评。

三、公众号文章的撰写

1. 针对民宿的客房特色撰写一篇公众号推文。

2. 针对民宿的家庭亲子客源撰写一篇推文。

【任务思考题】

1. 民宿运营过程中会遇到哪些问题?
2. 民宿如何在新的消费趋势下精准引流?
3. 民宿如何打造优质的营销内容?

模块小结

本模块介绍了民宿的运营和管理的相关内容，涉及民宿品质管理、民宿人力资源管理、民宿收益管理、民宿营销管理4个方面。民宿投资规模小，运营管理灵活，分布可以更加均衡，民宿就是一个很好的载体，可以很好地解决乡村资产闲置、传统建筑保护、乡土文化传承、就业创业等问题，是乡村振兴一个很好的切入口。

民宿经营模式因地制宜、灵活多变，有自主经营、租赁经营、流转经营、众创共享、连锁经营、“村级物业”经营、“股份制 + 农户”经营、“工商资本 + 农户”经营等。但是无论是何种经营模式，民宿要想盈利，民宿店主和运营团队都是关键点。总之，对于抱着情怀和热情想要开店的民宿店主来说，一定要多学习，多调研，多积攒经验。我们在关注民宿经济效益外，还应关注到民宿在促进人的发展、满足民生需求、促进文化繁荣、平衡区域发展、保护生态环境等方面所做出的贡献。

课　业

请设计一份民宿产品营销方案（包括客房、餐饮、伴手礼等）。

真题演练

一、单项选择题

1. 住宿业是与人打交道的行业，这个特性在民宿行业更加明显，通过友好善意的交流，能迅速拉近店家和宾客之间的距离，跟宾客聊天时，不太适合的话题是（　　）。

A. 宾客此次旅行的经历　　B. 宾客的家庭
C. 宾客从哪里来的　　D. 宾客的入住体验、感受

2. 下列订房渠道中，不属于直接销售的是（　　）。

A. 通过旅行社订房　　B. 经友人介绍　　C. 直接去民宿订房　　D. 通过网络订房

3. 单间客房内放两张单人床的客房类型被称为（　　）。

A. 家庭房　　B. 大床房　　C. 双人房或标准房　　D. 三人房

4. 民宿要懂得分析民宿客房产品，客房产品要和客源需求相匹配，以更好地提供接待服务，下列做法中错误的是（　　）。

A. 民宿需要满足宾客的社交需求，设置合理的公共空间
B. 标准间、大床房、家庭房等房型的设置比例要根据客源需求确定
C. 客房产品分析有助于精准地选择营销方式，以促进客房销售
D. 客房产品可以根据客源需求随意调整

5. 下列说法中错误的是（　　）。

A. 民宿可以将当地的文化底蕴故事化，以更好地呈现给宾客
B. 当地文化要靠宾客自己去感知，与民宿没什么关系

C. 民宿对当地的历史、人文风土有深入的研究和体会，才能说出所在地的趣味和感动

D. 在民宿接待中配合趣味和感动的解说可以提升民宿宾客的体验感

二、判断题

1. 民宿主要是为宾客提供住宿服务的，因此，民宿管家可以不负责为宾客提供其他旅游业务的服务。（　　）

2. 云掌柜可以开通独立小程序，并可以协助使用会员储值卡。（　　）

3. 民宿应对管家、员工进行专业接待技能的培训，确保熟悉民宿接待服务流程，能为宾客提供高质量的服务。（　　）

4. 宾客除了关注入住体验，还很关注民宿的饮食，民宿如不提供饮食，还可以推荐宾客去一些自己打卡成功的当地特色美食店。（　　）

5. 为宾客提供本地旅游推荐是民宿店主的工作，其他员工完成自己的工作即可，不需要跟宾客进行交流。（　　）

三、问答题

1. 如何打造民宿的核心产品？

2. 在“互联网 +”时代，民宿的获客渠道和营销形式有哪些？

参考文献

［1］中华人民共和国文化和旅游部市场管理司．旅游民宿基本要求与评价（LB/T 065—2019）释义．北京：中华工商联合出版社，2019.

［2］叶秀霜．客房运行与管理教程．杭州：浙江大学出版社，2018.

［3］洪涛，苏炜．民宿运营与管理．北京：旅游教育出版社，2019.

［4］张琰，侯新冬．民宿服务管理．上海：上海交通大学出版社，2019.

［5］吴文智，凌新建，丹丹．民宿概论．上海：上海交通大学出版社，2018.

［6］阳淑瑗．现代酒店设备管理．北京：中国人民大学出版社，2020.

［7］孙黎明．民宿安全指导手册．杭州：浙江教育出版社，2018.

［8］吴琳，吴文智，牛嘉仪　生意还是生活？——乡村民宿创客的创业动机与创业绩效感知研究．旅游学刊．2020，35（8）：105-116.

［9］徐金燕．外来乡村民宿创业者的文化智力．社会责任与创业绩效的关系研究．2020.

［10］沈浩，史一涵，边照轩．乡村民宿发展前景调查研究——以杭州市为例．应用数学进展，2020，9（8）.

［11］刘卫华，李焰．乡村振兴视角下促进青岛民宿业发展的对策研究．青岛农业大学学报（社会科学版）．2020，（2）.

［12］余正勇，陈兴．乡村民宿对地方文化传承创新的评价指标体系构建．第十九届全国区域旅游开发学术研讨会论文集．2019.

［13］许阳，张小花，李炫松，等．杭州民宿发展现状、存在问题与提升对策．浙江农业科学．2020，61（3）：598-601.

［14］李燕琴，于文浩，柏雨帆．基于 Airbnb 网站评价信息的京台民宿对比研究．管理学报．2017，14（1）：122-128，138.

［15］王璐，李好，杜虹景．乡村旅游民宿的发展困境与对策研究．农业经济．2017，（3）：141-142.

郑重声明

读者意见反馈

为收集对教材的意见建议,进一步完善教材编写并做好服务工作,读者可将对本教材的意见建议通过如下渠道反馈至我社。

咨询电话 400-810-0598

反馈邮箱 gjdzfwb@pub.hep.cn

通信地址 北京市朝阳区惠新东街4号富盛大厦1座

高等教育出版社总编辑办公室

邮政编码 100029

责任编辑:张卫

高等教育出版社 高等职业教育出版事业部 综合分社

地 址:北京市朝阳区惠新东街4号富盛大厦1座19层

邮 编:100029

联系电话:(010)58582742

E-mail:zhangwei6@hep.com.cn

QQ:285674764

(申请配套教学资源请联系责任编辑)